제3판

가족복지

문혁준 · 김진이 · 양성은 · 이은주 · 천희영 · 황옥경

창지사

머리말

가족복지란 가족의 전 생애에 걸쳐서 행복하고 안정된 바람직한 삶을 추구하는 사회구성원 전체의 집단적 노력을 말한다. 즉, 건강한 가족에게는 더욱 안정적이고 질 높은 생활을 영위할 수 있도록 지지해 주며, 당면한 문제를 스스로 극복하거나 해결하기가 어려운 위기에 처한 가족은 여러 가지 방법과 기관을 통해 도와주는 노력이라 할 수 있다. 우리나라의 경우 1980년대에 들어와서 보건사회부의 부녀아동국이 가정복지국으로 개편되어 가족의 개념이 복지의 대상으로 인식되기 시작하면서 공적인 차원에서 가족복지의 개념이 자리 잡아 현재에 이르고 있다. 그러나 우리나라의 가족복지는 외국에 비해 많이 미흡한 것이 사실이다. 이에 우리나라의 가족복지에 대한 현행체계와 문제점 등에 대해 고찰해 보고 개선방안과 과제를 도출해 보고자 본서를 계획하였다.

이미 많은 가족복지 관련 교재가 있지만 본서는 학부학생들이 이해하기 쉽도록 집필하는 데 역점을 두었으며, 내용은 아동학, 유아교육, 보육학, 아동복지, 그리고 사회복지 분야의 아동 및 가족을 전공하는 학생과 전문가들에게 도움을 주는 데 의의를 두었다.

가족복지는 방대한 내용이지만 본서는 한 학기 강의계획에 맞춰 12 Chapter로 구성하였으며, 크게 4 Part로 이루어져 있다. Part 01은 가족복지 개념, Part 02는 가족복지 정책, Part 03은 가족복지 실천, Part 04는 가족복지 현장이다. 특히 Part 04의 가족복지 현장에서는 맞벌이가족, 한부모가족, 재혼가족, 다문화가족, 아동학대가족, 빈곤가족을 중점적으로 다루었다.

본서는 가족복지에 대한 강의 및 연구 경력뿐만 아니라 실제적 현장 경험을 두루 갖춘 저자들에 의해 공동 집필되었다. 각 장의 저자들은 다음과 같다. Chapter 01과 02는 양성은 교수님, Chapter 03과 04는 김진이 교수님, Chapter 05와 06은 이은주 교수님, Chapter 07과 09는 천희영 교수님, Chapter 08과 12는 황옥경 교수님, Chapter 10과 11은 문혁준 교수님이다.

2010년에 본서의 초판이 나왔고, 개정판을 거쳐 제3판에 이르렀다. 최근 정책과 통계자료들로 보완하려 애썼으나 미흡한 부분이 있으리라 생각된다. 앞으로 부족한 부분을 보완해 나갈 것을 약속드리며, 기탄없는 비판과 충고를 부탁드린다.

마지막으로 출판을 맡아 수고해 주신 창지사의 노고에 진심으로 감사드린다.

2020년 9월

저자 일동

차례

PART 02_가족복지 정책 • 57

PART 03_가족복지 실천 • 107

PART 01 가족복지 개념은 CHAPTER 01 가족에 대한 이해와 CHAPTER 02 가족복지에 대한 이해로 구성된다. CHAPTER 01에서는 가족의 개념과 기능을 이해하고, 가족이 어떻게 변화하고 있는지 살펴본다. 특히 가족에 대한 다양한 이론들을 통해 각 이론이 가족을 어떻게 개념화하고 설명하는지 고찰한다. CHAPTER 02에서는 가족복지란 무엇이며, 왜 가족복지가 필요한지를 살펴본다. 가족복지의 발전과정을 역사적으로 개관함으로써 현대 가족복지를 이해하고, 가족복지의 접근방법으로서 가족정책 및 가족복지 서비스에 대해 살펴본다.

PART 01

가족복지 개념

CHAPTER 01

가족에 대한 이해

본 장에서는 가족이란 무엇인지 개념화하고, 가족이 수행하는 다양한 기능들을 고찰할 것이다. 또한 가족을 바라보는 인식적 틀로서 가족이론들을 이해하고, 그 특징들을 비교할 것이다. 가족은 정체된 집단이 아니라 사회문화적 변화에 적응하는 유동적 집단이다. 한국의 현대가족이 어떻게 변화하고 있는지 살펴보는 것은 가족을 이해하기 위해 필수적이다.

1. 가족의 개념

가족에 대한 다양한 관점을 고려할 때 가족에 대한 단일한 개념 정의는 불가능하다. 현대 사회는 똑같은 구조와 기능을 지닌 단일한 형태의 가족(the family)보다는 다양한 가족들(families)로 이루어지기 때문이다. 국립국어원의 표준국어대사전은 가족을 '주로 부부를 중심으로 한, 친족 관계에 있는 사람들의 집단. 또는 그 구성원. 혼인, 혈연, 입양 등으로 이루어진다'고 정의한다. 혼인 및 혈연을 바탕으로 가족을 개념화하였지만, 본 정의가 현대의 모든 가족을 설명할 수 있는가? 아래에서는 가족에 대한 전통적인 개념을 바탕으로 현대의 가족 개념이 어떻게 변화했는지 고찰하고자 한다.

1) 전통적 가족 개념

Murdock(1949)은 가족을 '공동의 거주, 경제적 협동, 그리고 자녀의 출산과 양육을 특징으로 하는 사회적 집단'으로 정의하였다. Murdock이 정의한 가족은 사회적으로 성관계가 용인된 성인 남녀가 한 명 이상의 친자녀 또는 입양자녀와 동거하는 형태로 구성된다. Murdock의 정의는 입양을 가족 구성의 주요 요소로 인정한 측면이 있으나, 지나치게 부부와 자녀만을 중요시함으로써 핵가족에 치중한다는 비판을 받게 된다.

가족에 대한 전통적 정의 중 대표적인 것으로 Burgess(1963, 김혜경·도미향·문혜숙·박충선·손홍숙·오정옥 외, 2008 재인용)의 정의를 들 수 있다. Burgess는 가족을 '상호작용하는 인격체들의 집합체(a unity of interacting personalities)'로 정의하였다. 가족은 집합체이지만 그 안에 개성을 지닌 각 개인들이 모여 있으며, 서로 간의 역동적인 관계를 맺는다는 점을 지적한 것이다. 가족 내 상호작용으로 인해 가족의 기능 및 역기능은 영향을 받게 된다.

한편 Levi-Strauss(1971, 김혜경 외, 2008 재인용)는 가족의 기능적 특성과 유대관계를 강조하였다. Levi-Strauss는 가족이 결혼에 의해 시작되며, 부부와 그들의 자녀로 구성되지만 다른 근친자가 가족에 포함될 수 있다고 주장하였다. 가족구성원은 법적 유대, 경제적·종교적, 그 외에 다른 권리와 의무, 성적 권리와 금지, 애정, 존경, 경외 등 다양한 심리적 감정으로 결합된다. Levi-Strauss의 관점은 Murdock의 핵가족 개념을 확장하여, 가족을 결혼과 혈연을 포함한 좀 더 넓은 친족집단으로 개념화하였다. 이를 통해 확대가족을 가족의 정의에 포함시키는 데 기여하였다.

국내 학자들의 전통적 가족 개념은 주로 가족 구조에 초점을 두었다. 김두헌(1969)은 '가족은 일반적으로 영속적 결합에 의한 부부와 거기에서 생긴 자녀로 된 생활공동체'라고 하였고, 최재석(1982)은 '가족은 가례를 공동으로 하는 친족집단'이라고 하였다. 이광규(1992)는 '동거동재의 생활공동체이며 가옥, 가격(家格), 가풍(家風)을 포함하는 폭넓은 개념으로서의 문화집단'임을 강조했다. 이러한 국내 학자들의 정의에는 유교적 특성이 반영되어 있다고 평가할 수 있다.

2) 현대의 가족 개념

「건강가정기본법」에 의하면, 가족이라 함은 혼인·혈연·입양으로 이루어진 사회의 기본단위를 말한다. 미국의 Census Bureau(2010)에서는 가족을 '출생, 혼인, 입양에 의해 맺어지며, 한 집에 동거하는 두 명 이상의 사람들'로 정의한다. 반면, 가구(household)는 좀 더 포괄적으로 개념 지어, '일정 거주지에 함께 동거하는 모든 사람들'로 본다. 미국 Census Bureau가 가족과 가구를 구분하고는 있지만, 여전히 물리적으로 함께 거주하는 것을 가족 형성의 주요 요소로 간주하고 있음을 알 수 있다.

한편 가족학자들은 혈연, 혼인, 입양이라는 기본적 가족구성 요건 외에 심리적 특성을 반영하는 현대적 가족 정의를 강조한다. Olson과 DeFrain(1997, 정현숙·유계숙, 2001 재인용)은 가족을 두 명 이상으로 구성하며, 애정과 친밀감을 바탕으로 서로 헌신하고, 자원과 가치관을 공유하며, 함께 의사결정에 참여하는 특성을 지닌 집단으로 보았다. 특히 가족구성원 간의 친밀감에 대한 욕구는 현대사회에서도 여전히 중요하며, 사회적 통합을 위해서도 강조되는 특성이다. 가족은 구성원들에게 격려, 위로, 애정을 제공하여, 심리적 안정감을 충족시키는 사회적 제도라고 할 수 있다.

가족에 대한 현대적 정의에서 중요한 것이 다양성에 대한 논의이다. 사회가 급변하면서 혈연, 혼인, 입양 외의 방식으로 가족이 형성되기도 하고, 양부모와 그들의 자녀로 구성되지 않은 가족들도 출현하고 있다. 예를 들면, 무자녀가족, 입양가족, 한부모가족, 사실혼 동거가족, 재혼을 통한 재결합가족, 동성애가족, 공동체가족 등을 주목해야 한다. 이들은 '혼인한 남녀와 그들의 혈연자녀'로 구성되지 않았지만, 가족의 본질적인 기능을 수행하는 새로운 구조의 가족들이다. 따라서 '가족(the family)'이라는 획일적 정의가 아닌 다양한 삶의 형태를 포괄하는 '가족들(families)'로 정의하는 것이 필요하다. 특히 가족복지 영역이 협소한 가족 정의를 기반으로 한다면, 그 정의에 맞지 않은 가족들에 대한 사회적 편견을 야기할 수 있으므로 포괄적인 가족 정의를 갖는 것이 필수적이다.

2. 가족의 기능

가족의 기능이란 가족이 수행하는 역할을 의미한다. 가족의 구조와 기능은 구별되는 개념이다. 예를 들어, 가족의 구조에 따라 양부모가족과 한부모가족으로 나눌 수 있다. 하지만 두 가족 모두 자녀양육이라는 기능을 수행해야 한다. 무자녀가족은 부부만으로 구성되어 자녀출산과 양육의 기능은 없지만, 그 외에 다른 가족의 기능들을 모두 수행한다.

가족의 기능은 가족이 그 구성원들에게 제공하는 기능과 가족 외부의 사회에 기여하는 기능으로 나누어 볼 수 있다. 이러한 가족의 기능은 그 가족이 속한 사회적·경제적·정치적·문화적 변화에 따라 영향을 받는다. 가족이 지닌 고유의 기능이었던 것들이 시대적 변화에 따라 약화되기도 하고 강화되기도 한다. 예를 들어, 농경사회에서 부모는 자녀에게 파종, 모내기, 추수 등에 관한 지식과 기술을 가족 내에서 전수하였다. 그러나 현대사회에 들어와 가족의 교육 기능은 형식적 기관인 학교로 이전되는 변화를 겪었다.

가족의 기능으로서 성적 욕구 충족 및 통제의 기능, 자녀 출산·양육·사회화의 기능, 돌봄의 기능, 경제적 기능, 사회적 지위 부여의 기능, 애정적 기능, 휴식 및 오락의 기능이 있다.

1) 성적 욕구 충족 및 통제의 기능

모든 사회는 개인의 성적 욕구를 충족시키기 위한 제도를 가지고 있다. 가족의 가장 기본적 기능 중 하나가 혼인을 통해 성인 남녀의 성적 욕구를 합법적으로 충족시키는 것이다. 가족 내에서 부부의 성적 욕구를 충족하는 것을 인정한다는 것은 가족 외부에서 성적 욕구를 해소하는 것을 바람직하지 않은 것으로 간주하겠다는 의미를 지닌다. 이는 가족을 통해 성적 무질서를 통제하려는 사회적 합의를 반영한다. 즉, 가족은 부부로 인정된 성인 남녀의 성적 욕구를 충족시키는 기능을 하지만 동시에 매춘이나 혼외정사를 부정적인 것으로 배격하여 사회의 성적 무질서를 통제한다.

2) 자녀 출산·양육·사회화의 기능

가족은 사회를 유지하기 위해 필요한 새로운 구성원을 출산하여 보충한다. 또한 부모는 아동이 성인이 되기까지 필요한 의식주를 제공하며 양육할 의무를 지닌다. 자녀 교육의 기능이 학교로 이관되었지만, 자녀를 사회화하는 기능은 아직까지 가족에게 남아 있다. 가족은 자녀가 사회에 적응하기 위해 필요한 주요 가치, 관습, 규범 등을 가르친다. 가족은 자녀의 인격 형성에 막대한 영향을 주며, 성숙한 사회인이 되기 위한 기본 자질을 길러 내는 주요한 기능을 수행한다.

3) 돌봄의 기능

가족은 구성원을 보호하고 돌보는 기능을 수행한다. 돌봄 기능의 일차 대상은 가족 내 아동과 노인이다. 그 밖에도 질병이나 사고로 일상적 기능을 수행하지 못하는 구성원이 발생하면 가족이 이들을 돌보게 된다. 어린이집, 노인복지시설, 의료기관 등의 발달로 가족 내 돌봄 기능이 과거에 비해 약화되었지만, 아직까지 가족구성원을 돌보는 일차적 책임은 그 가족에게 있다.

4) 경제적 기능

가족의 경제적 기능은 생산 기능과 소비 기능으로 구분할 수 있다. 과거 농경사회에서 가족은 생산 및 소비의 주체였다. 그러나 현대사회는 산업화를 통해 공적 영역인 노동과 사적 영역인 가족을 분리하였고, 가족은 더 이상 생산현장이 아니다. 대신 가족은 사회에 노동력을 제공하고, 그 대가로 임금을 받아 필요한 공산품을 구매하는 소비 주체가 되었다. 현대 산업사회의 가족은 한정된 수입으로 전체 가족구성원의 욕구를 충족시킬 수 있는 공평하고 합리적인 재정 관리를 해야만 한다.

5) 사회적 지위 부여의 기능

가족은 구성원들에게 다양한 지위를 부여한다. 예를 들어, 가족이 속한 사회경제적 계층에 따라 그 구성원들은 기초수급대상이 될 수도 있고, 중산층으로 분류될 수도 있다. 또한 구성원들은 가족 내에서도 출생 순위나 성별에 따라 다른 지위를 획득하게 된다. 가족이 속한 사회경제적 지위 및 가족 내 지위는 개인의 심리적 특성, 사회적 관계, 학업 및 직업적 성취 등에 영향을 미칠 수 있다.

6) 애정적 기능

일반적으로 가족은 서로 사랑하는 남녀의 혼인을 기반으로 시작된다. 부부는 애정을 갖고 자녀를 양육한다. 가족은 구성원들에게 사랑, 이해, 격려, 신뢰, 친밀감 등을 제공하며, 서로를 수용하고 지지하는 기능을 수행한다. 현대의 가족은 제도적 가족에서 우애적 가족으로 변화하였고, 이에 따라 가족의 애정적 기능이 더욱 중요시되고 있다. 또한 경쟁이 심화된 현대사회에서 가족이 제공하는 애정적 기능은 개인의 심리적 안정을 위해 강조되고 있다.

7) 휴식 및 오락의 기능

공적 영역과 사적 영역의 구분이 명확한 현대사회에서 가족은 구성원들이 긴장과 스트레스를 풀고, 휴식을 취하고, 새로운 에너지를 재충전하는 장소로 여겨진다. 가족구성원들은 함께 여가와 오락을 즐기면서 가족 내 응집력을 강화하고, 가족의 다른 기능들을 더 잘 수행할 수 있게 된다. 여가를 함께하면서 부부관계 및 부모-자녀관계의 친밀감을 높이고, 자연스럽게 자녀를 사회화시키는 것이 가능하다.

3. 가족에 대한 이론적 관점

이론이란 현상을 설명하기 위한 명제들을 체계화한 것이라고 볼 수 있다. 가족 이론이라는 것도 가족이라는 현상을 설명하는 다양한 명제들을 도출한 후, 이 명제들 간에 어떠한 관련성이 있는지 분석하여 논리적으로 구성해 놓은 것으로 이해할 수 있다. 가족에 대한 연구는 다양한 학문 분야에서 각기 다른 전통을 가지고 시작되었다. 가족 연구가 갖는 다학제적인 성격으로 인해 가족 이론도 다양한 학문분야의 접근을 응용하고 통합시켜 발전되었다. 대표적인 가족 이론으로 구조기능주의 이론, 상징적 상호작용 이론, 갈등 이론, 사회적 교환 이론, 가족발달 이론, 가족체계 이론이 있다.

1) 구조기능주의 이론

구조기능주의 이론은 사회가 하나의 유기체처럼 상호의존하는 여러 부분으로 구성되어 있다고 전제한다. 사회를 구성하는 각 부분들, 즉 사회 내적 구조들은 고유한 기능을 가지고 있다. 사회를 유지하기 위해서는 경제체계, 종교체계, 교육체계, 가족체계 등이 상호의존적 관계 속에서 맡은 바 기능을 수행해야 한다.

가족은 사회를 구성하는 한 부분, 즉 하위 단위로서 사회에 이바지하는 특정한 기능을 수행하며, 동시에 가족구성원들을 위한 기능을 수행한다. 구조기능주의 이론은 가족이 사회와 가족구성원 개인에 대해 어떤 기능을 하며, 사회와 어떻게 연계되어 있는지를 설명해 주는 이론이라고 할 수 있다. 특히 사회가 가장 잘 기능하고 유지되기 위해 가족의 구조와 기능이 어떻게 변화했고 변화되어야 하는지에 초점을 둔다. 구체적으로 가족은 개별 구성원들에게 기본적 지위를 할당하고 사회화시키며, 사회에서 노동력을 재생산하며, 가족구성원을 통제하는 기능을 수행한다.

구조기능주의 이론에서는 다양한 가족 형태 중에서도 핵가족을 기본 단위로 본다. 대표적 학자인 Parsons(1954, 김태현 · 전길양 · 이영자 · 임선영, 2004 재인용)는 산업화의 요구에 가장 적합한 가족 형태는 핵가족 제도라고 주장하였다. 핵가족 내에서 아버지가 도구적 역할을 수행하고, 어머니는 표현적 역할을 수행하는 것이 기능적이라고 보았다. Goode(1959, 김태현 외, 2004 재인용)는 산업화가 진행될수록 부부가족(conjugal type)의 형태가 증가하며, 이 가족형태의 주요 특징은 일상생활에서 광범위한 친인척을 배제하는 것이라고 보았다.

구조기능주의 이론은 가족과 전체 사회와의 관계 그리고 가족과 가족구성원들과의 관계를 분석하는 데 유용하다. 그러나 구조기능주의 이론이 지닌 보수성과 성차별적 측면은 비판을 받아 왔다. 또한 사회적 변화와 갈등을 간과했다는 한계를 지닌다.

2) 상징적 상호작용 이론

상징적 상호작용 이론은 가족구성원 간의 상호작용에 초점을 두고 가족을 이해하려고 하는 미시적 접근이다. 상징적 상호작용 이론의 전제는 인간의 행동이 서로 간의 사회적 상호작용에 의해 결정된다는 것이다. 이에 따라 몇 가지 기본적 가정을 지닌다.

첫째, 인간은 상징을 창조하고 조작할 수 있는 존재이다. 즉, 인간은 추상적이고 정교한 언어적·비언어적 상징체계들을 통하여 의사소통할 수 있는 능력이 있다. 이러한 능력은 자신이 타인으로부터 어떠한 기대를 받고 있으며, 어떠한 사회적 역할을 수행해야 하는지 인식하게 한다.

둘째, 상징은 사회적 상호작용을 통해 그 의미가 창출된다. 인간은 타인과의 상호작용을 통하여 어떤 사물이나 행위에 대한 의미를 학습하게 된다. 예를 들어, 한국에서 허리를 굽혀 인사하는 행위는 윗사람에 대한 존경을 의미한다. 하지만 미국에서 허리를 굽혀 인사하는 행위는 일반적인 인사법이 아니다. 미국에서 친밀감을 나타내는 행위인 포옹이나 키스가 한국에서 일반적인 인사법이 아닌 것과 비슷한 원리다. 즉, 인간은 자신이 속한 사회의 구성원들과 상호작용을 통해 특정 행위, 사건, 사물 등의 의미를 획득하며, 사회적 맥락이 달라지면 이러한 의미는 변화될 수 있다.

셋째, 인간은 상황에 대해 주관적 해석을 하며, 해석에 따라 행동이 달라진다. 상징적 상호작용 이론은 개인이 특정한 상황에 처하여 이를 어떻게 인지하고 해석하는가에 관심을 두며, 개인이 선택적으로 반응하는 주관적 입장에서 사회현상을 파악하고자 한다.

넷째, 인간의 자아개념은 선천적인 것이 아니라 사회적 상호작용을 통하여 형성되는 것이다. 아동은 가족 안에서 부모 및 형제와 상호작용하면서 자아개념을 형성하고, 타인이 자신을 어떻게 평가하는지 지속적으로 반성하면서 자아개념을 수정해 간다.

Mead나 Blumer로부터 시작된 상징적 상호작용 이론은 이러한 기본적 가정하에 자아개념, 정체성, 역할 취득, 의사소통, 그리고 가족관계의 중요성을 강조하였다. 특히 개인의 사회화가 어떻게 일어나는지, 사회화 과정이 개인의 삶에 어떻게 영향을 미치는지에 관심을 두었다.

한편 상징적 상호작용 이론은 가족의 내적인 과정에 중점을 두기 때문에 가족에 영향을 미치는 거시적 측면을 간과한 한계를 지닌다. 정치, 경제, 사회 구조와 같은 좀 더 큰 맥락이 가족에게 어떠한 영향을 미치며, 가족이 이에 어떻게 대처하는지에 관한 설명력이 부족하다. 또한 상징적 상호작용 이론은 가족 내에 존재하는 권력관계나 갈등에 관해 충분히 설명하지 못한다는 비판을 받는다. 가족구성원 사이에 갈등이 초래될 때 의사소통만으로는 해결되지 않는 경우가 많고, 더 큰 권력을 지닌 가족구성원에 의해 의사결정이 이루어지는 경우가 빈번하기 때문이다.

3) 갈등 이론

갈등이란 구성원들 간에 동기 및 정서가 대립되어 일어나는 적대적인 상호작용을 의미하며, 그 단위는 개인으로부터 거대 집단까지 다양하다. Marx 및 Simmel로부터 시작된 갈등 이론은 사회적 갈등을 과소평가한 기능주의에 반대하며 생겨났다.

갈등 이론에서는 갈등을 당연하고 자연스러운 것으로 전제한다. 즉, 인간의 기본적 속성과 제한된 사회자원 때문에 갈등이란 피할 수 없는 것이다. 갈등 이론가들은 인간은 자기중심적이며, 타인의 욕구보다는 자신의 욕구를 우선으로 추구한다고 본다. 또한 사회는 구성원 모두에게 충분한 자원을 갖고 있지 못하며, 각 개인은 희소한 자원을 획득하기 위하여 지속적으로 경쟁해야만 한다. 서로 다른 목적, 가치, 관심을 지닌 개인들이 불충분한 자원을 더 많이 확보하기 위해 상호작용하는 과정에서 갈등은 불가피하게 된다.

갈등 이론에서는 갈등이 나쁜 것이라기보다는 사회적 진보를 위해 필요한 것으로 전제한다. 갈등 발생의 원인은 불평등이며, 사회체계는 갈등을 통해 재조직을 겪고, 이것이 또 다른 순환적인 사회 변동을 일으킨다. 갈등과 변화는 사회적 제도들이 개선되기 위한 필수 과정이라고 본다. 갈등 이론의 주요 개념은 경쟁, 자원, 갈등, 합의, 협상 등이다.

가족연구에 적용된 갈등 이론은 가족 내 권위나 자원이 분배되는 과정에서 구성원들이 갈등을 겪는다는 것에 주목하였다. 한정된 자원을 분배하는 과정에서 가족구성원 개개인의 만족도를 최대한으로 이끌어 낼 수 있는 대응방식이 무엇이며, 어떤 갈등관리 방식이 사용되느냐에 따라 가족의 유지와 해체가 좌우될 수 있다. 또한 갈등 이론은 가족 내 구성원의 성과 연령에 따른 구조적 차이가 성적 불평등이나 세대 간의 갈등을 유발할 수 있다는 점도 중요시했다. 갈등 이론가들은 경제적 생산의 주요 책임자이고 공급자인 남성이 가족 내에서 권력을 독점하여 우월적 지위를 차지하며, 부와 권력과 같은 능력이 없는 여성과 아동은 종속적이 된다고 설명하였다. 즉, 자본 축적의 기본이 되는 사적 재산제도가 남성에게 유리한 부계제도를 출현시켰다고 본다. 그러므로 자본주의에 투쟁함으로써 가족제도의 불평등을 제거하는 것이 가능하다고 분석한다.

갈등 이론의 한계점은 사회적 질서보다는 갈등에만 과도한 초점을 두는 것이다. 특히 가족 내 권력 배분이나 역할 규정이 갈등을 유발하기보다는 오히려 기능적으로 작용하며, 가족구성원 간의 갈등을 통제하는 긍정적 영향을 보인다는 점을 간과하였다. 실제로 가족은 애정, 친밀감, 유대감, 희생, 응집성 등의 정서를 기반으로 하는 집단인 만큼, 갈등 이론만으로 가족을 설명하기에는 무리가 있다.

4) 사회적 교환 이론

사회적 교환 이론의 가장 기본적 명제는 인간은 누구나 자신의 이익을 추구하고 손해를 피하는 방향으로 행동한다는 것이다. 그러므로 비용은 최소화하고 보상을 극대화하는 상호작용이나 인간관계를 추구한다. 여기서 보상과 비용은 물질적인 것뿐만 아니라 심리적 만족감이나 불쾌감 등을 포함하는 포괄적 개념이다. 사회적 교환 이론은 사회를 거시적 차원에서 분석하는 구조적 기능주의의 대안 이론으로서 제기되었으며, 미시적 차원에서 개인, 가족, 사회 현상을 분석하였다.

주로 미국학자들에 의해 발전된 사회적 교환 이론은 가족연구에 적용되기 시작하여 1970년대 이후 주요한 이론으로 부상하였다. 특히 배우자 선택과정, 부부권력, 의사소통, 결혼의 안정성, 성역할, 성행동, 가정폭력 등의 현상을 설명하는 데 유용하다. 예를 들면, 사회적 교환 이론은 배우자 선택 과정에서 상호 간에 소유한 자원에 의해 보상 정도가 평가되어 선택 행위가 일어난다고 설명하였다. 신체적 매력은 없지만 재력이 많은 남성과 경제적 능력은 없으나 신체적 매력이 높은 여성 간의 결혼을 생각해 볼 수 있다. 이 남성은 자신의 재력을 비용으로 지불하고 상대방 여성의 신체적 매력을 그 보상이라고 여길 수 있고, 반대로 여성은 남성의 재력을 보상으로 간주하기 때문에 남성의 불만족스러운 외모를 참는 것이 자신이 지불할 비용이라고 생각할 수 있다.

사회적 교환 이론은 부부관계에 나타나는 권력의 차이도 각자가 지닌 자원이 사회·문화적 맥락 속에서 다르게 평가되기 때문에 발생한다고 설명한다. 예를 들어, 임금노동을 하는 남편과 가사노동을 하는 아내의 경우를 생각해 볼 수 있다. 임금노동의 가치가 가사노동보다 높게 평가되는 사회적 맥락에서 남편이 아내보다 자원을 더 많이 가진 것으로 여겨진다. 부부관계를 유지하기 위해서는 공평한 교환관계가 이루어져야 하기 때문에 자원이 상대적으로 많은 남편은 아내보다 더 많은 권력을 요구하게 되고, 아내는 남편에게 권력을 양도하는 비용을 지불하지만 남편의 임금을 공유할 수 있는 보상을 받게 된다.

사회적 교환 이론의 문제점은 인간이 언제나 합리적이고 타산적인 존재가 아니며, 때로는 어떤 보상도 기대하지 않는 이타적 행위를 하는 것을 간과한다는 점이다. 특히 가족은 애정, 존중, 효, 친밀감, 희생 등 단순히 보상과 비용으로 설명할 수 없는 특성으로 결합되어 있다. 이러한 심리적 특성들에 부여되는 가치가 지극히 개인적이라는 점도 사회적 교환 이론의 한계로 지적된다. 즉, 사회적 교환 이론의 관점에서 보면 불공평한 교환으로 인식되어 해체될 위험이 높다고 여겨지는 부부지만, 두 사람은 자신들의 관계를 행복하다고 주관적으로 평가하고 일생을 함께하는 경우도 많다.

5) 가족발달 이론

가족발달 이론은 가족을 상호작용하는 개인들의 집합체로 본다는 점에서 상징적 상호작용 이론과 유사점을 지닌다. 하지만 시간을 통한 가족변화에 초점을 둔다는 특징이 있다. 가족발달 이론은 가족을 순간순간 변화하는 동태적 집단으로 파악하며, 가족체계의 종단적 경로인 가족생활주기를 중요시한다.

구체적으로 성인 남녀의 결혼으로 성립된 가족은 이후 자녀 출산·양육, 자녀들의 독립, 배우자의 사망 등 일련의 사건들을 겪게 되는데, 이러한 과정에서 가족의 구조, 기능, 과업 등은 변화한다. 이와 같이 시간이 경과함에 따라 변화하는 가족생활의 연속적 과정을 가족생활주기라고 한다. 가족생활주기가 갖는 의의는 가족 형성부터 해체에 이르는 전 과정을 고려하여, 가족생활주기의 각 단계마다 가족이 이루어야 될 과업이 무엇이고, 과업을 달성하는 과정에서 구성원들의 기대와 욕구가 어떻게 조정되며, 각 단계마다 어떠한 가족 상호작용이 이루어질지 예측할 수 있는 준거를 제시한다는 점이다.

개인의 생애발달에서도 각 시기에 이루어야 할 발달과업이 있듯이 가족발달 이론에서도 원만한 가족생활을 위하여 가족이 성취해야 할 단계별 발달과업을 가정한다. 가족생활주기에 따른 과업을 가족이 단계적으로 수행해야만 가족구성원들이 안정되고 충족감을 느낄 수 있다. 각 단계별 발달과업은 반드시 이루어져야 하는 결정적 시기(critical period)가 있으며, 결정적 시기에 과업이 수행되지 않으면 가족은 역기능을 나타낼 수 있다.

| 표 1-1 | 가족생활주기 단계별 특징과 발달과업

가족생활주기 단계		특징과 발달과업
가족 형성기	신혼부부 가족	새로운 부부관계에 적응
		배우자의 원가족(시댁/처가)과 관계 형성
		가족의 장기계획 수립(임신, 출산, 양육, 주거, 직장, 가계관리 등)
자녀 양육기	영유아기 자녀가 있는 가족	부모역할에 적응
		부부간의 역할분담(가사노동 및 양육)
		조부모와의 협력관계 구축
		자녀 중심의 가족생활계획 재검토
	아동기 자녀가 있는 가족	자녀교육을 위한 가족생활 조정(가계관리, 교육, 여가, 주거 등)
	청소년기 자녀가 있는 가족	청소년 자녀의 심리적 독립에 대한 부모역할 재조정
		청소년 자녀의 진학과 교육비 준비
자녀 독립기	성인 자녀가 있는 가족	자녀의 취업 및 결혼 지원
		자녀-부부와의 관계 형성
		중년기 부부관계 재조정
		노후생활을 위한 준비
가족 해체기	노부부 가족	조부모 역할 수행
		사회적 관계망 재구축
		건강문제 관리
		배우자의 사망

가족생활주기는 가족의 유형과 특성에 따라 다양하지만 일반적으로 결혼을 통해 가족이 형성되는 시기부터 두 배우자가 모두 사망하는 시점까지 특징적 단계로 나눌 수 있다. 가장 고전적인 가족생활주기는 미국의 핵가족을 조사한 Duvall의 8단계설이지만, 현대 한국 가족에 적용하기에는 부적절한 것으로 여겨진다. 이에 다양한 국내 학자들(공세권, 1987; 김승권, 2000; 김혜경 외, 2008; 유영주·김순옥·김경신, 2008)의 이론을 종합하여 가족생활주기 및 단계별 특징

을 〈표 1-1〉에 제시하였다.

가족발달 이론은 현대사회의 다양한 가족들이 등장하면서 도전을 받아 왔다. 예를 들어, 무자녀가족의 경우 자녀양육기나 자녀독립기로 이행되지 않기 때문에 기존의 가족생활주기로는 설명이 어렵다. 또한 이혼 후 재혼을 하는 가족이 증가하는 것을 고려하여 이들을 설명할 수 있는 정교하고 확장된 가족생활주기가 필요하다.

6) 가족체계 이론

가족체계 이론은 1930년대 독일의 생물학자 Bertalanffy의 일반체계 이론을 가족에게 적용시킨 것이다. 체계(system)란 여러 개의 부분들이 모여 구성된 복잡한 전체를 의미한다.

가족체계 이론은 다음의 기본 개념을 바탕으로 한다.

첫째, 체계는 전체성을 지닌다. 이 전체는 부분의 합보다 크다는 명제를 바탕으로 한다. 체계는 각각의 부분들이 모여 이루어지나 각 부분들이 서로 상호교류를 하면서 새로운 관계성을 형성한다. 그러므로 단순한 부분의 합이 아닌 새로운 추가적 특성을 이해해야만 체계를 분석할 수 있다. 예를 들어, 부모와 딸로 이루어진 3인 가족은 하나의 가족체계라고 할 수 있다. 이 가족을 알기 위해서는 아버지, 어머니, 딸이 지닌 특성을 각각 분석하는 것이 필요하지만 각 구성원의 분석만으로는 가족 전체를 이해했다고 볼 수 없다. 이들의 부부관계, 부녀관계, 모녀관계, 그리고 세 명의 가족이 다 같이 모여 상호작용하는 것을 관찰한 후에야 비로소 가족체계를 이해할 수 있다. 이러한 관계성이 체계의 추가적 특성이 되는 것이다.

둘째, 체계는 상호성을 지닌다. 체계를 이루는 각 부분들은 서로 맞물려 돌아가는 톱니바퀴들과 같다. 상호성이란 체계 내의 한 부분에서 발생한 변화가 체계 내 다른 부분에 영향을 미쳐 또 다른 변화를 초래한다는 것이다. 예를 들어, 아버지의 갑작스러운 실직은 부부 사이의 권력관계에 변화를 가져올 수 있고, 부부관계의 갈등은 부모－자녀관계에 부정적인 영향을 미쳐 자녀의 문제행동을 유발할 수 있다. 자녀의 문제행동은 다시 부모－자녀관계에 새로운 갈등을 유발하고, 부모－자녀관계가 악화되면 부부관계도 더욱 심각해질 수 있다. 하지만 체계의 상호성은 부정적인 현상뿐만 아니라 긍정적인 현상도 체계 내에 파급시키는 특성을 갖는다.

셋째, 체계는 항상성을 갖는다. 체계는 근본적으로 안정 또는 평형 상태를 유지하려고 하는 특성이 있다. 가족체계는 외부환경으로부터 오는 자극에 대처하고 가족구성원 간의 상호작용으로 유발되는 변화에 반응하면서, 가족 내의 안정을 유지하기 위해 최선을 다한다. 체계의 안정지향적 특성은 때로 가족구성원의 행동을 제한하기도 한다. 예를 들어, 부부간의 갈등이 심화되어 이혼을 고려하는 가족이 있다고 하자. 이때 자녀들은 이혼을 통해 가족의 항상성이 깨지는 것을 막기 위해 노력하게 된다. 가족상담에서 흔히 목격되는 것은 부부간의 갈등이 심화되면, 아동이 의식적 또는 무의식적으로 문제행동을 유발하는 것이다. 아동의 문제행동은 부모의 관심을 끌게 되어 부부 갈등을 잠정적으로 소강시키고, 이혼을 보류하여 가족체계를 유지하는 효과를 낳게 된다. 이는 체계의 항상성을 유지하기 위해 가족구성원이 역기능적으로 대처하는 전형적인 상황이다.

가족체계 이론은 가족 내에 부부 하위체계(marital subsystem), 부모 하위체계(parental subsystem), 형제자매 하위체계(sibling subsystem)를 가정한다. 각 가족구성원은 동시에 여러 하위체계에 소속될 수 있고, 이러한 하위체계를 통해 가족은 그 기능을 수행한다. 하나의 체계를 외부와 구분 짓는 것을 경계(boundaries)라고 하는데, 가족이 효과적으로 기능하기 위해서는 경계가 분명하고 어느 정도 투과성이 있어야 한다. 역기능적 가족은 폐쇄적인 경계를 가지고 고립되는 경향이 높다. 기능적인 가족은 명확한 경계, 외부와의 활발한 교류, 체계가 유지되기 위한 위계질서, 가족 규칙 등을 가지고 있다.

가족체계 이론은 가족구성원 간의 역동적인 상호작용이나 가족과정(family process)을 설명하는 데 이바지했다. 또한 가족상담이나 가족생활교육에 적용할 수 있는 실용적 특성을 지닌다. 그러나 지나치게 추상적이고 총체성을 강조하다 보니 연구를 위한 방법론적 접근이 어렵다. 아울러 가족체계 이론은 가족 내의 성별이나 연령에 따른 권력의 차이를 간과하는 경향이 있다. 즉, 체계의 상호성을 강조한 나머지 가족구성원 각각의 영향력이 서로 다르다는 점을 배제하여, 약자의 입장에서 가족 현상을 설명하는 데 한계가 있다.

4. 변화하는 현대가족

1960년대 이후 급격히 진행되어 온 한국 사회의 산업화는 정치, 경제, 사회, 문화, 교육 등 모든 분야의 변화를 초래하였다. 이러한 거시체계의 변화는 미시체계인 가족에게도 영향을 준다. 산업화 과정을 거치면서 한국 가족에게 나타난 변화를 가족의 구조적 측면, 기능적 측면, 가치관 측면에서 살펴보면 다음과 같다.

1) 가족의 구조적 측면

통계청(2019)이 발표한 〈2019년 고령자통계〉에 따르면, 2019년 총인구에서 65세 이상 고령자가 차지하는 비중은 14.9%로 사상 최고치를 기록했다. 전체 인구 가운데 65세 이상 노인의 비율이 14% 이상 20% 미만일 경우 '고령사회'로 분류된다. 한국의 고령화는 최근 빠른 속도로 진행되어 '초고령사회(20% 이상)'의 진입이 예상보다 앞당겨질 것으로 보인다. 특히 고령자 통계(2019)에서는 75세 이상 후기 고령 인구 비율이 2019년 이후 증가할 것으로 예측하고 있다. 또한,

2019년 15~64세 100명당 65세 이상 인구(노년부양비)가 20.4명에 이르며 2065년에는 저출산·고령화의 영향으로 65세 이상 인구가 15~64세 인구를 넘어설 것으로 예측하고 있다.

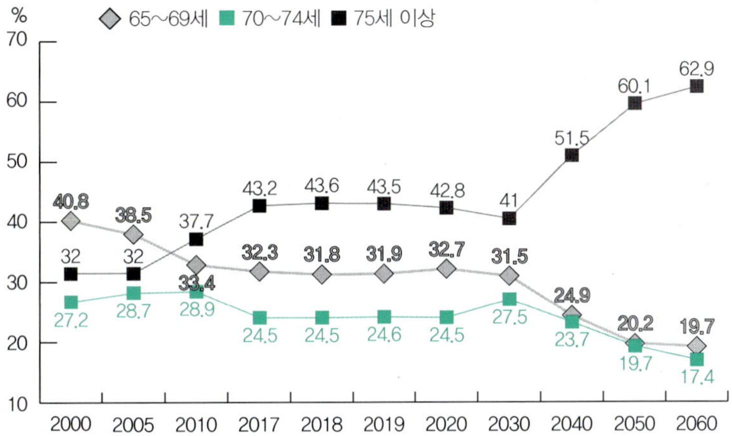

| 그림 1-1 | 고령자의 연령대별 구성비

출처: 통계청(2019).

한국의 빠른 고령화는 낮은 출산율에 기인한다. 산업화 사회에서는 소규모 가족이 대규모 가족에 비해 유리하다는 가족학 이론에 따라 정부 주도하에 적극적인 가족계획 정책이 실시되었다. 정부의 인구억제책은 성공을 거두어 이상적 자녀 수에 대한 규범을 바꾸고, 실제 합계 출산율이 급격히 감소하여 가족규모를 단기간에 축소시켰다. 하지만 이제는 인구의 감소를 우려하는 수준이 되었고, 청년층의 감소로 노동력 부족과 노인부양 부담의 증가가 심각한 쟁점으로 떠올랐다.

통계청(2020)의 〈2019년 11월 인구동향〉에 따르면, 2019년 11월에 출생아 수는 23,819명으로 전년동월대비 1,482명(5.9%) 감소하였다. 이러한 변화는 가족의 소규모화를 가져왔다. 통계청(2018)이 정기적으로 실시하는 〈2017 인구주택 총조사〉에서도 가구당 평균 가족구성원 수가 2000년에 3.12명에서 2010년 2.69명으로 줄다가 2017년에는 2.47명으로 떨어졌다.

가족의 구조 측면에서 보면, 부모를 모시는 직계가족의 비율이 줄고 부부와 미혼자녀로 구성된 핵가족이나 1인가구가 일반적인 형태로 자리 잡았다. 통계청(2018)이 발표한 〈2017년 인구주택총조사〉에 따르면, 2017년 총 가구 수는 2,017만 가구로 2016년 1,984만 가구에 비해 33만 가구(1.7%) 증가했고, 1인 가구는 28.6%로 가장 많았다. 이는 1인 가구 중 자녀와 동거하지 않는 노인단독가구의 증가가 높은 비율을 차지하고 있기 때문이다.

통계청(2018)에서 전국 25,843 표본가구를 대상으로 발표한 〈2018 사회조사〉에서도 부모가 자녀와 동거하는 경우(27.1%)가 부모만 따로 살고 있는 경우(69.5%)보다 훨씬 낮게 나타났다(〈표 1-2〉).

| 표 1-2 | 부모 생존여부 및 동거자(가구주)

(단위: %)

	계	부모[1] 생존	부모의 동거자						
			소계	자녀				부모만 따로 살고 있음	기타[2]
					장남 (맏며느리)	장남 외 아들 (며느리)	딸 (사위)		
2016년	100.0	55.6	100.0	29.2	12.1	10.0	7.1	68.2	2.7
2018년	100.0	58.2	100.0	27.1	12.0	8.1	7.0	69.5	3.3
13~29세	100.0	97.6	100.0	24.4	8.4	5.9	10.0	74.4	1.2
30~39세	100.0	95.8	100.0	20.2	6.8	6.5	6.9	79.4	0.4
40~49세	100.0	87.1	100.0	25.2	12.0	7.3	6.0	72.8	2.0
50~59세	100.0	56.7	100.0	33.8	17.1	10.4	6.3	61.2	5.0
60세 이상	100.0	13.7	100.0	40.3	18.3	13.0	8.9	43.4	16.3

주: 1) 부모 중 한 사람이라도 생존해 있는 경우임
2) '기타 친척' 포함

출처: 통계청(2018).

2) 가족의 기능적 측면

가족구조와 가족가치관의 변화는 가족의 기능적 측면에도 변화를 가져왔다. 한국 가족의 기능은 전통적 유교사상과 서구적 요소의 충돌로 인해 독특한 양상을 보인다. 또한 급격한 사회구조의 변화를 개별 가족이 따라잡지 못해 생겨나는 괴리도 쟁점으로 부각된다.

산업화로 인해 가족과 일터가 물리적으로 분리되면서 가족의 생산기능은 약화되고 소비기능은 강화되었다. 가족이 소비주체가 됨으로써 가족의 소득 정도에 따라 가족생활 만족도가 직접적 영향을 받게 되었다. 한편 직장 및 노동의 중요성이 강조되면서 가족구성원 간의 유대관계를 맺기 위한 시간이 감소하는 경향이 있다. 사회적 경쟁이 치열해질수록 가족의 애정적 기능과 휴식 및 오락의 기능이 중요시되는 것에 반해, 가족친화적 노동환경이 조성되지 못한 점은 문제로 지적된다.

가족은 여전히 합법적인 성적 욕구 충족과 통제에 대한 기능을 수행하고 있다. 하지만 현대사회에서 결혼과 자녀출산이 개인의 선택으로 간주되면서, 결혼의 성적 욕구 통제 기능은 약화되고 있다. 통계청(2019)에 조사한 〈2018년 혼인·이혼통계〉에 따르면, 2018년 혼인건수는 25만 7천 6백 건으로 전년대비 2.6%(6천 8백 건) 감소하였다. 피임방법의 개발, 성생활의 자유, 향락 산업 및 성 관련 서비스업의 발달 등은 가족의 성적 통제 기능을 약화시키면서 성에 대한 가족가치관을 변화시키고 있다. 반면, 부부간 성생활의 만족이 결혼생활의 만족도를 좌우하는 주요 요인으로 부각되었다.

자녀의 출산·양육·사회화는 현대 가족에게 큰 부담으로 여겨진다. 한국 사회의 낮은 출산율이 이를 입증하고 있다. 특히 한국의 과열된 사교육 참여는 부모의 양육부담을 증가시킨다. 또한 핵가족화 현상으로 인해 부모세대는 조부모세대로부터 다양한 지원을 받기 어렵고, 맞벌이의 증가로 자녀의 양육 및 사회화는 전문적인 보육기관으로 이전하는 추세이다.

가족은 노인과 환자를 돌보는 기능을 수행해야 한다. 특히 평균 수명의 연장으로 가족의 돌봄 기능은 그 중요성이 증가하고 있다. 그러나 현대 가족은 노약자를 돌볼 인적·경제적 자원이 불충분하다. 노인들의 가족에 대한 의존도는 아직까지 높은 반면, 노부모 세대를 부양할 자원은 부족한 상황에서 가족 내 세대 간의 갈등이 심화될 수 있다. 통계청(2018)에서 전국 25,843 표본가구를 대상으로 발표한 〈2018 사회조사〉에 따르면, 가구주 부모의 생활비는 아들, 딸 등 자녀가 제공한 비율이 44.4%로 점점 감소하고 있으며, 부모 스스로가 해결한 경우는 55.5%로 증가하는 추세이다([그림 1-2]).

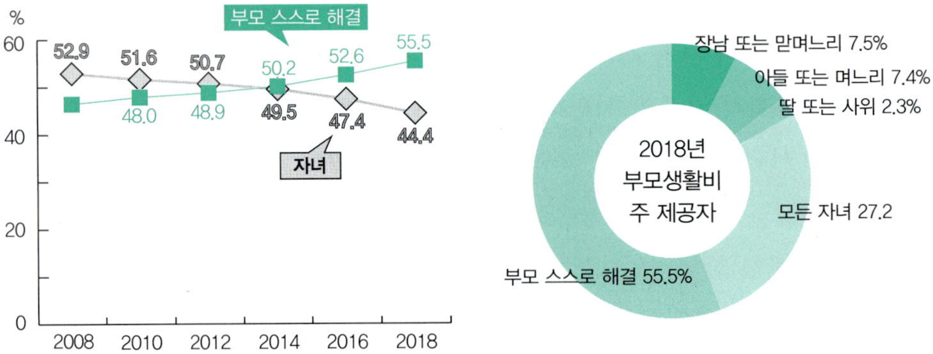

| 그림 1-2 | 부모 생활비 주 제공자(가구주)

출처: 통계청(2018).

3) 가족의 가치관 측면

전통사회에서는 가족 및 집단이 우선이었기 때문에 개인의 독립성과 자율성은 제한되었다. 부모-자녀관계에서는 효(孝)가 핵심 가치였기 때문에 부모의 권위와 자녀의 순종을 강조하였고, 부부관계에서는 부부유별(夫婦有別)과 남존여비(男尊女卑)가 주요 규범이었다. 그러나 산업화 이후 집단보다는 개인의 능력을 중요시하게 되고, 민주주의로 자유와 평등의 가치가 확산되면서 가족규범도 가족구성원 개개인의 권리를 중요시하는 쪽으로 변화되었다.

현대 가족은 구성원 간에 상대방의 영역을 존중하고, 자신의 역할에 책임을 진다. 개인이 가족을 위해 존재하는 것이 아니라 가족이 개인을 위해 존재하기 때문에 가족안정성은 약화되고 있다. 가족구성원 간의 희생도 전통적 가족관계와 비교해 감소하였다. 가족이 위기에 직면하게 되면 공동의 노력으로 해결하기보다는 개인주의에 입각하여 행동할 가능성도 증가하였다. 부모-자녀관계에서 부양에 대한 갈등이 증가하거나 부부관계에서 이혼이 증가하는 것이 대표적인 현상이다. 본 장에서는 통계청(2018)에서 전국 25,843 표본가구를 대상으로 발표한 〈2018 사회조사〉를 바탕으로, 부모-자녀관계 및 부부관계에 대한 가치관의 변화를 고찰하고자 한다.

(1) 부모-자녀관계에 대한 가치관의 변화

효와 장유유서(長幼有序) 규범이 희석되면서 현대의 한국 가족 내 부모의 권위는 급격히 약화되었다. 물론 긍정적 측면으로 세대 간의 친밀성이 강화된 점을 들 수 있다. 하지만 개인주의의 강화와 함께 부모에 대한 자녀세대의 돌봄 기능이 약화되면서 노인부양의 문제가 야기되고 있다. [그림 1-3]에 따르면, 13세 이상 인구 중 부모의 노후 생계는 '가족과 정부와 사회가 돌보아야 한다'는 견해를 피력한 경우가 48.3%로 가장 높고, '가족(자녀, 며느리, 사위)이 돌보아야 한다'는 견해가 26.7%이며, '부모 스스로 해결해야 한다'는 견해도 19.4%로 나타났다. 부모 부양의 책임을 사회로 돌린 것이나 부모 스스로가 노후를 책임져야 한다는 견해가 19.4%나 나온 것은 변화하는 부모 부양에 대한 의식을 반영하는 것이라고 하겠다.

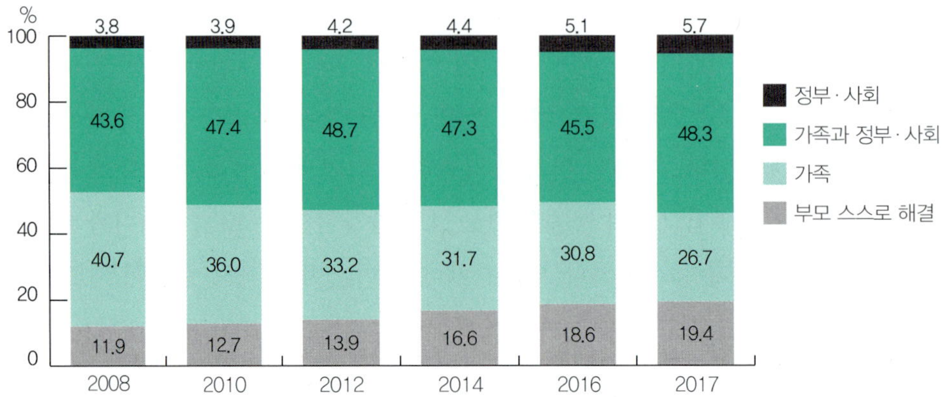

| 그림 1-3 | 부모 부양에 대한 견해

출처: 통계청(2018).

(2) 부부관계에 대한 가치관의 변화

전통적 유교사회에서 부부관계는 불평등한 관계였다. 가장은 남성이 되는 것이 원칙이었고, 가장에게는 조상에 대한 제사권, 가산의 관리, 가족의 부양, 자녀의 교육, 혼인, 징계 등에 관한 광범한 권한과 의무가 부여되었다. 여성에게는 삼종지도(三從之道)와 여필종부(女必從夫)의 가르침이 엄격하게 강조되었다.

현대 부부관계는 역할분담과 권력구조의 변화로 평등한 부부관계로 바뀌어 가고 있다. 과거의 가부장적 가족제도에서 남성에게 주어졌던 의사결정권이 최근에는 부부 공동결정 유형으로 변화되고 있다. 특히 여성의 경제활동 참여율이 증가하면서 여성의 가족 내 발언권이 강화되고 있다. 그러나 아직까지도 가족가치관의 변화 속도는 기대만큼 빠르지 않다. 통계청의 사회조사(2018) 결과, 가사를 공평하게 분담해야 한다는 견해가 59.1%에 해당하였으나 실제 부부가 함께 살고 있는 가구에서 평소 '공평'하게 가사 분담하고 있다고 응답한 경우는 남편 20.2%, 부인 19.5%로 견해와 실태 간에 차이가 있는 것으로 나타났다(〈표 1-3〉).

| 표 1-3 | 가사 분담에 대한 실태 (함께 살고 있는 부부)

(단위: %)

	계	부인이 주도	부인이 전적으로 책임	부인이 주로 하지만 남편도 분담	공평하게 분담	남편이 주도	남편이 주로 하지만 부인도 분담	남편이 전적으로 책임
남편	100.0	76.2	21.9	54.3	20.2	3.7	2.9	0.8
부인	100.0	77.8	26.9	50.8	19.5	2.8	2.4	0.4

출처: 통계청(2018).

부부관계에 대한 가치관의 변화에서 주목할 것은 결혼의 필요성 및 결혼안정성에 대한 태도이다(〈표 1-4〉). 통계청(2018)이 발표한 〈2018년 사회조사〉에 따르면, 13세 이상 인구 중 결혼에 대해 '해야 한다'는 생각을 가진 비율은 48.1%로 2010년 이후 지속적으로 감소하고 있다. 특히 미혼 남성의 52.8%가 결혼에 찬성하나 미혼 여성은 43.5%로 나타나 남녀 간의 견해 차이를 보이고 있다. 한편, 이혼에 대한 견해는 2018년에 '할 수도 있고, 하지 않을 수도 있다'는 답변이 46.3%로 나타나 이혼에 대한 허용적인 태도는 점차 증가하는 것을 알 수 있다. 현대의 부부관계는 상호 간의 애정을 바탕으로 하는 계약관계로 여겨진다. 이는 애정이 없어서 결혼만족도가 떨어지면, 더 이상 결혼관계를 유지할 필요가 없음을 의미한다. 과거에는 결혼안정성이 중요한 가치였으나 현재는 결혼만족도가 좀 더 강조되고 있다. 이혼이 바람직한 것은 아니지만 불행한 결혼생활의 유지보다는 이혼이 낫다는 태도가 확산되는 것은 이러한 가치관의 변화를 시사한다고 하겠다.

| 표 1-4 | 결혼·이혼·재혼에 대한 견해

(단위: %)

	계[1]	결혼			이혼			재혼		
		해야[2] 한다	해도 좋고 하지 않아도 좋다	하지[3] 말아야 한다	해서는[4] 안 된다	할 수도 있고 하지 않을 수도 있다	이유가 있으면 하는 것이 좋다	해야[2] 한다	해도 좋고 하지 않아도 좋다	하지[3] 말아야 한다
2016년	100.0	51.9	42.9	3.1	39.5	43.1	14.0	14.2	62.3	16.3
2018년	100.0	48.1	46.6	3.0	33.2	46.3	16.7	12.4	64.6	14.9
남자	100.0	52.8	42.3	2.2	37.9	43.3	14.5	15.7	64.1	11.4
여자	100.0	43.5	50.8	3.8	28.7	49.3	18.8	9.2	65.1	18.3
미혼남자	100.0	36.3	54.8	3.6	23.5	48.4	19.2	11.7	67.0	7.3
미혼여자	100.0	22.4	67.2	7.2	11.6	54.5	28.4	6.0	76.0	7.7
13~19세	100.0	28.4	58.5	4.9	18.5	50.3	19.2	7.6	66.5	8.2
20~29세	100.0	33.5	58.4	5.3	18.8	51.4	24.5	8.5	73.8	7.6
30~39세	100.0	36.2	58.7	3.6	24.6	54.2	18.0	9.0	72.9	10.7
40~49세	100.0	41.9	53.9	2.9	27.9	53.9	16.1	11.3	67.4	15.5
50~59세	100.0	55.7	40.7	2.0	35.4	47.1	15.3	13.2	62.7	17.8
60세 이상	100.0	71.2	25.6	1.6	55.8	29.9	11.6	19.1	51.8	21.7

주: 1) 각 항목별로 '잘 모르겠다' 있음
2) '반드시 해야 한다'와 '하는 것이 좋다'를 합한 수치임
3) '하지 않는 것이 좋다'와 '하지 말아야 한다'를 합한 수치임
4) '어떤 이유라도 이혼해서는 안 된다'와 '이유가 있더라도 가급적 이혼해서는 안 된다'를 합한 수치임 2018. 5. 16.~5. 31. 동안 조사하여 집계한 결과입니다.

출처: 통계청(2018).

가족복지에 대한 이해

02
CHAPTER

본 장에서는 가족복지란 무엇인지 개념화하고, 왜 가족복지가 필요한지를 고찰할 것이다. 또한 가족복지의 역사적 발달과정을 살펴봄으로써 현대 가족복지를 이해하고자 한다. 끝으로 가족복지의 접근방법으로서 가족정책 및 가족복지 서비스에 대해 살펴볼 것이다.

1. 가족복지의 개념

1) 정의

국립국어원 표준국어대사전에 따르면, 복지(welfare)란 '행복한 삶'으로 정의된다. 복지는 안녕(well-being), 행복(happiness), 번영(prosperity) 등과 유사하게 사용되며, 행복하고 만족스러운 삶의 상태를 지향하는 사회적 노력을 함축한다. 이러한 측면에서 가족복지란 가족의 행복이나 안녕을 뜻하며, 가족의 복지를 보장하기 위한 사회적 정책, 행정, 서비스 등을 포괄한다고 볼 수 있다. 가족복지(family welfare)는 영어로 가족사회사업(family social work), 가족사회복지(family social welfare), 가족중심의 사회사업(family centered social work), 가족복지서비스(family welfare service) 등으로 혼용되기도 한다.

가족복지를 개념화하기는 쉽지 않은데, 이는 가족이 지닌 복합적인 특성에 기인한다. 또한 명확한 가족복지법이 부재하기 때문에 법적으로 가족복지의 실체를 파악하기가 쉽지 않다. 특히 사회복지의 다른 분야인 아동문제, 청소년문제, 여성문제, 노인문제 등과 중첩되기 때문에 뚜렷한 경계를 짓기가 어렵다. 하지만 가족복지의 대상으로 가족의 전체성을 고려하지 않고, 편의적으로 개인을 단위로 가족복지를 규정하는 것은 경계해야 할 점이다. 본 장에서는 가족복지를 목적, 대상, 범위에 초점을 두고 개념화하고자 한다(최경석 · 김양희 · 김성천 · 김진희 · 박정윤 · 윤정향, 2003).

(1) 목적에 초점을 둔 정의

가족복지의 목적은 가족이 처한 여러 가지 문제 상황에서 가족을 통합시키고 적응하도록 서비스를 제공하는 것(전준우, 1988)이다. 궁극적으로는 가족문제의 예방과 해결을 통하여 가족 전체의 행복을 유지하는 것이라고 할 수 있다. 가족이 구성원들에게 기본적인 생활유지를 위해 필요한 양육, 보호, 정서적 기능을 제공하도록 가족복지는 거시적 · 미시적 차원에서 조직적 지원을 하게 된다.

(2) 대상에 초점을 둔 정의

가족복지가 다른 복지 분야와 구별되는 가장 큰 특성은 그 대상이 개인이 아닌 '가족 전체(family as a whole)'라는 점이다. 가족복지의 대상이 가족 전체라는 의미는 가족의 문제가 특정 구성원 때문에 발생하는 것이 아니라 가족구성원들 간의 상호작용 속에 문제가 유발되었다는 점을 전제한다. 따라서 문제 해결을 돕기 위한 사정 및 개입에도 가족 전체가 참여하도록 진행해야 한다.

가족복지는 가족체계 이론을 기반으로 한다. 가족체계 이론의 기본개념인 전체성, 상호성, 항상성이 가족복지의 전 과정에 녹아들어 있다. 가족복지는 대상 가족이 기능적이 되도록 하위체계들 간에 명확한 경계를 유지하도록 도우며, 개방체계로서 외부와 상호교류하고, 가족체계를 유지하기 위한 기본적 위계질서와 규칙을 갖추도록 지원한다. 한편 가족 전체가 대상이라는 점이 지닌 추상성 때문에 '각 개인이 가족구성원으로서의 역할을 실행하도록 원조하는 것'이 가족복지의 구체적 목표라고도 볼 수 있다.

(3) 범위에 초점을 둔 정의

가족복지는 광의의 개념과 협의의 개념으로 나누어 볼 수 있다. 광의의 개념에 따르면, 거시체계는 가족에게 영향을 미치므로 거시체계의 모든 영역이 가족복지의 영역이라고 주장한다. 광의의 가족복지는 사회복지의 모든 정책, 행정, 운영의 기준을 가족으로 규정하면서, 사회 전체가 가족 친화적 가치 실현을 위해 노력해야 한다고 본다. 즉, 고용, 노동, 임금, 물가 등에 관련된 경제 정책, 생활보호서비스에 관련된 사회보장 정책, 보건·의료 정책, 교육 정책, 문화 정책, 주택 정책, 환경 정책 등 정부의 모든 행정활동이 가족에 영향을 주기 때문에 이들 모두를 가족복지의 영역으로 봐야 한다는 개념이다.

반면, 협의의 관점은 가족복지를 사회복지 영역의 한 분야로 규정한다. 즉, 가족복지도 아동복지, 노인복지, 여성복지, 장애인복지 등과 같은 수준으로 한정된 영역의 가족문제를 해결하는 것으로 접근한다.

2) 필요성

현대사회에 적극적인 가족복지 정책 및 서비스가 필요한 이유로는 다음 네 가지를 들 수 있다.

(1) 가족기능의 약화

산업화 이후 가족기능의 변화로 인해 가족복지가 필요하게 되었다. 가족은 내적으로는 가족구성원의 생존에 기여하고, 외적으로는 사회의 유지를 위해 수행해야 하는 기본적인 역할이 있다. 하지만 가족의 전통적 기능은 산업화 이후 급격한 변화를 겪었다. 산업화 이전에 가족이 수행했던 많은 기능들을 현대 가족은 더 이상 수행하기 힘들어진 것이다. 예를 들어, 가족의 생산기능은 자급자족에서 임금노동으로 변화하였다. 가족 외부의 산업현장에서 노동의 대가로 지급되는 개인 단위의 임금은 가족의 응집력과 결속력을 저하시켜 애정기능을 약화시켰다. 또한 전통적인 가족의 보호기능도 수행이 어렵다. 수명연장으로 노인에 대한 부양과 간병은 필요성이 증가하는 데 비해 핵가족화 및 맞벌이 증가로 이를 수행할 가족구성원이 부족하기 때문이다. 핵가족화 및 맞벌이의 증가는 자녀의 양육과 사회화 기능도 어린이집과 같은 보육기관으로 이전하는 효과를 가져왔다. 소자녀화로 자녀양육에 대한 중요성은 강조되는 반면, 정작 가족의 양육 전담은 어려워진 것이다.

결론적으로, 가족의 기능이 전반적으로 약화되는 데 반해, 가족의 책임은 감소되지 않으며, 오히려 강화되는 경향이 있다. 이로 인해 가족은 과부하(overload) 상태가 되고 있다. 그러므로 약화된 가족의 기능을 지원하기 위해서 다양한 가족복지 서비스가 필요하다.

(2) 가족욕구의 다양화

다양한 가족 구조가 출현하면서 변화된 가족의 욕구를 충족시키기 위해 가족복지가 필요하게 되었다. 증가하는 맞벌이가족, 독신가구, 무자녀가족, 한부모가족, 재혼가족, 조손가족 등은 이전의 규범적 가족과는 다른 욕구를 지닌다. 이러한 변화된 가족구조에 따라 다양화된 가족구성원들의 욕구를 충족시키기 위해서 전문적인 가족복지 서비스가 필요하게 된 것이다.

(3) 가족단위 접근의 중요성

가족이 사회의 문제를 해결하는 효율적인 단위라는 사실은 여전히 변화되지 않고 있다. 전통적인 가족제도를 없애고 가족을 대체하는 공동체(콜호츠, 인민

공사, 집단농장 등)를 시도했던 결과, 결국 경제적 비효율성 및 아동 양육의 역기능으로 인해 후퇴한 경험이 있다. 또한 개인을 대상으로 한 개별적 접근보다 가족을 단위로 한 가족상담이 효과를 거두는 것도 가족이 여전히 중요한 사회적 기본단위라는 것을 입증하고 있다. 그러므로 가족 전체를 하나의 단위로 규정하여 접근하는 가족복지의 중요성이 현대사회에서 더욱 중요해지고 있다고 할 것이다.

(4) 가족에 대한 사회적 개입을 평가하는 인식 변화

가족에 대한 사회적 개입을 평가하는 인식이 변화하였다. 과거에는 가족구성원에 대한 보호 및 양육을 개별 가족의 고유한 책임으로 규정하였다. 그러나 가족을 사적 영역으로 간주하여 공적 개입에 대해 거부감을 갖던 인식들이 변화하고 있다. 이는 정부의 기능에 대한 정치적 담론과 연결된 복잡한 논의이기는 하지만, 현 시점에서 가족기능의 약화, 다양화된 가족욕구, 가족 단위 접근의 중요성 등을 고려했을 때, 적극적인 가족복지 정책 및 서비스에 대한 사회적 합의가 이루어지고 있다고 볼 수 있다.

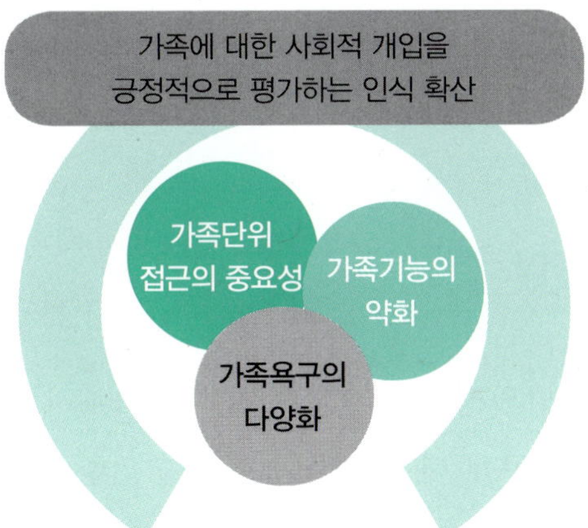

| 그림 2-1 | 현대사회의 가족복지에 대한 필요성

가족복지 증진을 위한 정부와 기업의 노력: 가족친화 인증

한국은 저출산, 고령화, 여성의 경제활동 참여 증가 등 사회환경 변화에 따라 근로자의 일·가정 양립이 가능한 가족친화적 직장문화 조성이 필요하게 되었다. 때문에 정부에서는 2007년 가족친화 사회환경의 조성 촉진에 관한 법률을 제정하기에 이르렀다.

가족친화인증제라 함은 「가족친화 사회환경의 조성 촉진에 관한 법률」 제15조에 근거하여 근로자가 일과 가정생활을 조화롭게 병행할 수 있도록 가족친화제도를 모범적으로 운영하고 있는 기업 등에게 심사를 통해 인증을 부여하는 제도이다. 이를 통해 근로자가 일에 집중하도록 하여 기업 생산성과 경쟁력을 강화할 수 있으며, 가족친화 우수기업 홍보로 기업 이미지를 향상시킬 수 있다. 또한 국가적 차원에서는 출산율 제고, 고용 안정 등으로 국민경제 발전에 기여할 수 있다. 하지만 무엇보다 가족친화경영 확산을 통해 근로자와 가족구성원의 삶의 질을 향상시키는 데 이바지한다고 할 수 있다.

가족친화인증제는 다양한 프로그램을 진행하고 있다. 구체적으로 근로자 건강관리 및 생애주기별 지원, 본인 및 배우자 출산지원, 근로자 자녀 양육 및 교육지원, 탄력적 근무시간, 재택근무 등 근무환경 유연성, 가족간호 및 가족 건강지원, 가족관계증진 및 여가생활지원, 결혼장려 및 가족 경조사 지원, 가족친화 사회공헌 프로그램을 들 수 있다.

가족친화제도 인증은 기업, 공공기관, 중앙행정기관, 지방자치단체, 대학 등을 대상으로 하며, 인증기준으로는 운영요구사항, 가족친화제도 실행사항, 가족친화경영 만족도 등을 평가하여 70점 이상(중소기업은 60점 이상) 획득한 경우 인증을 부여받을 수 있다. 2008년 14개사로 시작한 가족친화 인증기업은 2019년에는 707개사가 인증을 받아 총 3,833개의 기업 및 공공기관들이 인증을 받았다. 인증 유효기간은 3년이며, 2년까지도 연장이 가능하다.

자세한 사항은 여성가족부(www.mogef.go.kr) 및 가족친화인증 홈페이지(http://www.ffsb.kr)에서 확인할 수 있다.

출처: 여성가족부(2020).

2. 가족복지의 발달

사회복지는 초기 발달과정에서 사회적 빈곤을 극복하기 위해 빈곤가족을 주된 대상으로 삼았다. 빈곤에 대한 연구나 해결을 위한 단위로서 가족을 중심으로 접근하였기 때문에 사회복지정책 안의 가족복지를 명확히 구분하기는 힘들다. 이에 사회복지의 발달사 속에서 특히 가족복지를 강조한 정책이나 사건을 중심으로 영국, 미국, 그리고 우리나라의 상황을 살펴보고자 한다(김수환,

2009).

1) 영국의 가족복지 발달

(1) 구빈법 시기

사회복지정책의 역사는 영국에서 1601년에 제정된 Elizabeth 구빈법(Poor Law)에서 시작되었다고 볼 수 있다. 구빈법은 국가서비스의 대상으로서 빈민들을 규정하였는데, 특히 공공부조를 할 만한 가치 있는 빈민과 가치 없는 빈민으로 나눈 점이 특징이다. 가치 있는 빈민이란 과부, 고아, 장애인, 고령자 등 불가피한 이유로 빈곤층이 된 사람들로서, 국가는 이들과 이들의 가족을 돌보아야 한다는 것이다. 반면, 가치 없는 빈민이란 노동능력이 있음에도 불구하고 구걸을 일삼는 대상을 말한다.

가족복지 측면에서 주목할 만한 구빈법의 내용은 빈민을 포함한 모든 사람들에게 가족부양의 의무를 명시하고 있다는 점이다. 즉, 무능력자나 빈민도 자신의 부모, 자녀, 조부모를 책임지고 부양해야 한다는 내용이 의무로 규정되어 있다. 이러한 구빈법의 내용은 국가가 빈곤의 문제를 적극적으로 책임지기보다는 가족에게 전가하는 것으로 해석할 수 있다. 구빈법은 가족복지 정책보다는 단순한 빈곤대책으로 평가할 수 있으며, 빈곤층을 통제하기 위한 요소가 강하다. 그러나 국가가 빈곤문제에 대처하기 위해 가족을 중심으로 대책을 수립하고자 시도한 점은 중요한 의미가 있다. Elizabeth 구빈법은 이후 1834년에 개정되는데, 가족의 노동력 제공이라는 기능을 강조하는 내용을 담게 된다.

(2) 자선조직운동 및 인보관운동

가족복지에 있어 자선조직협회와 인보관운동은 가족문제에 대한 최초의 과학적이고 체계적인 접근으로 평가될 수 있다. 먼저 자선조직협회(Charity Organization Society)는 1869년에 영국 런던에서 자선구호 및 구걸방지조직협회라는 이름으로 처음 창설된 후 자선조직협회로 개칭되었다. 자선조직협회의 목적은 기존에 무분별하게 반복 또는 중복되어 온 구빈사업과 자선활동을 통합하고 조직화하는 것이었다. 특히 가정방문을 통해 빈곤층에 대한 개인단위 접근뿐만 아니라 가족생활 전반을 조사하고, 이를 통해 더욱 합리적이고 체계적인 자선활동을 시도하였다.

한편 인보관운동(The Settlement House Movement)은 영국 런던의 빈곤문제 해결에 관심을 가진 대학생들이 중심이 되어 시작된 운동이다. 이들은 부유층의 엘리트임에도 불구하고 런던의 슬럼에서 빈민들과 함께 거주하며 인보관운동을 펼쳤다. 인보관운동은 빈민들이 일상에서 매일 직면하는 진정한 문제를 파악하고 그 해결을 위해 노력했다는 점에서 시사하는 바가 크다. 인보관운동은 자선조직운동과는 달리 가족의 문제를 사회적·구조적 환경에서 이해하고자 하였다. 즉, 가족문제의 책임을 개별 가족이나 그 구성원에게 묻기보다는 사회의 구조적 변화가 필요한 것으로 본 것이다. 인보관운동은 가족이 처한 맥락을 강조함으로써 후에 생태학적 시각에 영향을 미치게 된다.

(3) 빈곤가족에 대한 연구

19세기 중반부터 영국에서는 빈곤가족에 대한 사회실태조사가 진행되었다. 이러한 사회실태조사는 경제적 수준에 따라 어떻게 계층을 합리적으로 나눌 것인지, 준거에 따라 나눈 계층별 비율은 얼마나 되는지, 이들이 빈곤하게 된 원인은 무엇인지 등에 대한 과학적이고 합리적인 결과를 도출하게 된다. 빈곤층에 대한 지속적인 사회조사는 빈곤가족의 문제를 이해하고 해결하는 데 기초자료가 되었으며, 나아가 빈곤이 단순히 개인의 문제가 아니라 사회적·국가적·구조적 문제라는 인식을 확산시켰다.

빈곤가족에 대한 과학적 조사 결과들을 통해 영국은 1908년에 노령연금법(The Old Age Pension Act), 1909년에 최저임금법, 1911년에 국민보험법(The

National Insurance Act)을 제정하게 된다. 국민보험법은 의료보험과 실업보험을 포괄하고, 전 가족을 대상으로 한다는 점에서 의의가 크다. 1921년에는 실업노동자 부양법(The Unemployment Workers' Dependent Act)을 통해 실업노동자를 부양하는 가족에게 실업급여를 지급하게 되었다. 1925년에는 과부, 고아, 노인들을 위한 기여연금법(The Widows', Orphans', & Old Age Contributory Pension Act)이 실시되었고, 1931년에는 국민경제법(The National Economy Act)을 통해 신청자뿐만 아니라 가구구성원들의 소득을 고려한 급여 지불을 규정하게 된다. 1933년에는 아동 및 청소년법(The Children and Young Persons Act)이 제정되어 아동 및 청소년을 위한 현대적 의미의 복지서비스를 제공하게 되었다.

(4) Beveridge 보고서

영국에서 1942년에 Beveridge 보고서가 발표된다. 이 보고서는 당시까지 국가 중심적이고 선별주의적이던 구빈법 제도에서 벗어나 국가의 책임과 의무를 강조함으로써 복지국가로 나아가는 기본적인 시각과 틀을 제공하게 된다. 즉, 사회보험의 문제를 지적하면서 사회복지제도의 개혁을 주창한 것이다.

가족복지 측면에서 주목할 것은 가족의 경제부양자에 대한 임금은 개인의 노동력에 대한 대가이기는 하지만 그가 부양하고 있는 가족을 고려하여 보편적인 급여나 수당으로 지불하는 것이 필요하다고 본 점이다. 즉, 임금을 개인 노동에 대한 단순한 대가로만 치부한 것이 아니라 부양가족의 규모와 상황을 유지하기 위한 수단으로 본 것이다. Beveridge 보고서의 공헌으로 1945년에는 가족수당법(The Family Allowances Act)이 제정되고, 1946년에는 산업재해 국민보험법(The National Assistance Act)이 나오게 된다. 이 시기부터 영국에서는 모든 개인이 가족과 불가분의 관계이므로, 모든 사회복지도 가족과 분리해 생각할 수 없다는 인식이 보편화된다.

(5) 가족수당

제2차 세계대전 후 북유럽에 도입된 가족수당제도는 사회의 핵심단위로서 가족을 보호하고 지원하는 데 목적을 둔 보편주의적 제도이다. 가족수당은 1930년대에 벨기에, 프랑스, 이탈리아, 스페인, 네덜란드에서 처음 도입되었으며, 영국에서는 1945년경에 도입되었고, 이후 1950년대까지 대부분의 유럽국가에 도입되었다.

영국은 1970년에 가족소득보조제도(FIS)와 아동급여제도(CB)를 도입하여 가족문제에 대한 국가적 지원을 적극화하였다. 또한 중산층도 가족복지제도에 편입되어 보편적 복지의 혜택을 누리게 되지만, 결국 과도한 재정 지출로 '복지국가의 위기'를 초래하게 된다. 이후 전반적인 사회복지의 축소가 불가피하게 되면서 복지재정의 삭감, 각종 가족복지 제도의 축소, 급여의 감소 등이 발생하게 되었다.

2) 미국의 가족복지 발달

미국의 가족복지 발달 역시 영국과 마찬가지로 빈곤문제에 대한 대응책을 중심으로 발달해 왔다. 그러나 미국과 영국은 역사, 문화, 규범이 다른 만큼 근본적인 차이가 있다. 미국은 신대륙으로의 이주, 개척, 독립의 역사를 가지며, 청교도 윤리를 바탕으로 하기 때문에 개인 각자가 스스로를 책임져야 한다는 의식이 강하다. 즉, 영국이나 기타 유럽국가와 달리 미국에서는 개인이나 가족이 스스로의 문제나 어려움을 극복해야 한다는 자립 의식을 강조한다. 따라서 미국의 가족복지는 국가 차원의 발달보다는 사적 영역인 민간의 실천이 활성화되었다.

(1) 자선조직운동 및 인보관운동

영국에서 본격적으로 추진된 자선조직운동과 인보관운동은 미국으로 건너가 1870년대 후반부터 뉴욕 주에서 시작된다. 이 시기 산업혁명이 본격적으로 진행되던 미국은 인구의 도시집중화로 인한 각종 사회문제들을 겪기 시작했고, 사회복지 실천의 욕구를 절감하게 된다.

가족복지 측면에서 중요한 것은 자선조직운동에서 우애방문원(friendly visitor)들의 활동이었다. 이들은 자선조직협회에 소속된 일원으로서 초기 사회복지사의 역할을 수행한 것으로 평가된다. 우애방문원들은 빈민층 가정을 직접 방문하여 이들의 생활실태를 조사하고 자료를 체계적으로 분류하기 시작하였다. 이들이 내린 결론은 빈곤이 개인의 문제가 아니라 개인이 소속된 가족과 깊은 연관이 있다는 것이었다. 그러므로 빈곤층에 대한 서비스 제공은 개인뿐만 아니라 그 가족을 단위로 제공되어야 한다고 주장했다. 자선조직협회의 활동은 이후 가족복지 실천의 전문화로 이어진다. 1909년에 사회적 지원이 필요한 과부 및 요보호 아동의 어머니에 대한 연금법이 제정되고, 아동의 보호와 복지향상을 위한 전국자선단체의 설립이 인정된다. 또한 1911년에 미국가족서비스협회가 결성되기에 이른다.

미국의 자선조직운동과 인보관운동은 초기 사회복지사업의 전문화가 가족을 중심으로 시작되었다는 점을 시사한다. 특히 미국의 자선조직 활동을 통한 가족복지는 영국 및 유럽과 달리 민간 지역사회조직이 중심이 되어 실천되었다.

(2) 사회보장법

미국은 1920년대 말부터 시작된 대공황으로 각종 사회문제를 겪는다. 이에 따라 국가가 가족의 복지를 위해 공적으로 개입해야 할 필요성이 제기되고, 1935년에는 사회보장법(Social Security Act)이 제정되기에 이른다. 사회보장법은 공적부조제도, 사회보험제도, 사회복지 서비스의 세 가지 영역으로 구성되는데, 그 의의는 빈곤에 대해 국가가 일정 부분 책임이 있음을 인정하고 연방정부가 좀 더 적극적으로 사회복지에 관여하게 된 점이다.

그 이후 1930년대 발 식품교환권(food stamp) 제도가 시작되어 1974년에는 미 전역에서 실시되기에 이른다. 또한 1962년에는 아동부조제도(AFDC)가 시행되고, 1960년대에 '빈곤과의 전쟁(war on poverty)'이 선포되면서 가족복지와 관련된 다양한 정책들이 마련되었다. 1969년에는 AFDC 프로그램이 개편되어 가족원조계획으로 시행되었고, 1972년에는 사회보장법의 개정과 함께 보완적인 소득보장제도(Supplemental Security Income, SSI)가 신설된다. 그러나 다양한 가족복지 정책의 시행에도 불구하고 빈곤과의 전쟁은 성공하지 못한 것으로 평가되었다. 이후 1980년대에 들어와 사회복지예산이 삭감되면서 가족복지사업도 타격을 받게 되었다.

(3) 빈곤가족에 대한 연구

빈곤가족의 문제를 이해하기 위한 미국 사회복지 분야의 실증적 연구는 20세기에 들어와서 이루어졌다. 특히 이 시기에 빈곤선을 어떤 기준으로 판단할 것인지에 대한 관심이 집중되었고, 한 가족이 경제적으로 생존하기 위해 필요한 최소 한도의 수입을 기준으로 빈곤선이 개념화되었다. 이후 노동통계국에 의한 빈곤선 연구가 공식적으로 진행되면서, 국가기관에 의한 빈곤가족 구분이 시작되었다.

미국은 건국 초부터 빈곤을 개인의 책임으로 보는 시각이 강했다. 이는 미국의 국가정체성을 규정하는 개인주의 및 자유주의와 관련되기 때문이다. 그러나 1950년대에 들어와서 체계이론 및 생태학이론이 확산되면서 가족을 바라보는 관점에 변화가 오기 시작했다. 즉, 개인의 문제는 그가 상호작용하는 가족과 분리해 다룰 수 없으며, 가족 역시 그 가족이 처한 환경의 영향을 받는다는 관점이 가족복지 분야에 새로운 변화를 일으키게 된다. 이러한 변화는 미시적 차원의 가족상담 및 거시적 차원의 가족복지 서비스에 도입되어 가족을 단위로 하는 접근을 강화시켰다.

3) 한국의 가족복지 발달

한국에서 가족복지 개념이 구체화된 것은 최근의 일이다. 전통적으로 농경사회를 중심으로 가족주의를 강화시켰기 때문에, 가족보호에 대한 책임은 국가보다는 확대가족에게 지워졌다. 근대적인 개념의 사회복지사업은 일제 강점기에 시작되었고, 여기에서 가족복지와 관련된 내용을 부분적으로 찾을 수 있다. 일제 강점기의 기록에 의하면, 인보사업 분야에 3개의 기관, 아동복지 분야에 26개 기관, 직업소개 분야에 8개 기관, 그리고 빈민구호 분야에 28개의 기관이 운영되었다. 그러나 일제 강점기에 이루어진 복지서비스들은 일본 식민통치를 정당화하고 우리 국민을 통제하려는 목적이 강했다고 평가할 수 있다.

한국의 가족복지 발달에서 주목할 사건은 1921년에 태화여자관이 설치되어 가족을 위한 복지사업이 부분적으로 시작된 것이다. 태화여자관은 여성에 대한 교육과 선교사업을 목적으로 설치된 일종의 사회복지관으로 볼 수 있다. 이곳에서는 소외된 여성들을 대상으로 복지서비스를 제공했으며, 특히 탁아소 및 아동을 위한 놀이터를 설치하여 함께 운영하였다.

한편 6·25전쟁 이후 혼란스러운 상황에서 다양한 외국 원조기관의 구호사업이 시작되었다. 특히 종교단체나 봉사회는 가족중심의 사회사업 프로그램을 개발하고 실천하고자 노력하였다. 이후 1960년대부터 시작된 태화사회관의 가족상담사업은 가족복지에서 큰 의미를 지닌다. 이 가족상담사업은 상담자가 도움이 필요한 가족을 정기적으로 방문하는 형태로 진행되었다. 이는 전문가들이 가족의 복지를 증진시키기 위해 노력한 것으로서, 서구의 자선조직활동이나 인보관활동과 비견할 수 있을 것이다.

1960년대부터 국가 주도로 급격히 진행된 산업화와 도시화는 이후 가족생활을 변화시켰다. 핵가족화로 전통적인 가족의 기능은 약화되었고, 가족 가치관의 변화는 산업화 속도를 따라잡지 못해 혼란을 유발하였으며, 결국 다양한 가족문제가 야기되었다. 이에 따라 가족문제의 해소를 위해 1980년대 이후 사회복지관들이 전국적으로 설치되었고, 대부분의 사회복지관에서 가족복지 프로그램을 운영하기 시작하였다.

3. 가족복지의 접근방법

가족복지는 가족의 다양한 문제나 어려움을 예방하고 해결하기 위한 모든 의도적 개입과 지원을 의미한다. 가족복지의 접근방법은 가족정책을 통한 거시적 접근과 직접 실천 현장에서 가족에게 개입하는 미시적 접근으로 나눌 수 있다. 가족정책을 통한 거시적 접근은 가족이 다른 사회적 제도와 유기적 관계를 맺도록 법률 및 행정적 개입을 하고, 가족의 복지를 향상시킬 수 있는 구조적 환경을 형성하기 위해 노력한다. 한편 가족복지 실천을 통한 미시적 접근은 구체적인 어려움에 처한 또는 처할 가능성이 있는 가족에게 직접 개입하여 문제를 해결하도록 돕는 서비스라고 볼 수 있다. 두 가지 접근은 상호보완적이며, 가족복지의 향상을 위해 동시적으로 실행되어야 한다.

1) 가족정책적 접근방법

가족정책은 정부가 가족을 위해 시행하는 모든 활동을 의미하는 것으로서 거시적 환경의 구조적 문제를 제도적으로 개선하여 가족의 복지를 향상시키고자 하는 것이다. 가족정책은 전통적으로 인구정책으로 이용된 측면이 있고, 가족수당이나 가족급여 등을 통한 소득재분배와 연관되며, 고위험에 처한 가족을 주 대상으로 하고, 특히 가족구성원 가운데서도 아동, 여성, 노인을 위한 정책을 강조해 왔다.

(1) 가족정책의 종류

가족정책은 직접적 가족정책과 포괄적 가족정책으로 구분할 수 있다. 직접적 가족정책은 가족복지를 위해 마련된 정책임을 명시하고, 가족생활의 특정 영역을 보호하거나 향상시킬 목적임을 분명히 한다. 예를 들면, 생활보호제도, 영유아 보육정책, 한부모가족 지원정책, 다문화가정 지원정책, 노인과 관련된 정책, 가정폭력에 관한 정책 등이 있다.

포괄적 가족정책은 직접 가족을 대상으로 실행되지는 않지만 정부나 행정기관이 행하는 활동이 간접적으로 가족의 복지에 영향을 미치는 정책을 말한다. 예를 들면, 금전이나 물품부조와 같은 소득유지 정책, 각종 세금공제 혜택을 포함하는 조세정책, 가족계획 등의 인구정책, 고용 및 노동정책, 주택정책 등이 있다. 사실 국가가 행하는 모든 정책이 간접적으로 가족에게 영향을 주기 때문에 어떤 의미에서는 모든 정책을 포괄적인 가족정책이라고도 볼 수 있을 것이다(조흥식 · 김인숙 · 김혜란 · 김혜련 · 신은주, 2006).

(2) 가족정책의 고려점

가족정책을 수립하고 시행하는 데 있어 고려해야 할 몇 가지 중요한 요소가 있다. 첫째, 가족정책의 단위에 관한 고려점이다. 가족정책이 갖는 효과가 가족 내 개인의 복지에 중점을 두는지 아니면 가족이라는 하나의 단위의 복지에 중점을 두는지가 고려되어야 한다. 가족정책에 따라 가족구성원 개개인의 보호나 권리에 초점을 두기도 하지만 가족 전체를 유지하는 데 강조를 두기도 한다.

둘째, 가족정책이 보편주의와 선정주의 사이에서 균형을 맞추는 것이 고려되어야 한다. 보편주의란 모든 대상에게 무차별적으로 정책의 혜택을 주어야 한다는 것이다. 반면, 선정주의는 도움을 요청하는 경우 최대한 빠른 지원을 통해 해당 대상이 문제를 해결할 수 있도록 하는 것으로, 열등처우(less eligibility)에만 원칙을 적용한다.

셋째, 가족정책의 실행을 위해 어디서 자원을 가져올 것인지에 대한 고려점이다. 즉, 재가(in-home) 중심으로 정책을 시행할 것인지 아니면 가족 외부(out-of-home)로부터 가족구성원을 대체하는 정책을 시행할 것인지가 고려되어야 한다.

넷째, 가족정책의 전문성에 대한 것으로, 전문주의(professional contribution) 대 일반주의(lay contribution)의 문제가 고려되어야 한다.

다섯째, 가족정책의 시행 시점에 관한 것으로, 예방을 우선으로 할 것인지 아니면 문제 발생 후 해결을 위한 사후개입을 우선으로 할 것인지를 고려해야 한다.

여섯째, 가족정책의 주관기관에 대한 고려점이다. 정책의 주관을 정부기관이 수행할 것인지 아니면 민간기관에 위탁할 것인지 등의 문제가 고려되어야 한다.

일곱째, 가족정책의 비용과 효과에 대한 고려점이다. 가족에 대한 지원은 그 결과가 즉각적이지 않고 장기간에 걸쳐 나타나므로, 정책의 예산을 확보할 때 이러한 특성이 고려되어야 한다.

(3) 가족정책의 장애요소

가족정책을 실제로 수립하고 시행하는 데는 몇 가지 장애요소가 존재한다.

첫째, 직접적 가족정책은 고비용을 전제로 하기 때문에 비용의 문제가 대두된다.

둘째, 가족정책은 사회를 구성하는 각종 이해집단의 가족관을 포괄해 합의점에 이르러야 하는 어려움이 있다. 즉, 사회적 계층, 종교, 성, 연령, 소수민족 여부 등에 따라 상이한 가족관을 조율해야 한다.

셋째, 가족정책은 정부의 역할에 대한 다양한 견해 차이를 극복해야 한다. 가족을 사적 영역으로 보는 시각에 대해 공적 개입의 당위성과 필요성을 어떻게 설득시킬 것인지가 어려운 문제이다.

넷째, 가족정책이 오히려 가족의 기능을 저해할 수 있다는 가능성을 고려해야 한다. 예를 들어, 적극적인 국가의 보육정책이 부모의 양육 책임을 소홀히 하게 한다거나 노인정책이 자녀의 노부모 부양 의무를 간과하게 만든다는 견해도 제기될 수 있다.

다섯째, 가족정책이 효과가 있다는 것을 객관적으로 증명해야 한다. 가족정책의 효과성에 대한 과학적인 연구가 아직 부재하므로 이에 대한 노력이 요구된다.

2) 가족복지 서비스적 접근방법

가족복지를 위한 미시적 접근은 가족복지 실천을 통해 대상 가족에게 직접 개입하여 문제를 해결하도록 지원하는 서비스라고 할 수 있다. 1960년대 이후 가족을 하나의 유기체로 보고, 구성원 개개인의 심리적 측면뿐만 아니라 구성원 간의 상호작용에 초점을 둔 접근이 가족복지 서비스에서 활용되고 있다. 가족복지 서비스는 특수한 욕구나 어려움을 가진 가족을 대상으로 하며, 가족 전체의 기능을 향상시켜서 구성원들의 삶의 질을 높이는 데 목표를 둔다.

사회복지는 다양한 복지전달체계를 통해 실현되고 있으나, 가족복지에 초점을 둔 대표적인 기관은 건강가정지원센터라고 할 수 있다. 건강가정지원센터는 지역주민의 특성을 고려한 맞춤형 가족지원서비스를 제공함으로써 가족의 안정성 강화 및 가족관계 증진에 기여하는 것을 목적으로 둔다. 건강가정기본법을 법적 근거로 하고 있으며, 2020년 기준 총 196개의 센터가 설치되어 있다. 〈2020년 가족사업안내〉를 참고하여 가족복지 서비스를 구분하면, 다음과 같이 나누어 볼 수 있다.

(1) 가족돌봄 나눔

가족돌봄 나눔 서비스는 가정기반 서비스(home-based services)의 장점을 살리면서, 가족이 수행해야 하는 아동의 육아, 노인의 부양, 만성질환자에 대한 간병 등을 지원하는 서비스이다. 가족돌봄 나눔 영역은 세 가지 사업으로 나누어

지며, 이 중 두 가지를 택하여 사업을 진행하도록 되어 있다. 첫 번째 사업인 모두가족봉사단은 가족과 함께 돌보기를 위한 지역봉사단으로 기존 가족봉사단의 활동 내용을 돌봄을 주제로 전환하여 운영한다. 두 번째 모두가족품앗이는 자녀를 함께 키우기 위한 지역품앗이이다. 기존의 구성원 간의 재능 나눔, 돌봄 나눔 활동을 넘어 지역사회와 타 공동체로 돌봄 품앗이를 확대한다. 세 번째 아버지-자녀가 함께하는 토요 돌봄 프로그램은 아버지의 양육 참여 확대를 위해 유아나 초등학생과 아버지가 함께하는 토요 돌봄 프로그램으로 운영된다.

핵가족화와 맞벌이 가족의 증가로 가족의 고유한 돌봄기능은 점차 약화되고 있다. 이러한 가족의 현실적 상황을 고려하여 좀 더 포괄적인 형태의 가족돌봄 서비스가 제공되어야 할 것이다. 아이 돌보미, 장애아 돌보미, 요양보호사, 방문간호사 등의 파견을 통해 도움을 필요로 하는 가족구성원이 가족과 격리되지 않도록 지원하고, 가족관계를 유지하고 향상시키는 서비스를 확대해야 한다.

(2) 가족교육

가족교육 서비스는 문제가 발생한 후 개입하는 사후접근이 아니라 교육을 통해 가족생활에서 발생 가능한 어려움을 미리 예방하고 대처하는 사전접근법이다. 가족교육 서비스의 대표적인 것이 생애주기별 가족교육과 남성 대상 교육이다. 이는 가족 내에서 발생하는 문제를 예방하고 가족구성원의 역량을 강화시키기 위한 부모, 부부, 조부모, 가족을 대상으로 생애주기별 다양한 교육을 실시한다. 또한 남성을 대상으로 하는 교육으로 일·가정 양립과 가족생활의 남성참여 활성화를 위한 교육, 남성 대상 자기돌봄 교육을 실시한다. 특히 아버지 역할에 대한 관심이 증가하면서, 아버지들이 부모와 남편으로서 가족생활에 더욱 적극적으로 참여하는 것을 지원하기 위한 아버지교육, 찾아가는 아버지교육도 활발히 운영되고 있다.

| 표 2-1 | 건강가정지원센터 공통사업

영역 \ 구분	시·군·구센터 공동사업	설명
가족돌봄 나눔 *세 가지 사업 중 두 가지 선택	모두가족봉사단	· 기존의 가족봉사단의 활동 내용을 '돌봄'을 주제로 전환하여 운영
	모두가족품앗이	· 전업주부와 맞벌이 주부가 함께 운영하는 품앗이, 남성이 참여하는 품앗이 등 다양한 그룹 운영
	아버지-자녀가 함께하는 돌봄 프로그램	· 아빠와 자녀가 함께하는 돌봄프로그램 운영
가족교육	생애주기별 가족교육	· 가족 내에서 발생하는 문제를 예방하고 가족 구성원의 역량을 강화시키기 위한 부모, 부부, 조부모, 자녀 등 가족을 대상으로 한 생애주기별 다양한 교육 · 예비/신혼기·중년기·노년기 부부교육 등 · 예비부모교육, 영유아기·아동기·청소년기 자녀를 둔 부모교육 등
	남성 대상 교육	· 아버지교육, 찾아가는 아버지 교육, 남성 대상 자기돌봄 교육 등
가족상담	가족(집단)상담	· 생애주기에 따라 발생되는 가족 내 다양한 갈등과 문제의 해결을 위한 상담사업 · 개인을 대상으로 하는 개별적 접근과 가족구성원이 함께 참여하는 가족단위의 통합적 접근을 포함 · 가족단위의 면접 상담 유도 · 연간 상담실적이 100명 이하인 센터는 가족집단상담을 연간 2건 이상 반드시 포함
가족문화	가족사랑의 날	· 수요일, 가족이 모두 함께하는 프로그램
	가족친화문화 프로그램	· 가족캠프, 가족축제, 가족체험활동 등
지역사회 연계	지역사회 협의체 참여, 협약 및 연계사업	· 지역사회 협의체, 유관기관 네트워크 활용 및 참여

출처: 여성가족부(2020).

(3) 가족상담

가족상담 서비스는 어려움에 처한 가족을 대상으로, 이들이 겪는 문제의 원인을 파악하고 가족구성원들이 문제를 해결할 수 있도록 전문적 상담자가 개입하는 사후접근이다. 가족은 신혼기, 장년기, 중년기, 노년기 등 생애주기에 따라 다양한 갈등을 겪을 수 있다.

가족상담에서 다루는 대표적인 문제의 유형은 심리행동 문제(성격문제, 가치관문제, 진로·취업문제, 종교문제, 비행문제, 자살문제, 외도, 스트레스 등), 사회부적응(직장·학교·사회 부적응, 친구관계 부적응, 은둔형 외톨이 등), 건강문제(신체질환·발달장애, 조울·정신분열·공황·범불안·강박·외상 후 스트레스 장애, 알코올·약물·일·도박·인터넷게임·섹스·성형중독, 사회공포 등), 경제문제(수입·채무·상속·재정관리 및 재테크문제 등), 성문제(혼전성관계, 성기능장애, 성정체감문제, 성매매, 성병, 자위행위 등), 폭력문제(신체학대, 성폭력, 근친상간, 자해 등), 가족구성원 증감문제(낙태, 유산, 원치 않는 임신, 출산, 입양 및 파양, 사별, 별거, 이혼, 재혼, 가출 및 행방불명, 동거 등), 관계갈등문제(부양 및 간병의 어려움, 가치관 차이, 의사소통, 세대 간 갈등 등) 등이 있다. 가족상담은 문제의 유형이나 심각성에 따라 단기 혹은 장기로 나누어지며, 상담의 단위는 경우에 따라 가족구성원 개인, 부부, 부모-자녀, 가족 전체가 될 수 있다. 생애주기에 따라 발생되는 가족 내 다양한 갈등과 문제의 해결을 위한 상담사업, 개인을 대상으로 하는 개별적 접근과 가족구성원이 함께 참여하는 가족단위의 통합적 접근을 모두 포함한다.

(4) 가족문화

가족의 기능 및 가치에 대한 변화와 더불어 가족문화의 정립도 필요하다. 특히 일·가정 양립이 어려운 현대사회의 가족들에게 건강가정지원센터에서는 가족문화를 도모할 수 있는 방법들을 제시한다. 예로서, 매주 수요일 가족사랑의 날을 지정하여 가족이 함께할 수 있는 프로그램을 운영할 수 있다. 또한 가족캠프, 가족축제, 가족체험활동 등의 가족친화문화 프로그램을 진행할 수 있다.

(5) 지역사회 연계

산업화와 경제성장에 따른 사회변동은 전통적인 가족형태에 지대한 영향을 미쳤다. 특히 가족의 핵가족화, 소규모화는 가족의 힘만 의존해 육아를 감당할 수 없게 되었으며, 다양한 가족들의 욕구를 충족시키기에도 역부족이다. 때문에 건강가정지원센터에서는 지역사회협의체, 유관기관 네트워크를 적극 활용하도록 권하고, 참여할 수 있도록 사업을 추진한다. 또한 유관기관과 사업 협약을 맺어 다양한 기관을 활용할 수 있도록 노력하고 있다.

우리 사회는 지금까지 국가 주도의 복지기능보다는 가족과 시장에 의한 복지기능이 상대적으로 컸다. 또한 우리나라의 가족정책 현황은 예방보다는 요보호가정에 사후 개입하는 데 치중하고 있으며, 그나마도 단편적이어서 가족정책의 일관성이 결여되었다. 그러나 이제 가족정책의 변화를 요구하는 정책 환경이 바뀜에 따라 가족정책의 새로운 패러다임 및 대안적인 가족상에 대한 논의와 양성평등과 관련한 논의들이 증가하고 있다. 이에 PART 02에서는 가족복지 정책에 대한 이해를 바탕으로 우리나라의 가족복지 정책의 현황과 문제를 살펴보고자 한다.

PART 02

가족복지 정책

03

CHAPTER

가족복지 정책에 대한 이해

본 장에서는 가족정책의 개념, 유형, 필요성을 살펴보고, 주요 국가들의 가족정책을 소개한다. 선진 국가들의 가족정책에 대한 검토는 앞으로 우리 사회에 시사하는 바가 많을 것이다. 왜냐하면 가족정책의 목적은 그 사회의 가족변동의 성격에 대한 대처라는 목적을 가지며, 가족변동에 대해 가족복지를 증진시킬 수 있는 방향으로 대응하는 것이기 때문이다.

가족정책은 사회정책의 한 분야가 될 수 있다. 즉, 대가족, 건강한 자녀, 아동 양육비의 감소, 부녀자의 평등, 아동보호 등의 증진을 위한 가족의 목적과 이러한 목적을 성취하기 위한 가족의 정책과 대책이 존재한다. 가족복지 정책은 한 사회의 윤리·가치 관점, 이념의 영향을 받아 형성·운영되며, 때에 따라서는 갈등적인 논의의 상황을 발현시킬 수 있다. 즉, 정치적인 과정 속에서 경쟁적인 가치와 선호도가 공공정책의 법률과 프로그램을 구성하기도 한다.

다음의 이슈들이 가족정책의 구성과 전달에 있어 자주 제기되는 것들이다.

- 가족을 어떻게 정의할 것인가? 어떤 가족 유형이 다른 가족 유형들과 비교하여 선호되거나 특권을 가질 수 있는가?
- 가족–국가 간 관계의 성질은 어떠한가? 어느 범위까지 '가족사업(family business)'을 국가 활동으로 인정해야 하는가?
- 정부는 어느 범위까지 국민의 복지를 위하여 책임이 있는가?

1. 가족복지 정책의 개념

대부분의 법률과 정부프로그램은 그 내용이 경제, 군사, 농업, 사회적 내용 어디에 초점이 맞춰져 있든 간에 가족에게 영향을 미칠 수 있다. 모든 정부 활동은 사회복지, 사회구조, 삶의 질에 직접적이든, 간접적이든 영향을 미친다. 그렇다면 이러한 의미에서 모든 정책이 가족정책이라고 이야기할 수 있을까?

Kahn과 Kamerman(1978)에 따르면, 정부가 가족에 대해서 그리고 가족을 위해서 행하는 모든 것을 가족정책이라고 보고 그것을 내용에 따라 ① 사회정책의 한 분야로서의 가족정책, ② 사회가 추구하는 목표를 성취하기 위한 수단으로서의 가족정책, ③ 사회정책의 선택기준 및 평가기준으로 시행되는 관점으로서의 가족정책으로 분류한다. 또한 이러한 내용의 정책을 제정하고 집행하는 방식, 그리고 가족정책을 정책이 추구하는 목표의 명시성에 따라 명시적 가족정책과 묵시적 가족정책의 두 가지 유형으로 구분하기도 한다. 명시적 가족정책은 가족을 대상으로 그들 가족과 관련한 특정한 목표를 달성하기 위해 계획된 명백한 정책을 말하며, 보육 및 아동지원정책, 가정폭력 관련 정책 등이 그 예다. 반면에 묵시적 가족정책은 정책형성단계에서부터 의도적으로 가족을 대상으로 삼거나 가족에 영향을 주려고 의도되지는 않았지만, 정책집행을 통하여 나타난 결과가 간접적으로 가족에 영향을 주는 정책을 묵시적 가족정책으로서 조세정책, 주택정책 등을 예로 들 수 있다.

한편 Barbaro(1979)의 사회정책은 가족에 초점을 두어여 하며, 가족을 지향한 정책은 자유사회에서 파문을 일으킬 수 있다는 관점을 취하였다. 그는 생활환경이 기대되는 가족개념으로부터 먼, 많은 사람들이 제외되거나 차별을 받을 것이고, 정책은 인간의 삶에 있어 사적인 부분인 인간행동을 배척하고 통제하는 데 사용될 수 있음을 우려하였다.

조흥식 · 김인숙 · 김혜란 · 김혜련 · 신은주(2009)는 가족정책의 개념을 다음과 같이 정의한다.

- 가족복지에 관심을 두고 정부가 의도적으로 취하는 조치나 행동이다.
- 개인을 다루더라도 가족과 연계해서 다룬다. 따라서 가족구성원이 되는 아동, 노인, 장애인, 여성을 다루는 정책은 그것이 다른 가족구성원에게 영향을 미치는 경우 가족정책에 포함될 수 있다.
- 이들 가족구성원을 대상으로 그들의 복리를 증진하기 위한 수단으로서의 제반 정책들은 가족정책에 포함될 수 있다. 가족과 관련된 사회보험, 공적부조, 그리고 사회복지서비스 외에도 고용정책, 조세정책, 보건의료정책, 주택정책 등이 포함될 수 있다.

이상의 내용들을 종합해 보면, 그 내용이 무엇이든 가족정책은 가족을 대상으로 가족의 기능과 복리를 강화하고자 정부가 의도적으로 행하는 모든 활동이다.

2. 가족정책의 유형

정부가 어떤 조건에서 가족생활에 개입을 할 것인가? 가족-국가 관계는 가족정책에 중대하며, 가족과 국가 간의 역할과 책임 논의는 가치개입적이다. 가부장제하에서 가장이 왕이었지만 점차 정부는 학대받거나 방임하의 아동을 보호하기 위해 개입을 시작하였으며, 가정폭력하의 여성들에 대해서도 점차 개입을 하게 된다. 보수주의자와 진보주의자들은 국가의 가족생활에 대한 개입에 있어 입장을 달리한다. 보수주의자들은 낙태금지, 가족의 재생산권리 삭감, 학교의 사회화 역할, 학교에서의 성교육 반대, 남편의 폭력으로부터 여성 보호 반대의 입장을 취하는 반면에, 진보주의자들은 가정의 재생산 권리 지지, 종교와 국가 분리, 여성의 국가 보호 필요, 학교에서의 성교육을 찬성하는 입장이다.

가족에의 국가 개입은 질서를 잡고 통제하기 위해서만이 아니라 사회적 욕구를 충족하기 위해서이기도 하다. Moroney는 '복지국가 구조는 사회적 의존자를 보호하는 가족의 책임이 사회와 공유되는 상황과 관련된 가치로 결정된다'고 하였다(1980: 1). 최근 사회복지계에 제기되었던 탈시설화론은 가정을 가장 좋고 안전한 곳으로 간주하였고 요보호자의 보호를 가족에게 전가하였다. 탈시설화와 가족중심의 서비스는 국가의 요보호자 보호 과제를 가족, 특히 가족 내 부양자(caretaker), 주부에게 책임을 전가하게 하였다.

Esping-Andersen(1990)은 개인의 복지가 시장에 의존하지 않고 가능한 정도인 탈상품화 정도와 복지국가정책에 따라 자유주의 복지국가, 조합주의 복지국가, 사회민주주의 복지국가, 이렇게 세 가지 유형의 복지국가로 분류했다. 그는 복지국가의 유형화가 가족정책에서도 유효하다고 주장하는 연구(Esping- Andersen, 1999)에서 사회복지정책이 가족의 책임을 강조하는 방향을 지향하면 탈가족화(de-familization)라고 규정했다.

복지국가 유형에 따른 가족정책을 살펴보면, 자유주의 복지국가는 개인에 대한 가족의 책임을 강조하고 국가의 개입은 최소로 하는 방침을 유지하면서 그것도 가족이 실패한 후에 개입하고자 한다. 자유주의 복지국가는 전통적인 가족기능을 강조하고 요보호자 중심의 가족정책을 실시하는데, 미국이나 캐나다, 호주와 같은 가족주의 성향이 강한 국가가 해당한다.

조합주의 복지국가는 가족의 전통적 역할을 강조하고 가족이 실패한 후에 국가가 개입한다는 점에서 자유주의 복지국가와 동일하다. 다만 자유주의 복지국가들보다 국가의 개입 정도가 크다는 차이점은 있지만 가족이 양육과 돌봄 기능의 책임 주체라고 규정하는 점에서는 여전히 가족주의 유형에 속한다고 할 수 있다. 독일과 프랑스, 오스트리아, 네덜란드 등의 국가가 해당한다.

사회민주주의 복지국가의 경우에는 가족 기능의 많은 부분을 사회화하고, 국가가 가족에게 부양과 양육의 책임을 지우지 않는다는 점에서 탈가족주의라고 할 수 있다. 가족이 부양과 양육 등의 역할에서 실패하기 전에 국가가 개입하며, 그 대상도 요보호자 중심이 아니라 전 국민을 대상으로 하는 보편적 가족정책을 실시한다. 덴마크, 스웨덴, 노르웨이, 핀란드 등 스칸디나비아 제국에 속하는 국가들이 해당한다(김은영 · 임승희 · 박소영, 2009).

| 표 3-1 | 가족정책의 범주와 내용

<table>
<tr><td rowspan="4">가족의 기능 지원정책</td><td>가족형성 및 해체 관련 정책</td><td>• 혼인 및 이혼정책, 결혼이민자가족지원정책
• 저출산 · 고령사회정책(새로마지플랜 2010)
• 입양정책(입양촉진 및 절차에 관한 특례법, 친양자제도)</td></tr>
<tr><td>경제적 부양기능 지원정책</td><td>• 기초생활보장
• 저소득가족지원정책(모 · 부자복지법)</td></tr>
<tr><td>자녀양육기능 지원정책</td><td>• 육아 및 보육지원정책(영유아보육법)
• 가족친화정책(남녀고용평등법)
• 저출산 · 고령사회정책(새로마지플랜 2010)</td></tr>
<tr><td>가족돌봄기능 지원정책</td><td>• 저출산 · 고령사회정책(새로마지플랜 2010)
• 노인수발보험(새로마지플랜 2010)
• 육아 및 보육지원정책(영유아보육법)
• 가족친화정책(남녀고용평등법)
• 아이돌보기지원사업
• 장애아가족 · 아동양육지원사업</td></tr>
<tr><td colspan="2">가족관계증진 및 역량강화 정책</td><td>• 건강가정기본계획(건강가정기본법)
• 가정폭력 관련 정책(가정폭력 방지 및 피해자 보호 등에 관한 법률)</td></tr>
</table>

출처: 유계숙·장혜경·전혜정·김윤정·민성혜(2007).

3. 가족정책의 필요성

우리 사회에서는 가족의 주된 기능을 아동양육과 노인부양으로 보는 경향이 강한데(이혜경, 1996), 이것을 위한 직접적 서비스 제공자는 여성이었다. 이러한 여성의 역할은 성별 역할분업과 가부장제에 의해 유지되어 왔으며, 포괄적인 가족정책이 부재한 상황에서 가족구성원의 복지를 위한 여성들의 역할은 상당하였다.

그러나 산업화로 여성의 역할이 증가 및 분화되고, 여성의 교육기회가 상승되어 여성의 사회참여가 활발하였다. 다시 말하면, 여성의 일자리가 많이 창출되었고 과거 남성의 취업 독점이 오늘날에는 맞벌이부부가 많이 증가되었다. 〈표 3-2〉를 보면, 남성의 경제활동률은 거의 감소되지 않았는데도 불구하고 여성의 경우 해마다 증가되어 전체 여성의 5할 정도가 경제활동을 하고 있다. 그리고 유배우자의 취업률이 68.7%이 되어 증가 추세이다.

| 표 3-2 | 성의 사회참여율

연도	경제활동률		
	남자	여자	소계
1981	75.8	42.3	58.5
1983	73.7	42.8	57.7
1985	72.3	41.9	56.6
1990	74.0	47.0	60.0
1995	76.4	48.4	61.9
2000	74.2	48.6	61.0
2003	74.6	48.9	61.4
2007	74.0	50.2	61.8
2012	73.3	49.9	61.3
2016	74.0	52.2	62.9
2020	72.4	52.7	62.4

출처: 통계청(2013).

여성의 경제활동 참여의 증가는 여성 자신의 삶의 문제와 함께 가족구성원과 전체 사회에 심대한 영향을 미치게 되었다. 현재 우리의 가족은 여성의 경제활동 참여 확대와 가족가치관의 변화로 자녀양육 및 가족부양을 더 이상 가족 안에서 여성이 일차적으로 담당할 수 있는 상황이 아니다. 그럼에도 불구하고 우리 사회는 현재의 가족문제를 구성원의 가족에 대한 개인적인 책임의식과 도덕적인 문제로 접근하고 있다.

현재 우리나라의 노인돌봄은 절대적으로 가족의 책임으로 남아 있는데, 정경희(2001)에 따르면, 부양을 필요로 하는 장기요양 노인의 주된 간병자는 며느리(38.0%), 배우자(35.0%), 아들(12.5%), 딸(8.7%)로서, 여자가 74.3%로 압도적인 다수를 차지한다. 가족구성원 중 특정인에게, 결국 대부분의 경우 며느리나 딸인 여성에게 부양부담이 가는 것은 당연히 전제되는 암묵적인 사회적 합의였다. 이 같은 사회적 합의 때문에 여성이 갖게 되는 부양부담을 완화해 줄 수 있는 정책적 개입 방안이 필요하다(김인숙, 2003).

4. 외국의 가족복지 정책

1) 스웨덴의 가족복지 정책

스웨덴에서 추진하고 있는 일련의 가족정책은 양성평등과 아동보호라는 두 가지 목적을 달성하기 위해 노력한 흔적이 있다. 스웨덴 가족정책의 중요한 목적 중의 하나는 여성과 남성 사이의 평등성을 촉진하는 것이다. 1960년대와 1970년대 초, 스웨덴은 노동력 부족으로 어려움을 겪었으며, 이에 성 평등과 여성의 노동시장 참여에 대한 요구가 증가하였다. 이러한 정치적인 분위기하에서 이인생계부양자모형(남녀 모두 노동시장과 가사·육아에 있어 비슷한 역할을 수행하는 이인생계부양가정)이 지지를 받았으며, 1970년대 동안 이러한 철학을 지지하는 많은 정책이 추진되었다(신윤정, 2008).

(1) 가족 및 아동수당제도(child and family benefit)

① 아동수당(child allowance)

아동수당의 종류는 기본아동수당(basic child allowance), 연장아동수당(extended child allowance), 다자녀가족보조금(large family supplement)의 세 종류가 있다. 모든 부모는 스웨덴에 거주하고 있는 자녀에 대해 자녀가 태어난 달부터 혹은 스웨덴에 이주한 달부터 자녀의 연령이 16세에 이르는 분기까지 기본아동수당을 받을 수 있다. 자녀의 연령 16세 이후에도 계속적으로 의무교육 혹은 이와 유사한 교육을 받고 있는 경우 연장아동수당을 받을 수 있다. 기본아동수당과 연장아동수당을 받고 있는 경우라도 세 자녀 이상을 양육하고 있다면 다가족지원금을 받을 수 있다. 최소한 2명의 자녀에 대해 아동수당을 지급받는 부모는 자동적으로 다자녀가족보조금을 지급받는다. 현재 결혼한 상태의 부부, 이혼 혹은 별거한 부부, 결혼하지 않았지만 자녀를 함께 낳은 경우 모두 지급 대상이 된다.

② 아동보호수당(child care allowance)

질병에 걸렸거나 장애가 있는 자녀를 돌볼 경우 부모는 아동보호수당을 받을 수 있다. 아동보호수당 지급 조건은 16세 이하의 자녀가 질병, 학습장애, 기타 기능적 장애로 최소 6개월 동안 특별한 보호가 필요한 경우, 혹은 자녀의 질병 혹은 기능적 장애로 추가적인 비용이 소요될 경우이다. 아동보호수당은 부모가 아픈 자녀를 특별하게 돌보는 노동에 대한 대가이며, 자녀의 질병과 장애에 수반되는 비용에 대한 보상이다.

장애아동의 부모는 특별한 경우, 장애 자녀와 함께 이동하는 데 차량이 필요할 때 차량지원(car support)을 받을 수 있다. 특정 기능 장애를 가진 가족의 지원과 서비스(Support and Service for Persons with Certain Functional Impairments) 법의 적용을 받는 자녀에 대해 부모는 특별한 경우 보조수당(assistance allowance) 및 병간호휴가를 받을 수 있다.

③ 한부모가족지원(single parent family support)

한부모가족지원은 이혼한 부모들을 지원하기 위하여 마련된 제도이다. 스웨덴에서는 부모가 이혼하였더라도 부모는 자녀양육에 대한 의무가 있다. 이혼으로 자녀와 함께 살지 않는 부모 중 한쪽은 자녀와 함께 살고 있는 전 배우자에게 자녀양육비용을 지불할 의무가 있다. 이혼한 전 배우자가 자녀양육비용으로 지불하는 금액은 부부 양방의 이혼 합의 혹은 법원에 의해 결정되는데 자녀 지원 필요 정도와 부모의 재정적인 여건을 고려하여 결정된다.

자녀를 양육하고 있는 이혼한 부모가 양육비용을 지불할 수 없을 때 사회보험청이 자녀를 공식적으로 양육하고 있는 부모에게 한부모가족지원을 지급한다.

사회보험청이 한부모가족지원을 지급하였을 때 자녀와 함께 살지 않는 부모는 제공된 지원금의 전부 혹은 일부를 되갚아야 한다. 되갚아야 하는 비용은 소득 수준에 따라 책정된다.

한부모가족지원은 자녀의 연령이 18세에 이를 때까지 지급된다. 자녀가 학교를 계속 다니고 있어 연장아동수당을 받고 있는 경우와 학자금 지원을 받고 있는 경우 연장된 한부모가족지원은 자녀 연령이 20세가 된 6월까지 지급된다.

④ 주거수당(housing allowance)

자녀가 있는 가정과 자녀는 없지만 28세 이하의 어린 부부 가정에 주거수당이 지급된다. 주거수당 액수는 주택의 크기, 주거비용, 소득에 따라 책정된다. 자녀가 있는 가정의 경우 주거수당 액수는 소득수준에 따라 차이가 있다.

(2) 휴직 관련 급여

① 육아휴직

자녀를 가진 부모가 자녀를 돌보기 위하여 소득이 있는 근로를 포기할 경우 육아휴직을 받을 자격이 주어진다. 육아휴직 급여는 2002년 이후에 출생한 자녀의 경우 480일 동안 주어지며, 2002년 이전에 출생한 자녀에 대해서는 450일 동안 주어진다. 육아휴직은 부모 모두 240일씩 동등하게 나누어 사용할 것을 권장하고 있다.

여성의 경우, 출산 예정일 이전 60일부터 육아휴직을 사용할 수 있다. 부부 모두 부모 훈련과 연계하여 육아휴직을 사용할 수 있다. 육아휴직은 자녀가 8살에 이르기까지 혹은 자녀가 초등학교 1학년에 다닐 때까지 사용할 수 있다.

1998년부터 휴직 급여는 소득의 80%를 지급하도록 하고 있으며, 2002년 현재 육아휴직 급여로 받을 수 있는 최대액수는 월 19,000크로나이다(원화로 약 270만 원).

② 병간호휴가(temporary parental cash benefit)

아픈 자녀 때문에 직장을 그만두고 가정에서 자녀를 돌볼 경우 병간호휴가가 주어진다. 병간호휴가는 자녀의 나이가 12세 이하인 경우에 받을 수 있으며, 특별한 경우에는 자녀 나이 16세까지 대상이 된다. 병간호휴가에 따른 현금 급여는 자녀당 연간 60일 동안 지급된다.

③ 아버지 휴가(paternity leave)

자녀를 출산하거나 입양하였을 때 아버지는 10일간의 아버지 휴가를 받을 수 있다. 1998년 1월부터 아버지 휴가의 급여는 소득의 80%를 지급하도록 하고 있다.

④ 임신출산급부(pregnancy cash benefit)

임신출산급부는 건강상의 이유로 일을 계속할 수 없는 임산부에게 주어지는 혜택이다. 임신 중에 하는 업무가 육체적으로 너무 힘들어서 계속 일할 수 없거나 근무환경령(Work Environment Act)에 따라 업무를 일시적으로 그만두었을 때, 임신부는 본인의 업무를 다른 사람에게 이관해 달라고 고용주에게 요청할 수 있다. 만일 고용주가 업무를 재배치해 줄 수 없는 경우 다음 조건에 해당한다면 임신출산급부를 받을 수 있다. 첫째, 임신으로 업무의 1/4이 감소하였거나 육체적으로 너무 힘든 일을 하는 경우이다. 둘째, 작업환경이 위험하여 일을 할 수 없는 직업을 갖고 있는 경우이다.

2) 프랑스의 가족복지 정책

프랑스에서 가족지원은 현금지원, 현물지원, 세금감면을 통해 이루어지고 있다. 국내 총생산의 3.5% 이상에 해당하는 금액을 가족정책을 위해 사용하며, 프랑스 가족지원정책은 기업의 사회적 기여금과 지자체의 조세로서 그 재정의 원천을 삼고 있다(신윤정, 2009).

(1) 자녀 영아기(0~3세 미만)

① 보육서비스

3세 미만의 영아들은 부모가 직접 돌보거나 혹은 부모가 직접 돌볼 수 없을 경우 공동 육아시설(Creches)에서 보육하거나 인가된 보육사, 베이비시터에 의해 보육된다. 부모들은 취업 등을 이유로 직접 자녀를 돌볼 수 없는 경우 자신의 상황에 맞추어 시설에 자녀를 맡기거나 혹은 인가된 보육사 혹은 베이비시터에 맡기는 등 자유롭게 선택할 수 있다. 이러한 보육서비스 중 어떠한 선택을 하든지 부모들은 국가로부터 지원을 받는다.

공동 육아시설(Creches)은 가족정책 기금으로부터 지원받고 있다. 공동 육아시설 서비스는 종일제 보육서비스와 부모의 필요에 맞게 다양한 형태의 서비스를 제공하는 일시 서비스로 구분된다.

② 현금지원

0~3세 보육에 대한 현금지원은 부모의 취업 상태와 연계하여 지급하는 특성을 보이고 있다. 부모가 자녀양육을 위해 취업 활동을 완전히 중지하거나 혹은 파트타임으로 근로하면서 일부 근로시간을 단축한 경우 '직업 활동에 대한 자유

선택 보조금' 혹은 '직업 활동의 자유로운 선택에 대한 선택적 보조금'을 지원한다. 부모가 직장생활을 중지하지 않고 자녀 보육을 위해 제3자를 고용하는 경우 이에 대한 비용지원으로 '보육방식에 대한 자유선택 보조금'을 지원한다.

(2) 자녀 유아기(3~6세)

프랑스는 3세부터 6세까지 유아의 조기교육이 널리 발달되어 있다. 유아조기교육은 여성의 일과 가정 양립에 있어서 중요한 문제지만 프랑스에서 유아조기교육은 엄밀한 의미에서 보육정책이라기보다 교육부가 관장하는 조기교육정책이다.

1946년에는 조기교육시설에 다니는 2~5세 아동이 전체의 약 27%밖에 안 되었으나 2005년 현재 3~6세 거의 모든 아동들(약 97%)이 조기교육시설에 다니고 있으며 이들 중 약 70%가 종일반에 다니고 있다. 조기교육시설은 무료이며 부모들은 점심식대와 방과 후 보육에 대해 보조금만 지급하면 된다.

한편 조기교육시설에 자녀를 보내지 않고 보육담당 사회복지사 혹은 보육 도우미를 고용하여 자녀를 돌보기를 원하는 경우 그 비용을 지원받을 수 있다.

(3) 자녀 취학기

프랑스의 가족수당과 가족 보조금은 둘째아 혹은 셋째아 이상에게만 지급함으로써 프랑스 가족수당 정책이 출산율 회복의 목적을 가지고 있다는 것을 분명하게 보여 주고 있다.

'가족수당'은 소득 수준에 상관없이 보편적으로 두 자녀 이상을 가진 자녀에게 지급되는 수당으로 다른 모든 수당과 중복하여 지급하고 있다.

'가족보조금'은 3세 이상 21세 미만의 자녀가 최소 3명 이상인 가정에게 지원해 주는 수당으로 이 수당은 중산층 이하에게만 지급하는 수당이다.

(4) 취약계층 자녀지원

프랑스는 앞서 언급한 보편적 수당 이외에 복지적인 관점에서 취약계층 지원을 위해서 다양한 형태의 현금지원을 제공하고 있다. '가족지원 수당'은 자녀를 홀로 키우는 한부모에게 지급되는 수당으로서 소득 수준에 상관없이 약 4개월 동안 지급되는 긴급보호성격을 가지고 있다.

장애아를 양육하고 있는 경우 '장애아 교육 수당'을 지원하는데 지원 액수는 장애아 양육으로 부모의 직업활동 감소 및 중지 여부와 자녀의 건강상태에 따라 6등급으로 구분하여 지원한다.

'아이 곁에 있어야 하는 부모의 매일 수당'은 자녀가 심하게 아프거나 사고를 당했거나 혹은 장애자 자녀를 돌보는 부모에게 지급되는 수당이다. '개학 수당'은 저소득층의 6~18세 자녀의 학교개학 준비에 드는 비용을 보조하는 것이다.

우리나라 가족복지 정책의 현황과 문제

04
CHAPTER

본 장에서는 가족의 기능 및 역량강화와 가족관계 증진을 목적으로 현재 시행되고 있는 우리나라 가족정책들을 자세하게 소개한다. 우선 가족복지 관련법을 소개하고, 우리나라의 주요 가족복지 정책 프로그램을 소개한다. 아울러 다른 영역별 가족정책에 대한 제언과 전망을 논의하고자 한다.

1. 가족복지 관련법에 대한 이해

1) 건강가정기본법

(1) 건강가정기본법의 제정의 배경과 목적

「건강가정기본법」은 2004년 2월 9일 제정되어 2005년 1월 1일부터 시행되었다. 건강가정기본법은 가정의 건강성 증진, 생활단위로서의 가정에 대한 강조, 가정단위의 통합적인 서비스 제공, 민주적이고 양성평등한 가족가치의 구현, 가정의 자립과 협동 및 국가의 지원 강화, 가정에 대한 사전적·예방적 지원을 이념으로 가족지원에 대한 포괄적 토대를 제시하고 있다. 이 법은 건강한 가정생활의 영위와 가족의 유지 및 발전을 위한 국민의 권리·의무와 국가 및 지방자치단체 등의 책임을 명백히 하고, 가정문제의 적절한 해결방안을 강구하며 가족구성원의 복지증진에 이바지할 수 있는 지원정책을 강화함으로써 건강가정 구현에 기여하는 것을 목적으로 한다.

이 법에서 사용하는 용어의 정의는 다음과 같다.

1. '가족'이라 함은 혼인 · 혈연 · 입양으로 이루어진 사회의 기본단위를 말한다.
2. '가정'이라 함은 가족구성원이 생계 또는 주거를 함께하는 생활공동체로서 구성원의 일상적인 부양 · 양육 · 보호 · 교육 등이 이루어지는 생활단위를 말한다.
3. '건강가정'이라 함은 가족구성원의 욕구가 충족되고 인간다운 삶이 보장되는 가정을 말한다.
4. '건강가정사업'이라 함은 건강가정을 저해하는 문제(이하 '가정문제'라 한다)의 발생을 예방하고 해결하기 위한 여러 가지 조치와 가족의 부양 · 양육 · 보호 · 교육 등의 가정기능을 강화하기 위한 사업을 말한다.

(2) 가정생활문화의 발전

국가 및 지방자치단체는 건강가정의 생활문화를 고취하고 그에 대한 지원정책을 수립하여야 한다(제28조). 국가 및 지방자치단체가 지원하여야 하는 건강가정의 생활문화는 다음 각호의 사항을 포함한다.

1. 가족여가문화
2. 양성평등한 가족문화
3. 가족단위 자원봉사활동
4. 건강한 의식주 생활문화
5. 합리적인 소비문화
6. 지역사회 공동체문화
7. 그 밖에 건강가정의 생활문화와 관련된 사항

아울러 국가 및 지방자치단체는 건전한 가정의례를 확립하기 위한 지원정책을 수립하여야 한다.

(3) 이혼예방 및 이혼가정지원

국가 및 지방자치단체는 이혼하고자 하는 부부가 이혼 전 상담을 받을 수 있게 하는 등 이혼조정을 내실화할 수 있도록 필요한 조치를 강구하여야 한다(제31조). 국가 및 지방자치단체는 이혼의 의사가 정해진 가족에게 이들 가족이 자녀양육·재산·정서 등의 제반 문제를 준비할 수 있도록 도움을 주는 지원서비스를 제공하여야 한다. 국가 및 지방자치단체는 이혼한 가족에 대하여 양육비에 대한 집행력의 실효성을 강화하고 그 적용대상을 확대하도록 하여야 한다.

(4) 건강가정교육

국가 및 지방자치단체는 건강가정교육을 실시하여야 한다(제32조). 제1항의 규정에 의한 교육내용에는 다음 각호의 사항이 포함되어야 한다.

1. 결혼준비교육
2. 부모교육
3. 가족윤리교육
4. 가족가치실현 및 가정생활 관련 교육 등

(5) 건강가정전담조직

국가 및 지방자치단체는 가정문제의 예방·상담 및 치료, 건강가정의 유지를 위한 프로그램의 개발, 가족문화운동의 전개, 가정 관련 정보 및 자료제공 등을 위하여 중앙, 시·도 및 시·군·구에 건강가정지원센터(이하 '센터'라 한다)를 둔다(제35조). 센터에는 건강가정사업을 수행하기 위하여 관련분야에 대한 학식과 경험을 가진 전문가(이하 '건강가정사'라 한다)를 두어야 한다. 건강가정사는 대학 또는 이와 동등 이상의 학교에서 사회복지학·가정학·여성학 등 여성가족부령이 정하는 관련 교과목을 이수하고 졸업한 자이이야 한다. 센터의 운영은 여성가족부령이 정하는 바에 의하여 민간에 위탁할 수 있다.

2) 한부모가족지원법

(1) 한부모가족지원법의 제정 목적과 지원 대상

이 법은 한부모가족이 건강하고 문화적인 생활을 영위할 수 있도록 함으로써 한부모가족의 생활 안정과 복지 증진에 이바지함을 목적으로 한다. 국가와 지방자치단체는 한부모가족의 복지를 증진할 책임을 지며, 모든 국민은 한부모가족의 복지 증진에 협력하여야 한다. 한편 한부모가족의 모(母) 또는 부(父)와 아동은 그가 가지고 있는 자산과 노동능력 등을 최대한으로 활용하여 자립과 생활 향상을 위하여 노력하여야 한다.

이 법에서 사용하는 용어의 뜻은 다음과 같다(제4조).

1. '모' 또는 '부'란 다음 각 목의 어느 하나에 해당하는 자로서 아동인 자녀를 양육하는 자를 말한다.
   가. 배우자와 사별 또는 이혼하거나 배우자로부터 유기(遺棄)된 자
   나. 정신이나 신체의 장애로 장기간 노동능력을 상실한 배우자를 가진 자
   다. 교정시설·치료감호시설에 입소한 배우자 또는 병역복무 중인 배우자를 가진 사람
   라. 미혼자〔사실혼(事實婚) 관계에 있는 자는 제외한다〕
   마. 가목부터 라목까지에 규정된 자에 준하는 자로서 여성가족부령으로 정하는 자

1의 2. '청소년 한부모'란 24세 이하의 모 또는 부를 말한다.

2. '한부모가족'이란 모자가족 또는 부자가족을 말한다.
3. '모자가족'이란 모가 세대주〔세대주가 아니더라도 세대원(世代員)을 사실상 부양하는 자를 포함한다〕인 가족을 말한다.
4. '부자가족'이란 부가 세대주(세대주가 아니더라도 세대원을 사실상 부양하는 자를 포함한다)인 가족을 말한다.

5. '아동'이란 18세 미만(취학 중인 경우에는 22세 미만을 말하되, 「병역법」에 따른 병역의무를 이행하고 취학 중인 경우에는 병역의무를 이행한 기간을 가산한 연령 미만을 말한다)의 자를 말한다.
6. '지원기관'이란 이 법에 따른 지원을 행하는 국가나 지방자치단체를 말한다.
7. '한부모가족복지단체'란 한부모가족의 복지 증진을 목적으로 설립된 기관이나 단체를 말한다.

이 법에 따른 지원대상자는 제4조 제1호 · 제1호의 2 및 제2호부터 제5호까지의 규정에 해당하는 자로서 여성가족부령으로 정하는 자로 한다. 지원대상자의 범위에 대한 특례로 혼인 관계에 있지 아니한 자로서 출산 전 임신부와 출산 후 해당 아동을 양육하지 아니하는 모는 제19조 제1항 제3호의 미혼모자가족복지시설을 이용할 때에는 이 법에 따른 지원대상자가 된다. 다음 각호의 어느 하나에 해당하는 아동과 그 아동을 양육하는 조부 또는 조모로서 여성가족부령으로 정하는 자는 이 법에 따른 지원대상자가 된다.

1. 부모가 사망하거나 생사가 분명하지 아니한 아동
2. 부모가 정신 또는 신체의 장애 · 질병으로 장기간 노동능력을 상실한 아동
3. 부모의 장기복역 등으로 부양을 받을 수 없는 아동
4. 부모가 이혼하거나 유기하여 부양을 받을 수 없는 아동
5. 제1호부터 제4호까지에 규정된 자에 준하는 자로서 여성가족부령으로 정하는 아동

국내에 체류하고 있는 외국인 중 대한민국 국민과 혼인하여 대한민국 국적 아동을 양육하고 있는 사람으로서 대통령령으로 정하는 사람이 제5조에 해당하면 이 법에 따른 지원대상자가 된다.

(2) 서비스 및 프로그램

① 복지 급여의 내용

국가나 지방자치단체는 제11조에 따른 복지 급여의 신청이 있으면 다음 각호의 복지 급여를 실시하여야 한다. 다만, 이 법에 따른 지원대상자가 「국민기초생활 보장법」 등 다른 법령에 따라 지원을 받고 있는 경우에는 그 범위에서 이 법에 따른 급여를 하지 아니한다.

1. 생계비
2. 아동교육지원비
3. 삭제 〈2011. 4. 12.〉
4. 아동양육비
5. 그 밖에 대통령령으로 정하는 비용

제1항 제4호의 아동양육비를 지급할 때에 미혼모나 미혼부가 5세 이하의 아동을 양육하거나 청소년 한부모가 아동을 양육하면 예산의 범위에서 추가적인 복지 급여를 실시하여야 한다. 이 경우 모 또는 부의 직계존속이 5세 이하의 아동을 양육하는 경우에도 또한 같다. 국가나 지방자치단체는 이 법에 따른 지원대상자의 신청이 있는 경우에는 예산의 범위에서 직업훈련비와 훈련기간 중 생계비를 추가적으로 지급할 수 있다. 제1항부터 제3항까지의 규정에 따른 복지 급여의 기준 및 절차, 그 밖에 필요한 사항은 여성가족부령으로 정한다.

② 고용의 촉진 및 고용지원 연계

국가 또는 지방자치단체는 한부모가족의 모 또는 부와 아동의 직업능력을 개발하기 위하여 능력 및 적성 등을 고려한 직업능력개발훈련을 실시하여야 한다(제14조). 국가 및 지방자치단체는 한부모가족의 모 또는 부와 아동의 취업기회를 확대하기 위하여 한부모가족 관련 시설 및 기관과 「직업안정법」 제2조의 2 제

1호에 따른 직업안정기관 간 효율적인 연계를 도모하여야 한다. 고용노동부장관은 한부모가족의 모 또는 부와 아동을 위한 취업지원사업 등이 효율적으로 추진될 수 있도록 여성가족부장관과 긴밀히 협조하여야 한다. 제15조(공공시설에 매점 및 시설 설치) 국가나 지방자치단체가 운영하는 공공시설의 장은 그 공공시설에 각종 매점 및 시설의 설치를 허가하는 경우 이를 한부모가족 또는 한부모가족복지단체에 우선적으로 허가할 수 있다.

③ 가족지원서비스

국가나 지방자치단체는 한부모가족에게 다음 각호의 가족지원서비스를 제공하도록 노력하여야 한다(제17조).

1. 아동의 양육 및 교육 서비스
2. 장애인, 노인, 만성질환자 등의 부양 서비스
3. 취사, 청소, 세탁 등 가사 서비스
4. 교육·상담 등 가족 관계 증진 서비스
5. 인지청구 및 자녀양육비 청구 등을 위한 법률상담, 소송대리 등 법률구조서비스
6. 그 밖에 대통령령으로 정하는 한부모가족에 대한 가족지원서비스

④ 국민주택의 분양 및 임대

국가나 지방자치단체는 「주택법」에서 정하는 바에 따라 국민주택을 분양하거나 임대할 때에는 한부모가족에게 일정 비율이 우선 분양될 수 있도록 노력하여야 한다.

3) 영유아보육법

(1) 영유아보육법의 제정의 배경과 목적

1982년 유아교육진흥법이 제정되어 기존의 어린이집, 새마을 협동유아원 및 농번기 탁아소가 새마을 유아원으로 흡수·통합되었다. 그러나 여성의 사회참여가 급증하고 핵가족화가 급속히 진행되면서 보육시설의 절대적인 부족이 문제시되었으며, 그런 과정에서 여성 단체 등의 입법요청에 따라 1991년 1월 영유아보육법이 제정되었고 그 해 8월 1일 시행규칙이 제정되었다.

이 법은 영유아의 심신을 보호하고 건전하게 교육하여 건강한 사회구성원으로 육성함과 아울러 보호자의 경제적·사회적 활동이 원활하게 이루어지도록 함으로써 가정복지 증진에 이바지함을 목적으로 한다(제1조). 이 법에서 '영유아'란 6세 미만의 취학 전 아동을 말한다. '보육'이란 영유아를 건강하고 안전하게 보호·양육하고 영유아의 발달 특성에 맞는 교육을 제공하는 어린이집 및 가정양육 지원에 관한 사회복지서비스를 말한다고 명시하고 있다.

2005년 개정된 영유아보육법에 의하면, 국가 및 지방자치단체가 보호자와 더불어 영유아를 건전하게 보육할 책임을 지고 시장과 군수, 구청장이 영유아의 보육을 위한 적정한 보육시설을 확보해야 한다는 것이 명시되어 있어 보육의 공공성 강화를 강조하고 있다. 또한 이의 실현을 위해 국무총리 소속하에 보육정책조정위원회를 두며 대통령령으로 정하도록 하였음(제5조)은 공공성 강화라는 차원에서 이해할 수 있다.

(2) 육아종합지원센터

보육에 관한 정보의 수집·제공 및 상담을 위하여 보건복지부장관은 중앙육아종합지원센터를, 특별시장·광역시장·도지사·특별자치도지사(이하 '시·도지사'라 한다) 및 시장·군수·구청장은 지방육아종합지원센터를 설치·운영하여야 한다(제7조). 이 경우 필요하다고 인정하는 경우에는 영아·장애아 보육 등에 관한 육아종합지원센터를 별도로 설치·운영할 수 있다. 중앙육아종합지원센터와 지방육아종합지원센터(이하 '육아종합지원센터'라 한다)에는 육아종합지원센터의 장과 보육에 관한 정보 제공 및 상담 업무 등을 담당하는 보육전문요원 등을 둔다. 보건복지부장관, 시·도지사 및 시장·군수·구청장은 육아종합지원센터를 보육 관련법인·단체 등에 위탁하여 운영할 수 있다.

(3) 어린이집의 설치

어린이집의 종류는 다음 각호와 같다(제10조).

1. 국·공립 어린이집: 국가나 지방자치단체가 설치·운영하는 어린이집
2. 사회복지법인어린이집: 「사회복지사업법」에 따른 사회복지법인(이하 '사회복지법인'이라 한다)이 설치·운영하는 어린이집
3. 법인·단체 등 어린이집: 각종 법인(사회복지법인을 제외한 비영리법인)이나 단체 등이 설치·운영하는 어린이집으로서 대통령령으로 정하는 어린이집
4. 직장어린이집: 사업주가 사업장의 근로자를 위하여 설치·운영하는 어린이집(국가나 지방자치단체의 장이 소속 공무원 및 국가나 지방자치단체의 장과 근로계약을 체결한 자로서 공무원이 아닌 자를 위하여 설치·운영하는 어린이집을 포함한다)
5. 가정어린이집: 개인이 가정이나 그에 준하는 곳에 설치·운영하는 어린이집
6. 협동어린이집: 보호자 또는 보호자와 보육교직원이 조합(영리를 목적으로 하지 아니하는 조합에 한정한다)을 결성하여 설치·운영하는 어린이집
7. 민간어린이집: 제1호부터 제6호까지의 규정에 해당하지 아니하는 어린이집

국가나 지방자치단체는 국·공립 어린이집을 설치·운영하여야 한다. 이 경우 국·공립 어린이집은 제12조의 보육계획에 따라 도시 저소득주민 밀집 주거지역 및 농어촌지역 등 취약지역에 우선적으로 설치하여야 한다. 국·공립 어린이

집 외의 어린이집을 설치·운영하려는 자는 시장·군수·구청장의 인가를 받아야 한다(제13조). 대통령령으로 정하는 일정 규모 이상의 사업장의 사업주는 직장어린이집을 설치하여야 한다(제14조). 다만 사업장의 사업주가 직장어린이집을 단독으로 설치할 수 없을 때에는 사업주 공동으로 직장어린이집을 설치·운영하거나, 지역의 어린이집과 위탁계약을 맺어 근로자 자녀의 보육을 지원하거나, 근로자에게 보육수당을 지급하여야 한다. 어린이집을 설치·운영하려는 자는 보건복지부령으로 정하는 설치기준을 갖추어야 한다(제15조).

(4) 보육교직원

어린이집에는 보육교직원을 두어야 한다. 어린이집의 원장은 어린이집을 총괄하고 보육교사와 그 밖의 종사자를 지도·감독하며 영유아를 보육한다(제18조). 보육교사는 영유아를 보육하고 어린이집의 원장이 불가피한 사유로 직무를 수행할 수 없을 때에는 그 직무를 대행한다. 시장·군수·구청장은 보육교직원의 권익 보장과 근로여건 개선을 위하여 보육교직원의 임면(任免)과 경력 등에 관한 사항을 관리하여야 한다(제19조). 어린이집의 원장은 보건복지부령으로 정하는 바에 따라 보육교직원의 임면에 관한 사항을 시장·군수·구청장에게 보고하여야 한다.

보건복지부장관은 보육교직원의 자질 향상을 위한 보수교육(補修敎育)을 실시하여야 한다(제23조). 제1항에 따른 보수교육은 직무교육과 승급교육으로 구분한다. 보건복지부장관은 제1항에 따른 보수교육을 대학(전문대학을 포함한다)이나 보건복지부령으로 정하는 전문기관에 위탁하여 실시할 수 있다.

(5) 어린이집의 운영

어린이집을 설치·운영하는 자는 보건복지부령으로 정하는 운영기준에 따라 어린이집을 운영하여야 한다(제24조). 국가나 지방자치단체는 제12조에 따라 설치된 국·공립 어린이집을 법인·단체 또는 개인에게 위탁하여 운영할 수 있다. 이 경우 최초 위탁은 공개경쟁의 방법에 따른다.

국가나 지방자치단체, 사회복지법인, 그 밖의 비영리법인이 설치한 어린이집과 대통령령으로 정하는 어린이집의 원장은 영아·장애아·다문화가족의 아동 등에 대한 보육(이하 '취약보육'이라 한다)을 우선적으로 실시하여야 한다(제26조).

(6) 어린이집운영위원회

어린이집의 원장은 어린이집 운영의 자율성과 투명성을 높이고 지역사회와의 연계를 강화하여 지역 실정과 특성에 맞는 보육을 실시하기 위하여 어린이집에 어린이집운영위원회를 설치·운영할 수 있다(제25조). 다만 제26조에 따른 취약보육(脆弱保育)을 우선적으로 실시하여야 하는 어린이집과 대통령령으로 정하는 어린이집은 어린이집운영위원회를 설치·운영하여야 한다. 어린이집운영위원회는 그 어린이집의 원장, 보육교사 대표, 학부모 대표 및 지역사회 인사(직장어린이집의 경우에는 그 직장의 어린이집 업무 담당자로 한다)로 구성한다. 어린이집의 원장은 어린이집운영위원회의 위원 정수를 5명 이상 10명 이내의 범위에서 어린이집의 규모 등을 고려하여 정할 수 있다.

어린이집운영위원회는 다음 각호의 사항을 심의한다.

1. 어린이집 운영 규정의 제정이나 개정에 관한 사항
2. 어린이집 예산 및 결산의 보고에 관한 사항
3. 영유아의 건강·영양 및 안전에 관한 사항
4. 보육시간, 보육과정의 운영 방법 등 어린이집의 운영에 관한 사항
5. 그 밖에 어린이집 운영에 대한 제안 및 건의사항

(7) 보육의 우선 제공

국가나 지방자치단체, 사회복지법인, 그 밖의 비영리법인이 설치한 어린이집

과 대통령령으로 정하는 어린이집의 원장은 다음 각호의 어느 하나에 해당하는 자가 우선적으로 어린이집을 이용할 수 있도록 하여야 한다(제28조). 다만「고용정책 기본법」제40조 제2항에 따라 고용촉진시설의 설치·운영을 위탁받은 공공단체 또는 비영리법인이 설치·운영하는 시설의 장은 근로자의 자녀가 우선적으로 어린이집을 이용하게 할 수 있다.

1.「국민기초생활 보장법」에 따른 수급자
2.「한부모가족지원법」제5조에 따른 보호대상자의 자녀
3.「국민기초생활 보장법」제24조에 따른 차상위계층의 자녀
4.「장애인복지법」제2조에 따른 장애인 중 보건복지부령으로 정하는 장애등급 이상에 해당하는 자의 자녀
5. 그 밖에 소득 수준 등을 고려하여 보건복지부령으로 정하는 자의 자녀

사업주는 사업장 근로자의 자녀가 우선적으로 직장어린이집을 이용할 수 있도록 하여야 한다.

(8) 보육과정 및 어린이집 평가인증

보육과정은 영유아의 신체·정서·언어·사회성 및 인지적 발달을 도모할 수 있는 내용을 포함하여야 한다(제29조). 보건복지부장관은 표준보육과정을 개발·보급하여야 하며 필요하면 그 내용을 검토하여 수정·보완하여야 한다. 어린이집의 원장은 제2항의 표준보육과정에 따라 영유아를 보육하도록 노력하여야 한다. 한편 보건복지부장관은 보육서비스의 질적 수준을 향상시키기 위하여 어린이집에 대한 평가인증을 실시할 수 있다(제30조). 보건복지부장관은 제1항에 따른 어린이집 평가인증에 관한 업무를 공공 또는 민간 기관·단체 등에 위탁하여 실시할 수 있다.

(9) 건강·영양 및 안전

어린이집의 원장은 영유아와 보육교직원에게 정기적으로 건강진단을 실시하는 등 건강관리를 하여야 한다(제31조). 어린이집의 원장은 영유아에게 질병·사고 또는 재해 등으로 위급 상태가 발생한 경우 즉시 응급의료기관에 이송하여야 한다. 어린이집 상호 간의 협동조직을 통하여 어린이집의 안전사고를 예방하고 어린이집 안전사고로 생명·신체에 피해를 입은 영유아 및 보육교직원 등에 대한 보상을 하기 위하여 보건복지부장관의 허가를 받아 어린이집 안전공제사업(이하 '공제사업'이라 한다)을 할 수 있다(제31조의 2). 공제사업을 위하여 설립되는 어린이집 안전공제회(이하 '공제회'라 한다)는 법인으로 하며, 주된 사무소의 소재지에 설립등기를 함으로써 성립한다. 공제회에 가입한 어린이집은 공제사업의 수행에 필요한 출자금 등을 공제회에 납부하여야 한다. 공제회의 기본재산은 회원의 출자금 등으로 조성한다. 다만 보건복지부장관은 공제회의 주된 사무소의 설치 및 운영에 필요한 비용의 일부를 지원할 수 있다.

어린이집의 원장은 제31조에 따른 건강진단 결과 질병에 감염되었거나 감염될 우려가 있는 영유아에 대하여 그 보호자와 협의하여 질병의 치료와 예방에 필요한 조치를 하여야 한다(제32조). 아울러 어린이집의 원장은 영유아에게 보건복지부령으로 정하는 바에 따라 균형 있고 위생적이며 안전한 급식을 하여야 한다(제33조).

(10) 비용

국가나 지방자치단체는 「국민기초생활 보장법」에 따른 수급자와 보건복지부령으로 정하는 일정소득 이하 가구의 자녀 등의 보육에 필요한 비용의 전부 또는 일부를 부담하여야 한다(제34조). 제1항에 따른 보육에 필요한 비용은 가구의 소득수준과 거주 지역 등을 고려하여 차등 지원할 수 있다. 국가와 지방자치단체는 자녀가 2인 이상인 경우에 대하여 추가적으로 지원할 수 있다.

국가와 지방자치단체는 어린이집이나 「유아교육법」 제2조에 따른 유치원을 이용하지 아니하는 영유아에 대하여 영유아의 연령과 보호자의 경제적 수준을 고려하여 양육에 필요한 비용을 지원할 수 있다(제34조의 2). 국가와 지방자치단체는 제34조 제1항, 제34조의 2 및 제35조에 따른 비용 지원을 위하여 보육서비스 이용권(이하 '이용권'이라 한다)을 지급할 수 있다(제34조의 3). 초등학교 취학 직전 1년의 유아(幼兒)와 장애아에 대한 보육은 무상으로 하되, 대통령령으로 정하는 바에 따라 순차적으로 실시한다(제35조). 제1항에 따른 무상보육 실시에 드는 비용은 대통령령으로 정하는 바에 따라 국가나 지방자치단체가 부담하거나 보조하여야 한다.

4) 남녀고용평등과 일·가정 양립 지원에 관한 법률

(1) 남녀고용평등과 일·가정 양립 지원에 관한 법률 제정의 배경과 목적

이 법은 「대한민국헌법」의 평등이념에 따라 고용에서 남녀의 평등한 기회와 대우를 보장하고 모성보호와 여성고용을 촉진하여 남녀고용평등을 실현함과 아울러 근로자의 일과 가정의 양립을 지원함으로써 모든 국민의 삶의 질 향상에 이바지하는 것을 목적으로 한다(제1장).

이 법에서 사용하는 '차별'이란 사업주가 근로자에게 성별, 혼인, 가족 안에서의 지위, 임신 또는 출산 등의 사유로 합리적인 이유 없이 채용 또는 근로의 조건을 다르게 하거나 그 밖의 불리한 조치를 하는 경우(사업주가 채용조건이나 근로조건은 동일하게 적용하더라도 그 조건을 충족할 수 있는 남성 또는 여성이 다른 한 성(性)에 비하여 현저히 적고 그에 따라 특정 성에게 불리한 결과를 초래하며 그 조건이 정당한 것임을 증명할 수 없는 경우를 포함한다)를 말한다. '직장 내 성희롱'이란 사업주·상급자 또는 근로자가 직장 내의 지위를 이용하거나 업무와 관련하여 다른 근로자에게 성적 언동 등으로 성적 굴욕감 또는 혐오감을 느끼게 하거나 성적 언동 또는 그 밖의 요구 등에 따르지 아니하였다는 이유로 고용에서 불이익을 주는 것을 말한다. '적극적 고용개선조치'란 현존하는 남녀 간의 고용차별을 없애거나 고용평등을 촉진하기 위하여 잠정적으로 특정 성을 우대하는 조치를 말한다. 이 법은 근로자를 사용하는 모든 사업 또는 사업장(이하 '사업'이라 한다)에 적용한다(제3조).

국가와 지방자치단체는 이 법의 목적을 실현하기 위하여 국민의 관심과 이해를 증진시키고 여성의 직업능력 개발 및 고용 촉진을 지원하여야 하며, 남녀고용평등의 실현에 방해가 되는 모든 요인을 없애기 위하여 필요한 노력을 하여야 한다(제4조)고 국가와 지방자치단체의 책무를 밝히고 있다.

한편 근로자는 상호 이해를 바탕으로 남녀가 동등하게 존중받는 직장문화를 조성하기 위하여 노력하여야 한다. 사업주는 해당 사업장의 남녀고용평등의 실현에 방해가 되는 관행과 제도를 개선하여 남녀근로자가 동등한 여건에서 자신의 능력을 발휘할 수 있는 근로환경을 조성하기 위하여 노력하여야 한다(제5조). 사업주는 일·가정의 양립을 방해하는 사업장 내의 관행과 제도를 개선하고 일·가정의 양립을 지원할 수 있는 근무환경을 조성하기 위하여 노력하여야 한다.

(2) 여성의 직업능력 개발 및 고용촉진

고용노동부장관은 여성의 고용촉진을 위한 시설을 설치·운영하는 비영리법인과 단체에 대하여 필요한 비용의 전부 또는 일부를 지원할 수 있다(제17조). 고용노동부장관은 여성의 고용촉진을 위한 사업을 실시하는 사업주 또는 여성휴게실과 수유시설을 설치하는 등 사업장 내의 고용환경을 개선하고자 하는 사업주에게 필요한 비용의 전부 또는 일부를 지원할 수 있다. 고용노동부장관은 임신·출산·육아 등의 이유로 직장을 그만두었으나 재취업할 의사가 있는 경력단절여성(이하 '경력단절여성'이라 한다)을 위하여 취업유망 직종을 선정하고, 특화된 훈련과 고용촉진프로그램을 개발하여야 한다(제17조의 2). 고용노동부장관은 「직업안정법」 제2조의 2 제1호에 따른 직업안정기관을 통하여 경력단절여성에게 직업정보, 직업훈련정보 등을 제공하고 전문화된 직업지도, 직업상담 등의 서비스를 제공하여야 한다.

(3) 모성보호

국가는 「근로기준법」 제74조에 따른 산전후휴가 또는 유산·사산 휴가를 사용한 근로자 중 일정한 요건에 해당하는 자에게 그 휴가기간에 대하여 통상임금에 상당하는 금액(이하 '산전후휴가급여 등'이라 한다)을 지급할 수 있다(제18조). 제1항에 따라 지급된 산전후휴가급여 등은 그 금액의 한도에서 「근로기준법」 제74조 제3항에 따라 사업주가 지급한 것으로 본다. 산전후휴가급여 등을 지급하기 위하여 필요한 비용은 재정이나 「사회보장기본법」에 따른 사회보험에서 분담할 수 있다. 여성 근로자가 산전후휴가급여 등을 받으려는 경우 사업주는 관계 서류의 작성·확인 등 모든 절차에 적극 협력하여야 한다. 사업주는 근로자가 배우자의 출산을 이유로 휴가를 청구하는 경우에 5일의 범위에서 3일 이상의 휴가를 주어야 한다. 이 경우 사용한 휴가기간 중 최초 3일은 유급으로 한다(제18조의 2).

(4) 일·가정의 양립 지원

사업주는 근로자가 만 8세 이하 또는 초등학교 2학년 이하의 자녀(입양한 자녀를 포함한다)를 양육하기 위하여 휴직(이하 '육아휴직'이라 한다)을 신청하는 경우에 이를 허용하여야 한다(제19조). 육아휴직의 기간은 1년 이내로 한다. 사업주는 육아휴직을 이유로 해고나 그 밖의 불리한 처우를 하여서는 아니 되며, 육아휴직 기간에는 그 근로자를 해고하지 못한다. 사업주는 육아휴직을 마친 후에는 휴직 전과 같은 업무 또는 같은 수준의 임금을 지급하는 직무에 복귀시켜야 한다. 또한 제2항의 육아휴직 기간은 근속기간에 포함한다. 제19조의 2(육아기 근로시간 단축) 사업주는 제19조 제1항에 따라 육아휴직을 신청할 수 있는 근로자가 육아휴직 대신 근로시간의 단축(이하 '육아기 근로시간 단축'이라 한다)을 신청하는 경우에 이를 허용할 수 있다. 사업주가 제1항에 따라 해당 근로자에게 육아기 근로시간 단축을 허용하는 경우 단축 후 근로시간은 주당 15시간 이상이

어야 하고 30시간을 넘어서는 아니 된다. 육아기 근로시간 단축의 기간은 1년 이내로 한다. 국가는 사업주가 근로자에게 육아휴직이나 육아기 근로시간 단축을 허용한 경우 그 근로자의 생계비용과 사업주의 고용유지비용의 일부를 지원할 수 있다.

아울러 사업주는 근로자가 부모, 배우자, 자녀 또는 배우자의 부모(이하 '가족'이라 한다)의 질병, 사고, 노령으로 인하여 그 가족을 돌보기 위한 휴직(이하 '가족돌봄휴직'이라 한다)을 신청하는 경우 이를 허용하여야 한다. 다만, 대체인력 채용이 불가능한 경우, 정상적인 사업 운영에 중대한 지장을 초래하는 경우 등 대통령령으로 정하는 경우에는 그러하지 아니하다. 제1항 단서에 따라 사업주가 가족돌봄휴직을 허용하지 아니하는 경우에는 해당 근로자에게 그 사유를 서면으로 통보하고, 다음 각호의 어느 하나에 해당하는 조치를 하도록 노력하여야 한다.

1. 업무를 시작하고 마치는 시간 조정
2. 연장근로의 제한
3. 근로시간의 단축, 탄력적 운영 등 근로시간의 조정
4. 그 밖에 사업장 사정에 맞는 지원조치

가족돌봄휴직 기간은 연간 최장 90일로 하며, 이를 나누어 사용할 수 있다. 이 경우 나누어 사용하는 1회의 기간은 30일 이상이 되어야 한다. 사업주는 가족돌봄휴직을 이유로 해당 근로자를 해고하거나 근로조건을 악화시키는 등 불리한 처우를 하여서는 아니 된다. 가족돌봄휴직 기간은 근속기간에 포함한다. 다만, 「근로기준법」 제2조 제1항 제6호에 따른 평균임금 산정기간에서는 제외한다. 사업주는 소속 근로자가 건전하게 직장과 가정을 유지하는 데에 도움이 될 수 있도록 필요한 심리상담 서비스를 제공하도록 노력하여야 한다. 고용노동부장관은 사업주가 제1항에 따른 조치를 하는 경우에는 고용 효과 등을 고려하여 필요한 지원을 할 수 있다.

2. 우리나라의 가족복지 정책 프로그램

1) 건강가정사업

(1) 건강가정사업의 사업주체와 역할

건강가정지원센터는 2005년 시행한 건강가정기본법에 따라 가족정책의 전달체계로서 정부의 가족정책 추진방향에 부응하여 건강가정사업을 실시하도록 설립되었다. 국가 및 지자체는 가정문제의 예방, 상담 및 치료, 건강가정 유지를 위한 프로그램의 개발, 가족문화운동의 전개, 가정 관련 정보 및 자료제공을 위하여 중앙, 시·도 및 시·군·구에 건강가정지원센터의 설치 및 운영을 의무화하고 있다(건강가정기본법 제35조). 2020년 7월 현재 건강가정지원센터 151개소가 설치·운영되고 있다.

요보호가족뿐 아니라 모든 가족구성원을 위한 서비스 제공 및 평등하고 민주적인 가족관계 지향, 가족 전체를 고려한 통합적 서비스, 가족문제 예방, 돌봄 및 가족기능강화를 위한 포괄적 서비스, 그리고 건강가정 서비스의 전문화를 위하여 유관기관과 긴밀한 네트워크를 형성하여 효과적인 서비스 제공에 노력하고 있다.

(2) 건강가정지원센터의 사업운영 및 사업영역

전국의 건강가정지원센터는 가족문제의 예방과 해결을 위한 가족돌봄나눔사업, 생애주기별 가족교육사업, 가족상담사업, 가족친화문화조성사업, 정보제공 및 지역사회 네트워크 사업을 추진하고 있다. 일반가족은 물론 한부모가족, 조손가족, 다문화가족, 일탈청소년가족, 군인가족, 수용자가족, 맞벌이가족, 이혼 전후 가족 등의 다양한 가족 지원을 위한 상담, 교육 및 문화 프로그램이 결합된 맞춤형 통합서비스를 제공하며, 아이돌보미 지원, 공동육아나눔터사업 등의 돌봄지원사업, 취약가족과 위기가족을 위한 취약·위기가족지원사업, 미혼모부자

가족지원사업, 기타 타부처와 유관기관과의 협력사업 등을 통해 다양한 가족 사업을 수행하고 있다.

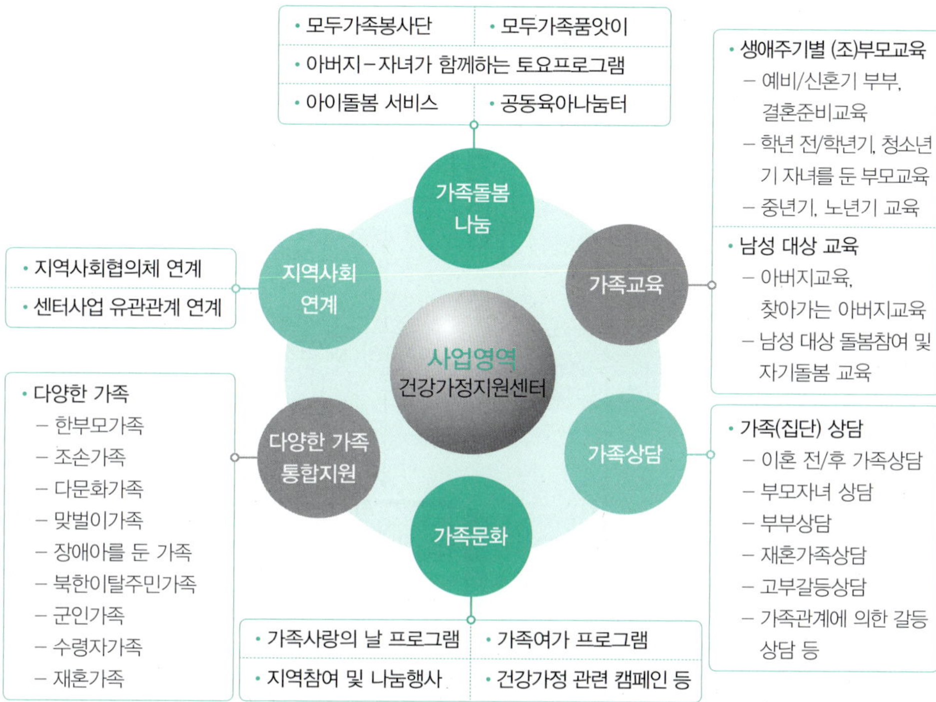

| 그림 4-1 | 건강가정지원센터 사업 영역

출처: 건강가정지원센터 홈페이지(2020)(www.familynet.or.kr).

(3) 건강가정지원센터 전달체계

가족상담, 가족생활교육, 가족친화적 문화조성, 정보제공 및 지역사회 네트워크 사업을 동일하게 추진하고 있다. 아울러 한부모가족, 조손가족, 다문화가족, 맞벌이가족, 군인가족, 재소자가족, 이혼전후 가족 등 다양한 가족지원을 위한 상담, 교육 및 문화의 맞춤 통합서비스와 아이돌봄 서비스지원 등 가족돌봄 지원서비스를 시행하고 있다. 건강가정지원사업의 전달체계는 다음 쪽의 [그림 4-2]와 같다.

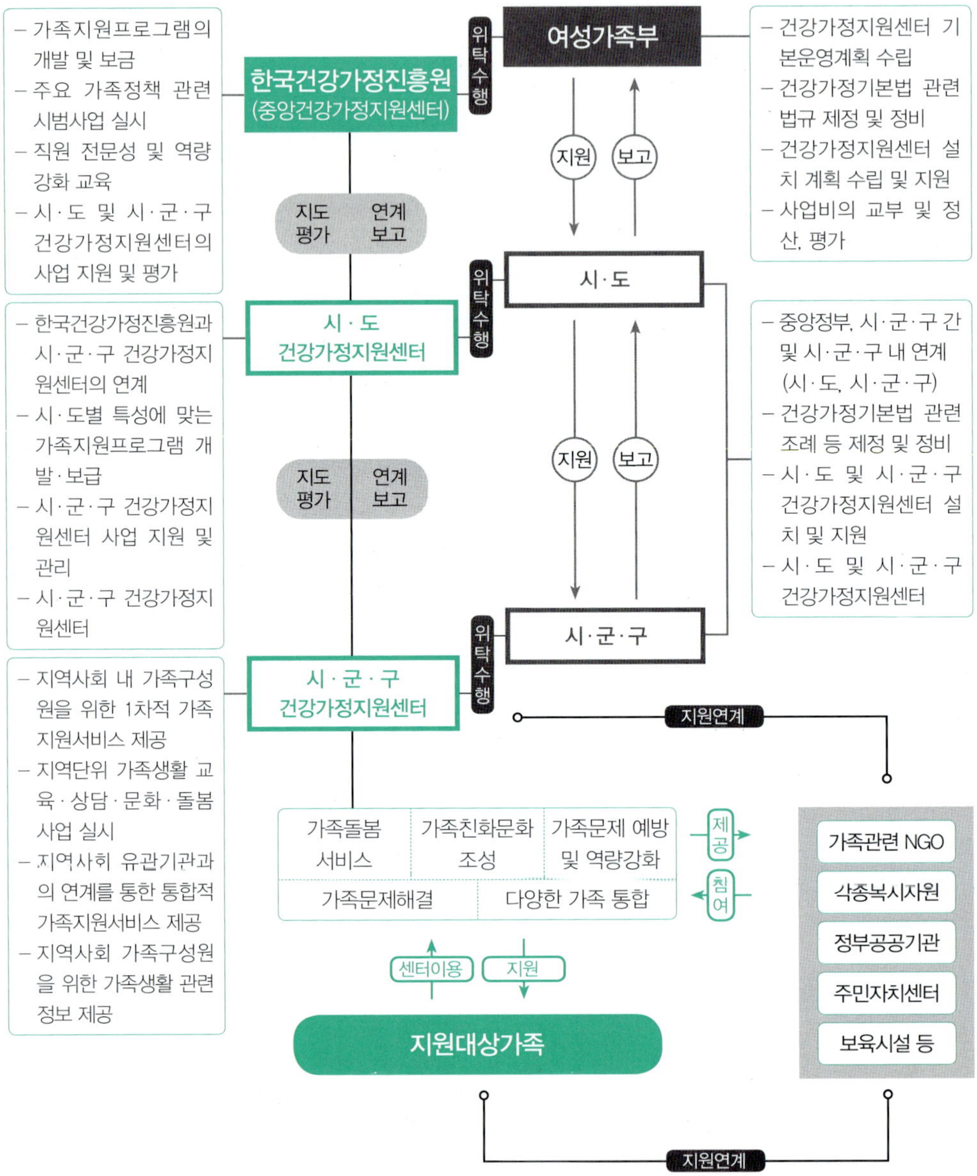

| 그림 4-2 | 건강가정지원사업의 전달체계

출처: 건강가정지원센터 홈페이지(2020)(www.familynet.or.kr).

(4) 건강가정사업의 개선방안

이제는 개인의 삶의 질 향상이라는 목적달성을 위해 가족역량 강화를 위한 실천적인 과제가 다루어져야 하는 시점에 이르렀다고 할 수 있다. 이러한 배경으로 지난 2005년에 「건강가정기본법」이 입법되고 전국의 건강가정지원센터를 통해 가족관계 증진 및 역량 강화를 위한 좀 더 실천적인 사업들이 이루어지고 있는 것은 개별 가족뿐만 아니라 국가적으로도 매우 고무적인 일로 평가된다.

가족과 관련된 정책의 내용은 가족에 대한 소득보장정책, 사회적 지원정책을 포함할 뿐만 아니라 그 내용에 있어서 아동, 여성, 노동, 복지, 문화, 교육 등 다양한 분야의 정책과 연계성을 가지고 있다. 이와 같이 포괄적인 가족정책의 내용과 범위를 고려할 때 가족과 관련한 각 부처 간의 조율 및 연계 시스템은 가족정책이 실효성을 거두기 위해서 필수적인 장치라고 할 수 있으며, 이러한 연계의 중요성은 가족정책 및 사업이 실제로 실시되는 지역사회단위에서 더욱 필수적이라고 할 수 있다. 그러나 아직 우리는 체계화된 가족서비스 전달체계를 수립하지 못하고 있으며, 가족의 모습과 기능은 다양화되어 가고 있는데 정부의 정책은 전통적이고 획일화된 가족에 대한 집착에서 벗어나지 못하고 있다. 또한 다양화되는 가족을 적극적으로 포용하지 못하거나 비효율적인 정책을 아주 적은 예산으로 운영하고 있다. 2010년 정부의 가족정책은 다시 여성가족부로 이관되어 보건복지부 산하의 가족을 위한 사회복지 전달체계와 여성가족부처 간의 효율적인 정책조율의 문제는 숙제로 남아 있다.

2) 영유아보육 정책

우리나라 보육사업은 1921년 서울에서 태화사회관이 처음으로 탁아프로그램을 개설하면서 시작되었고, 본격적으로 활성화되기 시작한 것은 1991년 「영유아보육법」의 제정 이후라고 할 수 있다. 영유아보육 정책은 아동을 건강한 사회구성원으로 육성함과 동시에 맞벌이세대의 경제적·사회적 활동을 지원함으로써 기혼 여성이 마음 놓고 일할 수 있게 하고 국가경쟁력을 높이는 한편 아동을 행복하게 성장시키는 데 그 목적이 있다.

최근 급격히 다가온 고령화 사회로의 이동과 저출산에 따른 위기감에서, 이에 대처하기 위한 지난 정부의 정책으로 노무현정부에서는 〈새로마지플랜 2010〉을 마련하였고, 이명박정부에서는 보육정책만을 위한 〈아이사랑플랜 2009~2012〉를 수립함으로써 공보육에서 '국가책임보육'으로 발전시키고 보육서비스를 '영유아' 중심으로 설정하는 방향을 제시하였다.

보육업무가 보건복지부로 이관된 이후인 2008년 12월에는 「영유아보육법」을 개정하여 양육수당, 보육서비스 이용권, 안전공제회, 금융조사 조항이 추가되고 새로운 정책의 추진을 제도화하였다. 특히 보육의 개념이 어린이집과 가정양육지원에 관한 사회복지서비스로 정의가 수정되었다. 개정 영유아보육법의 신설 조항 가운데 특징적인 것은 보육정책 대상을 시설 미이용자를 포함한 전체 아동으로 규정하고, 어린이집이나 유치원을 이용하지 않는 아동에 대한 양육비 지원(양육수당)의 법적 근거를 삽입한 것이다. 이는 영유아보육법이 수요자보다는 어린이집 중심의 법이라는 평가를 받고 있으며, 양육수당을 수용하고 모든 아동을 포괄하는 데는 한계가 있다고 평가된 데 따른 것이다.

박근혜정부에서는 제2차 중장기보육기본계획(2013~2017)을 통하여 무상보육 도입과 수요자 맞춤 지원에 초점을 두었고, 2013년에는 보육료·양육수당을 전계층으로 지원 실시한다. 2013년에는 3~5세 공통의 보육·교육과정인 '누리과정'이 도입되었으며, 2014년에는 입소대기시스템(전산화)이 도입되었다. 2015년 모든 어린이집에 CCTV 설치 의무화가 시행되었으며, 임신·출산·육아 관련 웹사이트를 통합하는 '아이사랑' 포털(2015)이 시행되었다. 2016년에는 '맞춤형보육'이 도입·시행되었다. 문재인정부에서는 제3차 중장기보육기본계획(2018~2022)이 시행 중이다. 제3차 중장기보육기본계획에서는 보육의 공공성 강화, 효과적 보육서비스 제공을 위한 보육체계개편, 보육서비스의 품질 향상,

부모양육지원 확대 등을 중점적으로 실천하고 있다.

(1) 아동 현황

2012년 12월 기준 전체 어린이집은 42,527개소이다. 전체 어린이집 중, 국·공립 어린이집은 5.2%(2,203개소)이고 민간어린이집은 36.0%(15,309개소)이다. 가정(놀이방)어린이집은 53.9%(22,935개소)이다. 보육영유아는 2012년 12월 현재 총 1,487,361명으로 국·공립 어린이집 149,677명(10.1%), 법인 및 법인 외는 113,049명(7.6%), 민간개인 768,256명(51.7%), 직장 29,881명(2.0%), 가정(놀이방) 시설 371,671명(25.0%)이다. 이와 같이 보육사업이 민간 위주로 운영됨으로써 보육 서비스의 질과 관련하여 많은 문제점들이 발생하였다. 보육이란 국가의 책임하에 보편적 관점에서 추진되어야 하며, 국가의 적극적인 개입이 요구된다.

| 표 4-1 | 어린이집 종류별 아동 현황('19. 12월 말)

(단위: 개소, 명)

구분	계	국·공립	사회복지 법인	법인·단체 등	민간	가정	협동	직장
시설 수 (%)	37,371 (100.0)	4,324 (11.6)	1,343 (3.6)	707 (1.9)	12,568 (33.6)	17,117 (45.8)	159 (0.4)	1,153 (3.1)
아동 수 (%)	1,365,085 (100.0)	232,123 (17.0)	86,775 (6.4)	38,538 (2.8)	664,106 (48.6)	273,399 (20.0)	4,121 (0.3)	66,023 (4.8)

출처: 보건복지부(2000). 2019년 보육통계.

(2) 보육서비스의 질 제고

양질의 보육서비스 확보를 위해 정부에서는 2003년 연구모형 개발을 거쳐 2004년 개정「영유아보육법」제30조에 평가인증제도를 실시할 수 있다는 법적 근거를 마련하였다. 이후 2005년의 1,089개소를 대상으로 하는 시범운영 결과를 토대로 운영체계와 지표를 평가, 정비하여 2006년 본격 확대 시행되었으며, 2009년까지 제1차 시행시기를 마무리하였다. 제2차 어린이집 평가인증 실시(2010년 2월~), 제3차 어린이집 평가인증 시범사업 실시(2014년 11월~), 제3차 어린이집 평가인증(통합지표) 시행(2017년 11월~)을 거쳐 2019년 6월부터 어린이집 평가제를 시행하게 되었다.

모든 어린이집이 지표를 기준으로 질적 수준을 자체적으로 점검·개선하도록 한 후, 평가과정을 수행하여 평가 등급을 부여한다(A, B, C, D 등급). 4개 영역(보육과정 및 상호작용, 보육환경 및 운영관리, 건강안전, 교직원), 18개 지표, 59개 평가항목에 대해 평가를 실시한다. 평가등급의 기준 및 평가주기는 다음과 같다.

| 표 4-2 | 평가등급의 기준 및 평가주기

등급 구분(정의)		등급부여기준	주기
A	국가 평가에서 제시하고 있는 기준을 모든 영역에서 충족함	4개 영역 모두 '우수'인 경우(필수 지표 및 요소 충족)	3년
B	국가 평가에서 제시하고 있는 기준을 대부분 충족함	'우수' 영역이 3개 이하이며 '개선필요' 영역이 없는 경우	
C	국가 평가에서 제시하고 있는 기준 대비 부분적으로 개선이 필요함	'개선필요' 영역이 1개 있는 경우	2년
D	국가 평가에서 제시하고 있는 기준 대비 상당한 개선이 필요함	'개선필요' 영역이 2개 이상인 경우	

평가인증은 단순히 평가 그 자체가 목적이 아니라 어린이집에 대한 질적 수준 평가를 통한 보육서비스의 질적 수준 향상에 1차적 목적이 있으며, 더 나아가 안전하고 쾌적한 보육환경에서 영유아가 건강하게 자라도록 하는 것이 제도의 궁극적인 목적이다. 즉, 평가의 결과가 이 제도의 목적이라기보다는 평가인증에 참여하고 준비하는 과정에서 자발적으로 일어나는 기관의 질적 수준의 변화와 향상이 평가인증제도가 진정으로 추구하는 바인 것이다.

평가인증을 마친 대부분의 어린이집들은 경제적 부담과 업무부담 등의 어려움은 있었지만, 다행히 어린이집의 질적 수준이 향상되었고 만족한다고 보고하고 있다. 특히 보육환경이 개선되고, 원장과 교사 등의 교직원의 전문성 및 효능감 등이 향상되었으며, 어린이집을 이용하는 부모의 경우에도 그 만족감이 전반적으로 높아졌다고 보고된 바 있다(김인숙, 2008; 우연희, 2007; 이원선, 2008; 이은해 · 유희정 · 김온기, 2006).

(3) 보육료 및 양육수당 지원(바우처제도)

참여정부에서 조성한 공보육기반을 강화하여 국가책임보육을 하고자 아이사랑플랜은 어린이집을 이용하는 아동의 보육료 전액지원을 연차적으로 확대하여 부모의 보육비용 부담을 경감하고자 하였다. 2008년 기초수급자 · 차상위까지 보육료 전액지원이 이루어졌던 것이 2009년에는 소득하위 50%까지 지원을 이루었다. 새싹플랜에서는 기초수급자 · 차상위까지 무상보육을 목표로 하였으며(2010년), 어린이집을 이용하지 않는 아동에는 양육수당을 도입하여 정부지원의 형평성을 제고하고, 정책의 사각지대를 해소하고자 하였다.

| 표 4-3 | 영유아보육료 지원 금액

적용 시기: 2020. 3. 1.~(월 기준, 단위: 천원)

구분	0세반	1세반	2세반	3~5세반
계	970	686,	527	240,000
부모보육료	470	414	343	240,000
기관보육료	500	272	184	–

*기관보육료: 정부에서 인건비를 지원받지 않는 민간 · 가정어린이집에서 만 0~2세 및 장애아동 보육 시 지원

*본보육에 대한 보육료를 지원하고, 추가적 돌봄이 필요한 영유아가 연장보육 이용 시 시간당 연장보육료를 추가 지원(영아반 2,000원, 유아반 1,000원, 0세반 · 장애아 3,000원)영유아 보육료지원-부모보육료, 기본보육료의 0~5세반 지원 내용

출처: 보건복지부(2020).

보육 정책의 체감도를 높이고 수요자 중심 보육정책을 실현하기 위하여, 보육료를 어린이집에 지급하는 대신에 전자카드 형태로 부모에게 직접 지급하여 어린이집을 이용하면서 결제하도록 하는 보육전자바우처(구. 아이사랑카드) 제도를 도입하였다(2009년 9월~). 어린이집↔유치원 시설 간 이동시 카드를 교체해야 하는 부모의 불편을 개선하고자 2015년부터 복지부 보육료 지원카드인 아이사랑카드와 교육부의 유아학비지원카드인 아이즐거운카드를 아이행복카드로 통합 실시하게 된다.

한편 어린이집 및 유치원·종일제 아이돌봄 서비스를 이용하지 않는 아동에게 양육수당을 지원하여 부모의 양육부담을 경감하고 보육료 지원 아동과의 형평성을 제고하고자 한다. 지원대상은 어린이집·유치원·종일제 아이돌봄 서비스를 이용하지 않는 취학전 86개월 미만 영유아이며, 소득재산 수준은 무관하게 지원한다. 다음은 2020년 현재 가정양육수당 지원금액표이다.

| 표 4-4 | 가정양육수당 지원금액

<table>
<tr><th>연령(개월)</th><th>양육수당</th><th>연령(개월)</th><th>농어촌 양육수당</th><th>연령(개월)</th><th>장애아동 양육수당</th></tr>
<tr><td>0~11</td><td>200천 원</td><td>0~11</td><td>200천 원</td><td rowspan="3">0~35</td><td rowspan="3">200천 원</td></tr>
<tr><td>12~23</td><td>150천 원</td><td>12~23</td><td>177천 원</td></tr>
<tr><td>24~35</td><td>100천 원</td><td>24~35</td><td>156천 원</td></tr>
<tr><td rowspan="4">36개월 이상 ~ 86개월 미만</td><td>100천 원</td><td>36~47</td><td>129천 원</td><td rowspan="4">36개월 이상 ~86개월 미만</td><td rowspan="4">100천 원</td></tr>
<tr><td>100천 원</td><td rowspan="3">48개월 이상~ 86개월 미만</td><td>100천 원</td></tr>
<tr><td>100천 원</td><td>100천 원</td></tr>
<tr><td>100천 원</td><td>100천 원</td></tr>
</table>

가정양육수당 지원금액(2018)표 – 연령(개월), 양육수당, 연령(개월), 농어촌양육수당, 연령(개월), 장애아동양육수당으로 구성

(4) 보육교직원

보육교사의 역할은 영유아의 성장·발달의 자연스런 과정에 있어 보호와 교육적 측면의 전문가로서 신체적·사회적·정서적·지적 발달을 균형 있게 격려할 수 있도록 교육방법을 연구하고 적용하며, 교실환경을 구성하고 영유아를 가르치는 교육자로서 영유아의 연령과 발달수준을 의식하여 적절한 자극을 제공해야 한다. 나아가 부모들이 자녀 걱정 없이 안심하고 사회 경제 활동을 할 수 있도록 부모와의 정보교환 교류자로서 원활한 의사소통을 통해 교사나 어린이집에 대한 신뢰감을 형성하도록 하는 역할을 담당하게 된다(한국보육진흥원, 2020).

그러므로 보육교사는 자애로움, 영유아와 공감력, 희망적이고 긍정적인 사고, 원만하고 조화로운 대인관계 능력, 심신 건강 등의 개인적인 자질과 전문지식, 교육기술, 보육에 자부심을 갖는 전문적인 자질을 갖추어야 한다.

이에「영유아보육법 시행령」제21조 [별표 1] 에 의거하여, 보육교사 국가자격증 제도를 시행중이다.

| 표 4-5 | 자격증의 종류와 기준

자격증 종류	내용
보육교사 1급	• 보육교사 2급 취득 후 보육업무 경력을 충족한 승급자 • 전문대학 또는 이와 같은 수준 이상의 학교에서 보육관련 교과목 및 학점 이수자 (2005. 1. 29. 이전 법)
보육교사 2급	• 전문대학 또는 이와 같은 수준 이상의 학교에서 보육관련 교과목 및 학점 이수자 • 보육교사 3급 취득 후 보육업무 경력을 충족한 승급자 • 보육교사 양성교육과정 교육 수료자(2005. 1. 29. 이전 법)
보육교사 3급	• 보육교사 양성교육과정 교육 수료자

어린이집 원장은 영유아 및 그 가족에게 통합적 서비스를 제공하는 소규모 공동체를 운영하는 역할을 수행한다. 소규모 조직의 장으로서 조직 운용에 따르는 제반 업무를 담당하고 보육철학 제시, 예산 계획 및 집행, 보육운영 계획 수립 및 평가, 영유아 보호와 교육, 종사자 임용, 보육교직원 전문성 증진

을 위한 교육, 부모교육, 가정과 지역사회간의 연계 및 교류, 보육교직원 및 기타 인사와의 의사교환 및 회의 참여 등의 영역과 관련된 역할을 수행한다(한국보육진흥원, 2020).

어린이집 원장은 보육교직원 특성에 관한 지식, 인사조직 이론에 관한 지식, 영유아발달에 관한 지식, 영유아교수방법에 관한 지식, 가족체제에 관한 지식 및 운영기술에 대한 전반적인 전문성을 지니고 있어야 한다.

어린이집 원장 자격은 보육교사, 사회복지사, 간호사, 유치원교사, 초등학교교사, 공무원 등이 그 대상이며, 관련된 경력이 요구된다. 아울러 가정어린이집 원장, 영아보육전담 어린이집 원장, 장애아 전담 어린이집 원장의 경우 일반 어린이집 원장과 구분하여 그 특수성을 고려하였기 때문에 자격기준이 차이가 있다. 장애아 전담 어린이집 원장의 경우는 '장애아 관련 교육 훈련'을 받은 여부와 그에 따른 경력이 자격기준에 필수로 요구되고 있다.

| 표 4-6 | 어린이집 원장 국가자격증 종류와 기준

자격증 종류	내용
장애아전문 어린이집 원장	• 12명 이상의 장애영유아를 보육할 수 있는 시설을 갖춘 어린이집의 원장
일반 어린이집 원장	• 300명 이하의 영유아를 보육하는 어린이집의 원장
가정 어린이집 원장	• 5명 이상 20명 이하의 영유아를 보육하는 어린이집의 원장
영아전담 어린이집 원장	• 만 3세 미만의 영아만을 20명 이상 보육하는 어린이집의 원장
40인 미만 어린이집 원장	• 40인 미만의 영유아를 보육하는 어린이집의 원장 ※2005. 1. 29. 이전까지의 규정에 따라 보육교사 1급, 2급의 자격을 갖춘 사람에 한함. 2005. 1. 30.~2014. 2. 28. 이후 및 현재 규정에 따른 자는 교부 불가

(5) 영유아보육정책의 개선방안

현재 가장 많은 시설 수와 아동을 보육하고 있는 곳이 개인과 가정어린이집이다. 그런데 열악한 어린이집에 대한 문제가 제기될 때마다 거론되는 내용은 개인 혹은 가정어린이집에 대한 내용들이다. 부모들이 여전히 국·공립 어린이집을 왜 선호하는가에 대한 심각한 논의가 있어야 하며, 지원시설과 비지원시설의 문제가 먼저 해결되어야 한다.

어린이집의 질 제고와 관련하여서는 표준보육과정을 개발은 하였으나 보급이 제대로 되지 않고 활용도 또한 낮다. 따라서 보육 프로그램의 보급과 활성화를 위한 노력이 있어야겠다. 평가인증제도는 자체점검기간의 축소와 평가항목 지표 수의 축소 조정을 통해 평가인증 준비에 따른 부담을 경감시키고자 노력하고 있다. 향후 인증 참여와 유지를 유도할 수 있는 인센티브 제공의 정부 노력이 공고히 되어야겠으며, 보편타당하고 적합한 평가도구 개발, 바람직한 조력, 지역 특성에 따른 지표에 대한 고려도 있어야 한다.

우리나라에서 실시하고 있는 어린이집 미이용아동에 대한 양육수당은 어린이집의 미이용자이기 때문에 지급한다는 것이 형평성이나 보편성을 위한 수당제도로서의 의미가 약하다는 지적이 있다. 법에 맞는 좀 더 합리적 근거를 제시할 필요가 있다고 본다.

어린이집 원장 자격을 강화하고 전문성을 확충시킬 수 있는 방안도 모색되어야 한다. 이를 위해 어린이집 원장의 역할과 전문성을 고려하여 어린이집 원장의 자격을 영유아보육 관련 전공(예: 영유아보육, 아동복지, 유아교육, 사회복지, 아동학 등)으로 국한하여 규정하는 것이 대안이 될 수 있다. 또한 어린이집 원장 자격제도는 급격한 변화보다는 현재의 어린이집 원장 제도에서 단계적으로 보완하는 것이 효과적이므로 '보육교사 3급－보육교사 2급－보육교사 1급－선임 보육교사 혹은 부원장－원장'의 체계로 하는 것을 대안으로 제시하고 있다(지성애, 2009). 아울러 보수교육과 관련해서는 교육과정에 다양한 내용 및 교과가 포함되어야 하며, 보수교육과정은 좀 더 많은 시간이 요구된다.

3) 미래세대 투자를 통한 저출산 극복 정책

정부는 2000년대에 들어와서 '저출산·고령화'에 대한 관심이 많아졌다. 저출산은 최근 출산율이 급속히 감소되어 인구의 재생산조차 위협받게 되고, 특히 생산적인 노동력의 감소와 고령화로 인한 노인부양률이 감소되어 장차 사회적·경제적 위기가 닥칠 것으로 걱정하고 있다. 2005년「저출산·고령사회기본법」제정 이후, 세차례 저출산·고령사회기본계획을 수립·시행하는 등 노력에도 20년 가까이 저출산 상태가 지속되고 있다.[1] 청년일자리, 높은 주거비, 양육부담, 독박육아, 결혼·출산에 대한 인식변화 등의 복합적·사회구조적 요인에 따라, 그간 '출산율 제고' 목표 중심으로 출산 장려 정책 추진으로는 출산율 제고에는 역부족이라는 평가하에, 장기적 관점에서 근본적으로 사회 전반의 결혼·출산 및 양육 부담이 낮은 사회시스템을 만들어 나가려는 정책적 노력이 필요하다는 인식 하에 정책방향을 전환하게 된다.

그러면 우리나라의 저출산에 대처하는 정부의 대응정책을 살펴보고, 나아가 그 개선 방안을 제시하여 본다.

(1) 정부의 종합대책

제3차 저출산고령사회 기본계획(2019년 2월, 국무회의)에서 정책방향을 '출산장려'에서 '모든 세대 삶의 질 보장, 미래세대에 대한 사회투자 확대'로 전환하고, 기존에 '결혼가족, 3자녀 이상 다자녀' 가족관점에서 '아이중심, 모든 형태의 가족 포용'으로의 관점 전환을 추구한다. 청년세대를 비롯한 국민들이 자연스럽게 결혼·출산을 선택하고, 부모가 아이를 키우는 데 어려움이 없도록(출산·양육 친화적 환경 조성) 관련 대책을 적극 추진하고자 하였다. 저출산 대응 정책의 주요 내용은 다음과 같다.

1) 2018년 합계출산율 0.98명으로 처음으로 1명 미만 기록(OECD 회원국 중 유일)

| 표 4-7 | 제3차 저출산고령사회 수정 기본계획(2019년 2월)

<table>
<tr><th colspan="2">비전</th><th>목표</th><th>추진영역</th></tr>
<tr><td colspan="2">"모든 세대가 함께 행복한 지속 가능한 사회"</td><td>① 삶의 질 향상
② 성 평등 구현
③ 인구 변화 적극 대비</td><td>① 함께 돌보고 함께 일하는 사회
② 함께 만들어가는 행복한 노후
③ 인구변화 적극 대비</td></tr>
<tr><td rowspan="5">핵심과제</td><td colspan="3">(비용⇩) 아동수당 확대 등 체감할 수 있는 출산·양육비 부담 대폭 감소 방안 제시</td></tr>
<tr><td colspan="3">(시간⇧) 육아휴직을 당연한 권리로 정착시킬 수 있는 실질적 방안 마련</td></tr>
<tr><td colspan="3">(돌봄⇧) 국·공립 어린이집 확충, 초등 돌봄 등 촘촘한 돌봄 체계 마련</td></tr>
<tr><td colspan="3">(문화) 다양한 가족 포용, 출생통보제 등</td></tr>
<tr><td colspan="3">(기반) 일자리·주거·교육 등 2040세대 안정적인 삶의 기반 조성</td></tr>
</table>

① 아동수당 보편 지급

소득·재산 조사 없이 만 6세 미만 아동 전체에 대해 월 10만 원씩 아동수당을 보편 지급하던 아동수당을, 2019년 9월부터는 지급연령을 만 7세 미만으로 확대하게 되었다. 이로써 2019년 10월 기준 대상 아동의 98%가 신청, 268만 명의 아동들이 수혜를 받게 되었다.

② 아동 돌봄에 대한 국가책임 강화

공공보육 이용률 40% 조기달성을 위해 2019년부터 매년 국·공립 어린이집 550개소 이상 확충 추진을 목표로 하고 있다. 어린이집 이용 아동 10명 중 4명 국가 책임 보육 실현을 목표로 하며 공공보육 이용률을 2018년 말 25.2%에서 2021년까지 공공보육 이용률 40%(국·공립 26%, 사회복지법인 7%, 직장 7%) 달성을 계획하고 있다.

아이돌봄서비스 확대로 다양한 양육 여건 및 수요에 대응하여 양육공백을 최소화하고 양육과 경제활동 등 생활의 균형유지를 지원하고자 한다. 아이돌봄서비스 이용가구 수는 2018년 6.4만 가구에서 2019년 8만 가구가 수혜를 받게 되었다.

초등돌봄 사각지대를 해소하고 보편적 돌봄체계 강화를 위해 다함께 돌봄센터를 대폭 확충하고자 한다. 돌봄이 필요한 모든 아동을 대상으로 상시·일시 돌봄, 문화·예술·스포츠 등 프로그램 운영, 돌봄 상담 등 지역 여건, 수요를 고려한 다양한 서비스를 발굴·제공한다. 다함께돌봄센터는 2018년 17개소에서 2019년 11월 108개소로 증가한다.

③ 일·가정 양립 지원 확대

육아휴직 활성화, 육아기 근로시간 단축 등을 통해 부모와 아이가 함께하는 시간을 최대화하여 경력 단절 없는 안정적 육아 지원을 하고자 한다.

육아휴직 첫 3개월 급여를 인상하고(통상급여의 40→80%, 2017년 9월), 첫 3개월 이후 휴직 급여를 인상하였다(통상 급여의 40→50%, 2019년 1월). 육아기 근로시간 단축 확대 및 급여 인상 등을 위한 「남녀고용평등법」 및 「고용보험법」을 개정하였다(2019. 8. 27. 공포). 2019년 육아휴직자 수는 71,925명(8월 말 기준, 전년 동원 대비 20% 증가), 남성육아휴직자 수는 2019년 18,577명(10월 말 기준, 전년 동월 대비 27.5% 증가)으로 증가하였다.

④ 결혼·출산 친화적 사회 환경 조성

신혼부부 대상 공적주택 공급, 주거비용 지원 등을 통해 신혼부부의 내집 마련 걱정, 육아·보육 걱정 없이 안정된 주거 기반·환경을 조성하고자 한다(청년 임대 주택 공급 2019년 12월 말 2만 7천호, 신혼부부 임대주택 공급 2019년 12월 말 3만 9천호).

신혼·육아기 부모의 특성을 고려한 신혼희망타운 1만호를 공급하였다(2019년 12월). 신혼희망타운은 육아 등을 위한 맞춤형 시설을 설치하고 신혼부부 선호와 편의성을 고려한 평면 설계, 수납공간 확충 등을 적용한다.

⑤ 임신·출산에 대한 국가적 지원 강화

난임·우울증 상담센터 운영(서울, 인천, 대구, 전남)으로 난임 부부에 대한 심리적지지, 진단·치료를 체계적·전문적으로 지원한다.

⑥ 아동에 대한 국가책임 강화

아동보호, 인권과 참여, 건강, 놀이 영역에서 아동의 삶의 질을 실질적으로 개선하기 위한 포용국가 아동 정책을 발표하였다(2019년 5월).

<포용국가 아동정책(2019년 5월) 주요 내용>

- (아동보호) 아동보호의 국가책임 강화, 학대 위기아동 지원 강화, 출생통보제·보호출산제 도입, 자립지원 강화 등
- (인권·돌봄보장) 체벌금지·부모교육, 보육·초등돌봄 공백해소 등
- (아동건강) 영유아 건강검진, 아동 치과주치의 도입 검토, 마음건강 돌봄체계 강화, 아토피·소아당뇨 등 만성질환 관리, 어린이 병원 지정 등
- (놀이혁신) 놀이혁신 선도지역 선정·지원, 놀이공간 및 프로그램 확산, 누리과정을 놀이중심 과정으로 개편, 놀이연계 수업 확산 등

⑦ 아동학대 근절 및 아동보호 강화

위기아동 조기발견시스템을 통해 보호 필요아동을 조기 발견하고 복지상담 등 복지서비스를 연계·제공한다. 2019년 10월부터 취학 전(만 3세) 위기아동의 소재·안전 전수조사를 실시한다.

쉼터(2017년 60개소→2019년 73개소), 아동보호전문기관(2017년 57개소→2019년 68개소) 등 아동학대 관련 인프라를 확충하고, 보호종료아동 자립수당을 지원한다(월 30만 원, 2019년 4월).

민간에 분산되어 있던 아동서비스 지원기능을 통합한 아동권리보장원을 설립(2019년 7월)하고, 아동학대 조사 등 아동보호체계를 지자체 중심으로 개편(2019년 하반기~2022년) 추진한다.

(2) 저출산 정책의 개선방안

정부가 저출산 문제를 해결하기 위하여 여성 및 가정에 개입하여 실효를 거둔다는 것은 거의 어려운 일이다. 오늘날 젊은이의 부정적 결혼관이나 불필요하다는 자녀관 및 핵가족관이 고출산의 시대와는 매우 다르다. 더욱이 자녀양육이나 보육 및 교육의 비용이 많이 들어 경제적으로 매우 부담이 되며, 자신의 개성 발휘 및 사회참여(취업)에 더욱 적극적이다. 따라서 이러한 문제를 해소할 수 있는 정책이 필요하며 이에 대해 다음과 같은 것을 지적할 수 있다.

첫째는 주요 수요자를 고려하여 정책대상의 정책 선호와 수요에 대한 검토가 선행되어야 할 것이다. 국회예산 정책처의 〈정부 저출산 정책 평가〉 연구 보고(2008)에서 성인 남녀 800명을 대상으로 조사한 결과, 가장 효과적인 저출산 정책을 묻는 질문에 29.8%가 '일과 가정의 양립 지원 정책'을 1순위로 꼽고 이어 '영유아 양육비 지원(23.0%)', '임신·출산 지원(17.0%)', '세제 및 주택 지원(16.8%)', '육아인프라 확충(9.2%)' 등으로 답했다. 그러나 정부는 '영유아 양육비 지원'에 집중하고 '일과 가정의 양립 지원' 정책에 대한 지원이 미비하다.

둘째는 자녀들의 양육 및 교육비를 해결할 수 있는 공보육화 및 공교육을 강화해야 한다.

셋째는 선진 국가를 비롯하여 세계 대부분의 국가에서 실시하고 있는 가족 수당제를 도입해야 한다. 이 가족수당에는 결혼수당, 출산수당, 양육수당, 보육수당 등이 포함되어야 하고, 이것은 모든 국민이 모두 참여하는 보편적 제도가 되어야 한다.

아울러 가족정책의 핵심과제인 일과 가족생활 양립과 관련하여 임금보존과 돌봄과 관련한 휴가 등 보편적 확대가 이루어져야 할 것이다. 정부가 가족수당, 공보육 및 공교육과 일과 가정의 양립 지원 정책에 필요한 재정 부담을 외면하면 장차 저출산·고령화로 인한 사회적·국가적 과제, 즉 부양 상실로 인한 사회보장, 노동력 부족으로 인한 국가경제력 및 국방력의 약화 등을 자초할 것이다.

PART 03에서 가족복지 실천은 가정을 기반으로 가족과 효과적으로 일하는 데 관심을 두고 있다. 가족복지 실천은 가족의 기능 수행 정도를 가정을 통해 직접적인 정보를 얻을 수 있게 하고 가족구성원들이 더욱 친근하고 편안한 환경에서 가족문제를 드러낼 수 있게 한다. 이처럼 가족사회복지 실천은 가족의 변화를 가정에서 이끌어 내어 지역사회까지 변화되도록 한다.

CHAPTER 05에서는 가족복지 실천의 기본 개념인 정의, 목적, 기본 가설, 원칙, 사회복지사의 역할에 대해서 살펴본다. CHAPTER 06에서는 가족복지 실천의 구체적 방법으로 가족을 대상으로 제공되는 실천방법인 초기면접과 가족사정에 대해 기술하였으며, 가족복지 실천의 치료적 접근방법으로 가족치료를 소개한다.

PART 03

가족복지 실천

CHAPTER 05

가족복지 실천

가족복지 실천은 기본적으로 가족이 변화의 중심에 있다는 것을 전제로 한다. 변화의 중심으로 가족을 고려하는 것은 가족이 처한 환경에서 드러난 가족문제 이외의 문제까지 다룰 수 있다는 점에서 유용하다. 가족복지 실천은 가족구성원과 전체 가족의 역기능적 문제를 예방하고 치료하는 것을 궁극적인 목적으로 한다. 이를 위하여 본 장에서도 가족복지 실천의 이론적 근거를 고찰하고 가족복지 실천을 전달하는 가족복지실천가의 역할을 살펴보고자 한다.

1. 가족복지 실천의 정의

가족복지 실천이란 국가의 가족복지 정책의 방향에 따라 가족의 복지증진을 위한 구체적인 방법으로 기획 전환된 일련의 프로그램이나 사업으로(송다영, 2007), 가정과 지역사회에 기반을 두고 가족의 기능을 강화함으로써 가족구성원의 성공적인 사회적 적응을 목표로 위기상황에 직면한 가족과 가족구성원의 다양한 수요를 충족시키기 위해 직접적으로 제공되는 일련의 서비스이다.

가족복지 실천 서비스는 가족복지 정책의 방향에 따라 결정되는 사회적 산물로서 국가의 사회경제 및 복지정책의 커다란 틀 및 그 사회의 가족가치와 맞물려서 발전된다. 미국의 경우 가족복지 실천 서비스는 1980년대 이후 가족자원지지 및 교육서비스, 가족중심 서비스, 집중적 가족중심 서비스로 구분하여 다양한 가족 강화를 위한 실천 서비스를 중심으로 발달되어 왔다(Walton, Roby, Frandsen, & Davidson, 2003). 이에 비해 우리나라는 특별한 욕구를 가진 가족구성원들의 특수한 문제를 다루는 가족복지기관의 실천활동에 국한되어 구호사업이나 시설보호사업을 위주로 한 잔여적 실천 서비스 성격이 강한 경향이 있다. 이에 가족복지 실천의 대상 범위가 대부분 사회취약 계층에 속하는 개인에 한정되어 있고, 국가의 개입 및 내용도 사전 예방적이기보다 사후 치료적 성격을 더 많이 가지고 있다(이영분·양심원, 1999).

이와 같이 가족복지는 가족 전체와 개별 가족구성원의 사회적 적응과 기능을 증진시켜 가족구성원 모두의 행복을 도모하기 위한 것이라고 정의할 수 있다. 가족복지 실천은 가족복지의 목적을 이루기 위해 가족 전체와 가족구성원들이 개인 혹은 집단으로서 가정생활과 사회생활에 효과적으로 적응하기 위해 가지고 있는 문제를 해결하거나 문제를 예방할 수 있도록 도와주는 제반 영역에서의 서비스를 의미한다.

2. 가족복지 실천의 목적

가족복지 실천의 목적은 가족구성원의 지지, 교육, 새로운 기술 전달을 통해서 가족 전체와 개별 구성원들을 임파워먼트함으로써 더욱 건강한 가정생활과 가정환경을 유지할 수 있도록 하는 것이다. 이를 위하여 가족복지 실천은 모든 가족구성원의 발달적·정서적 욕구를 충족시키면서 전체 가족이 좀 더 완전하게 기능하는 것을 원조하고 이를 유지할 수 있도록 돕는 것을 목적으로 한다. 가족복지 실천 서비스의 구체적인 목표는 다음과 같다(김혜경 외, 2008).

① 전체 가족 및 가족구성원들이 사회변화에 대처할 수 있는 기술을 갖추도록 가족의 장점을 강화시킨다.

② 가족기능을 효과적으로 유지하고 상실한 기능을 회복할 수 있도록 적절한 실천 서비스를 제공하고 지속적으로 지원한다.

③ 가족과 가족구성원들이 모두 만족할 수 있는 일상적 생활을 영위하기 위해 가족의 전체적 기능을 변화시킨다.

3. 가족복지 실천의 가정

가족복지 실천은 가족과 효과적으로 일하는 데 관심을 두고 가족중심의 실천에 높은 가치를 두고 있다. 또한 가족과 가족구성원에게 새로운 행동을 촉진하고 가족관계를 효과적으로 관리하는 방법과 기술을 가르친다. 가족복지 실천은 생태학적 관점에 바탕을 두고 가족에 대한 가정을 다음과 같이 두고 있다.

1) 가정기반

가족복지 실천은 가정을 기반으로 하여 실천하는 것으로, 가족의 기능 수행 정도를 가정하는 것에 있어서 사무실을 기반으로 사정하는 것보다 더 정확하게 가족의 문제를 평가할 수 있는 장점이 있다. 가족복지실천가는 가족기능 수행에 대한 직접적인 정보를 얻을 수 있으며 가족구성원들이 편안한 환경에서 상호작용할 수 있기 때문에 가족구성원들의 관계를 더 정확하게 파악하고 가족과 친근한 환경에서 가족구성원 간의 상호작용 유형을 살펴볼 수 있다. 또한 사무실 안에서는 파악하기 어려운 그 가정의 지역사회 특성까지 파악할 수 있는 장점이 있다. 가족복지실천가는 가정을 방문함으로써 지역사회에서 가정이 경험할 수 있는 문제(예: 교통, 통신, 지역 분위기 등)를 살펴볼 수 있으며, 가정과 지역사회의 연계서비스를 제공할 수 있다.

이와 같이 가정을 기반으로 하는 서비스는 첫째, 개인보다 가족 전체를 대상으로 가족구성원 전체의 참여를 유도할 수 있으며 둘째, 가정환경과 지역사회 특성을 파악할 수 있고 셋째, 가족복지 실천 서비스를 더욱 편안한 환경에서 폭넓게 받을 수 있는 장점을 가지고 있다. 이와 같은 장점은 특히 가정이 고립되어 있거나 빈곤가정, 폭력가정 등 서비스를 이용하기 어려운 가족들에게 더욱 가치 있게 활용될 수 있다.

2) 가족중심

가족복지 실천의 중심은 가족의 변화이다. 그러므로 가족은 가족복지 실천의 가장 중심적인 역할을 한다. 가족중심의 실천 서비스는 가족구성원 중 문제를 표출하는 가족구성원 이외에 다른 가족구성원들의 문제도 다룰 수 있기 때문에 가족구성원 전체의 변화를 유도할 수 있다. 특히 표적가족이 아동일 경우 다른 자녀들에게 같은 문제가 발생하는 것을 예방할 수 있다. 이처럼 가족중심의 가족복지 실천 서비스는 표적가족의 행동변화 이외에 다른 가족구성원의 잠재적 문제도 예방할 수 있는 효과를 포함하고 있다.

3) 위기개입

가족복지 실천은 위기상황에 처한 가족들의 문제를 해결하기 위해 위기개입을 하게 된다. 위기개입은 아동학대, 가정폭력, 빈곤, 음주, 도박 등 가족구성원들이 위험상황에 놓였을 때 즉각적으로 개입하게 된다. 위기개입은 위기상황에 처한 가족들에게 즉시 개입하여 원조를 제공해야 하므로 시간이 제한적이다. 가족복지실천은 위기개입상황에서 가족구성원들이 처한 위기를 해결하고 그 상황에서 적절한 대처기술을 발휘하여 적응할 수 있도록 한다. 가족복지 실천은 이러한 위기개입을 통하여 가족구성원들이 가족이 처한 위기를 잘 극복하고 더 나은 방향으로 성장할 수 있도록 도와야 한다. 위기개입은 특히 여러 가지 문제를 복합적으로 가진 가족을 원조할 때 효과적인데, 직면한 위기상황을 즉각적으로 해결하고 예상치 못한 일상생활상의 문제들에 가족들이 적응할 수 있도록 도움을 제공한다.

4) 가족생활교육의 가능성

가족복지 실천은 가족구성원들이 스스로 가족구성원들 간의 관계를 회복하고 조화로운 가족관계를 형성할 수 있는 기술을 습득하도록 도와야 한다. 가족관리 기술은 가족들을 다루는 데 필요할 뿐만 아니라 가족들이 가족관계를 증진시키는 데 필요하다. 이러한 기술은 다음 방법으로 요약할 수 있다(송정애 · 정해은, 2008).

- 효과적인 행동의 강화
- 분노를 다룰 수 있는 기술
- 가족의 행동을 추적하는 방법
- 가족갈등으로 인한 스트레스 조절방법
- 역할극 같은 기법을 이용하여 긍정적인 행동실행
- 자기조절기법
- 부모역할과 같은 가족관리기술 개발

5) 생태학적 접근

가족복지 실천은 인간의 행동을 사회적 환경 안에서 이해해야 한다. 생태학적 접근은 가족과 사회와의 관계를 파악할 때 적용할 수 있는데, 사회적인 맥락에서 가족문제를 살펴볼 때 가족은 문제를 가지고 있는 요소이면서 문제를 해결할 수 있는 양면적 측면을 가지고 있다. 가족에 대한 이해를 총체적으로 하기 위해 생태적 위험과 기회의 잠재적 측면을 확인해 볼 필요가 있다.

효과적인 가족복지 실천은 가족과 사회환경 양 측면에서 강점과 자원을 검토하는 것이다. 가족복지는 가족체계 이외의 모든 요소들을 고려하고 더 큰 사회체계와 그 속에서의 다양한 가족기능 수행에 관심을 두어야 한다. 이렇게 가족복지 실천은 가족을 둘러싸고 있는 이웃, 지역사회, 조직체계와 같이 더 큰 사회체계에서 가족을 위한 물리적 자원의 범위를 넓혀 가면서 가족과 가족복지실천가가 공동 목표를 해결하기 위해 작업하는 것이 효과적이다.

6) 임파워먼트

임파워먼트 이론은 개인이 자기 삶에 대한 결정과 행위에 있어서 힘(power)을 가질 수 있도록 돕는 것이다. 이를 위하여 개인이 기존에 가지고 있는 힘을 행사하는 데 방해가 되는 개인적·사회적 장애요인을 최소화시키고, 자신의 힘을 사용할 수 있는 역량과 자신감을 증진시키고 활용할 수 있는 주변 자원을 개인에게 지원하는 다양한 방법을 활용한다. 임파워먼트는 개별 가족구성원이나 가족이 경험하는 억압과 불평등이 개인과 집단의식 기능을 내면화함으로써 악순환되는 것을 지양하기 위하여 개인이 갖고 있는 심리적 강점을 최대한 활용하고 가족과 지역사회를 효과적으로 연계시키는 활동을 한다.

임파워먼트를 지향하는 가족복지 실천방법은 내담자의 문제를 병리적 관점에서 보기보다, 강점 관점 또는 장점 관점에서 살펴보고 내담자 자신과 주변 환경에 대한 인식을 고찰하고 통찰력을 강화시킴으로써 내담자 스스로 자신의 문제가 무엇인지 알고 이를 해결할 수 있는 방법을 찾아 나갈 수 있는 자기결정권을 가지며, 이러한 능력을 향상시키는 것을 주요 목적으로 한다. 특히 빈곤가족이나 장애가족 등 위험상황에 노출된 가족에 유용하게 활용될 수 있는데, 임파워먼트 방법이 지향하는 가족복지 실천의 구체적인 목적은 다음과 같다.

① 가족구성원이 적극적이며 긍정적인 자의식과 자신감 및 통합적 시각을 개발하도록 원조한다.

② 가족구성원 스스로가 가족을 둘러싸고 있는 사회환경에 대한 분석적 시각을 가지고 있으며, 가족문제를 해결할 수 있는 구체적 지식 및 능력을 획득하여 가족문제에 대해 적극적으로 참여하고 자기결정을 할 수 있다.

4. 가족복지 실천의 원칙

가족복지 실천에서 가족복지실천가가 가족의 강점을 강화하고 가족문제를 해결하기 위해 지켜야 할 기본 원칙은 다음과 같다. 이 원칙의 근본은 가족은 근본적으로 변화할 수 있는 능력을 가지고 있으며 문제를 해결할 수 있는 대처방법과 기술을 개발할 수 있다는 믿음에서 출발한다(송정애 · 정해은, 2008).

1) 가정에서 가족 원조

집은 가족들에게 가장 자연스러운 환경이며, 가장 편안한 공간이다. 집 안에서 가족구성원들이 상호작용하는 것을 관찰함으로써 가족문제의 원인에 좀 더 쉽게 접근할 수 있다. 또한 가족구성원 전체의 상호작용과 의사소통 방법 등에 대한 정확한 이해를 할 수 있고 이를 기반으로 가족복지 실천전략을 개발할 수 있다. 또한 가족들이 집 안에서 일상생활 기술 능력을 증진시킬 수 있도록 적절한 피드백을 즉각적으로 제공할 수 있다.

2) 가족 역량 증진

가족복지 실천의 중요한 목적은 가족이 좀 더 기능적으로 될 수 있도록 하는 것이다. 가족구성원들이 새로운 지식과 기술을 습득하여 변화할 수 있도록 하고, 가족변화에 적극적으로 참여할 수 있도록 한다. 가족복지실천가는 모든 가족구성원들이 가지고 있는 강점과 약점을 파악하고 개별 가족구성원의 능력을 강화시켜 스스로 문제를 해결할 수 있는 역량을 증진시키도록 원조한다.

3) 개별화된 개입전략

가족복지 실천방법은 원조를 필요로 하는 가족에서부터 출발한다. 비슷한 문제를 가지고 있는 가족일지라도 그 가족이 가지고 있는 사회, 심리, 문화, 교육, 경제, 지역적 특성에 기초하여 특정 가족의 특별한 욕구에 적합한 개입을 해야 한다. 이처럼 가족복지 실천은 가족의 독특성을 반영하는 개별화된 원조를 제공해야 한다.

4) 즉각적이고 장기적 목표 설정

가족의 욕구는 가족이 처한 환경에 따라 끊임없이 변화한다. 가족복지실천가는 가족의 변화하는 욕구에 대해 우선순위를 정하여 어떤 문제에 우선적으로 대처할 것인지, 유연하게 대처할 수 있는 능력이 필요하다. 가장 우선적으로 고려해야 할 것은 가족이 처한 상황에 따라 즉각적인 욕구를 충족시켜야 할 것이며, 이러한 욕구가 충족된 후 가족과 함께 다음 목표를 설정하여 원조해야 한다.

5) 가족구성원의 상호작용 파악

한 가족구성원의 행동은 다른 가족구성원과의 상호작용과 관계를 통하여 서로 영향을 주고받는다. 가족복지실천가는 이러한 가족관계와 상호작용 유형을 관찰하여 가족구성원 중에서 누가 이익을 얻고 피해를 받고 있는지 파악해야 한다. 개별 가족구성원이 얻는 이익은 가능한 한 전체 가족이 얻는 이익보다 적도록 해야 전체 가족관계를 향상시키는 데 도움이 된다.

6) 가족과 상호 협력적 관계 형성

가족복지 실천의 성공을 위해 가족복지실천가는 가족과 협력적 관계를 만들고 지속시켜야 한다. 가족문제 해결을 위해 원인을 발견하고 실천방법을 계획하기 위해 가족복지실천가의 전문적 지식과 기술이 요구되지만, 문제를 해결하는 과정에는 서로 협력하여 목표를 달성하도록 해야 한다. 이러한 동반적 협력관계는 가족문제를 확인하고 달성해야 할 목표를 설정하고 해결방법을 강구하는 과정에서 요구되는 것이며 문제 해결의 성공을 위해 중요한 조건이 된다.

가족복지 실천방법

06

CHAPTER

가족복지 실천방법은 모든 가족구성원들의 발달적 욕구를 충족하면서 가족구성원들이 사회적 기능을 더 잘할 수 있도록 원조하는 방법이다. 기본적으로 가족복지 실천방법은 '환경 속의 인간'을 기본 개념으로 하면서 '지금 여기(here and now)'와 '실제적이고 활동중심적 실천방법'에 주안점을 둔다. 가족복지실천은 가족의 구체적 변화목표를 달성하기 위해 가족과 함께 문제를 해결하고 성장과 변화를 지향하는 동반적 관계를 만들고 유지한다. 또한 가족의 문제를 발견하고 원인을 파악하기 위해 가족의 신념을 통찰하고, 관계형성을 위해 다양한 지식과 기술을 사용한다.

1. 초기 면접

가족복지 실천방법은 사회복지 실천방법과 마찬가지로 초기 면접, 사정, 개입, 평가와 종결로 구분할 수 있다. 가족복지 실천의 초기 면접 단계는 가족과 계약(contract)을 맺고 가족의 욕구와 관련된 자료들을 수집하여 사정평가(assessment)하는 것이다. 여기서 계약은 가족복지실천가와 가족 간의 치료적 관계를 형성하는 것이며, 사정은 가족이 경험하는 문제와 사회적 환경 간의 상호작용을 파악하는 것이다. 이 단계에서 가족복지실천가는 다음 과업을 달성해야 한다.

첫째, 가족복지실천가는 모든 가족구성원들과 계약을 맺어야 한다. 가족문제가 해결되기 위해서는 문제를 보인 가족구성원뿐만 아니라 영향을 미치는 가족구성원의 노력과 도움이 필요하다. 가족복지실천가는 가족구성원 전체의 변화와 가족문제 해결을 위한 적극적인 참여를 약속받아야 한다. 이 시기에 가족복지실천가는 가족복지 실천 과정에 대한 이해를 돕기 위해 전체 과정을 안내하고, 만남의 방법과 시기, 시간, 장소 등 구체적인 내용에 대한 설명과 함께 계약을 해야 한다.

둘째, 가족복지실천가는 드러난 가족문제에 대해 가족구성원들이 어떻게 인식하고 있는지 알아야 한다. 가족문제는 가족구성원 간의 역기능적이고 부정적인 상호작용에서 발생한다. 가족구성원이 가족문제를 개인의 잘못이나 문제로 발생하는 것으로 인식하고 있다면, 가족구성원 간의 긍정적 상호작용과 협력을 유도하기 어렵다. 가족구성원이 가족문제를 전체 가족문제로 인식해야 문제 해결에 대한 책임감을 느끼며 개입과정에 적극적으로 참여하게 된다. 따라서 개입계획을 수립하기 전에 가족구성원들이 가족문제의 원인에 대한 인식을 살펴보아야 한다.

셋째, 가족복지실천가는 가족구성원이 도달해야 하는 목표를 설정하고 개입과정을 구체적으로 설정해야 한다. 개입목표는 가족문제의 해결만을 의미하는 것이 아니라 문제 해결을 위한 가족구성원의 역할 및 행동변화 등 가족구성원들이 참여해야 하는 것들을 포함한다. 가족복지실천가와 가족은 가족의 문제를 인식하고 변화동기를 사정하고 이를 토대로 함께 달성해야 하는 공동 목표를 수립해야 한다. 개입목표는 가족구성원이 성취할 수 있고 평가할 수 있는 구체적 행동으로 기술되어야 한다.

초기 면접 단계에서 가족복지실천가는 앞에서 언급한 세 가지 과업을 달성하기 위해 다음 사항을 고려해야 한다.

1) 가족초점

가족복지 실천에서 가족문제와 가족 역기능은 가족구성원 개인의 문제라기보다 가족체계가 적절하게 기능하지 않아서 발생하는 것이다. 가족은 관계로 구성된 하나의 조직이며 체계이다. 그러므로 가족구성원 중 한 사람에게 문제가 발생하면 가족 전체에 영향을 미치게 된다. 따라서 가족복지실천가는 문제를 가진 개인이 원조를 요청할지라도 가족구성원 전체를 대상으로 해야 한다.

가족복지 실천은 문제를 보인 개인에 초점을 맞추어 개입전략을 세우는 사회복지실천과 달리, 가족구성원보다 가족 전체를 대상으로 가족관계와 외부환경체계 간의 상호작용과 관계에 초점을 둔다. 가족복지실천가는 가족구성원 전체로 관심을 넓히고, 가족이 의식적 또는 무의식적으로 가족문제로 확인된 것에 관계가 있다는 것을 수용하도록 해야 한다. 가족구성원 전체를 개입 대상으로 하지만 모든 가족구성원이 항상 참여하도록 하는 것은 아니다. 가족복지 실천과정에 전체 가족구성원의 참여를 유도하는 것이 바람직하지만 전체 참여가 아니더라도 가족구성원들이 전체 가족문제라는 것을 인식하고 가족변화를 기꺼이 수용하도록 해야 한다. 따라서 가족복지 실천 과정은 부부상담이나 가족상담 등 상황에 맞게 다양한 형태로 구성된다(Kaplan & Girard, 1994).

2) 관계형성

사회복지실천에서 가족구성원 간 또는 가족복지실천가와 가족과의 신뢰적 관계형성은 가족경험을 공유하고 가족 응집력을 향상시키게 되어 성공적인 문제해결로 유도한다. 가족복지실천가는 가족구성원의 문제에 공감하고 가족구성원의 이야기에 공감하면서 가족구성원들과 라포를 형성하게 된다. 가족복지실천가가 가족구성원들과 긍정적 관계를 형성하면서 가족구성원들이 자신의 욕구를 표현하게 되며 문제 해결을 위한 가족변화에 동참하게 된다. 가족과 가족복지실천가와의 동반적 유대관계는 가족문제 해결의 기초가 되며 이를 기초로 하여 가족복지실천가는 가족과 상호협력하여 가족문제의 원인에 대한 자료수집과 개입계획을 수립하게 된다. 또한 가족이 가지고 있는 강점을 발견하여 우선적으로 임파워먼트해야 할 것을 정하게 되므로 가족구성원과의 신뢰감 있는 관계형성은 가족복지 실천 목표달성에서 매우 중요한 과정이라고 볼 수 있다.

2. 사정

가족은 역동적으로 기능하는 사회체계의 한 부분이다. 가족사정(family assessment)은 가족을 사회체계의 한 '단위'로 인식하고 가족 내부요인과 외부요인을 파악하고 이들 양자 간의 상호작용 유형을 발견하기 위한 자료를 수집하고 분석하고 종합하여 그 가족에 대한 개입전략을 계획하는 일련의 과정을 의미한다(조흥식·김인숙·김혜란·김혜련·신은주, 2002). 가족사정은 가족문제와 관련된 구체적 사실뿐만 아니라 문제에 대한 가족구성원들의 감정, 반응, 문제와 관련된 주변 환경요인, 가족구성원 간의 관계, 가족과 사회체계와의 상호관계 등 가족문제와 관련된 모든 요인을 포함한다.

가족사정을 하는 목적은 구체적으로 다음과 같다.

첫째, 가족단위로 개입을 할 수 있는지 파악하고 어떤 유형의 개입전략을 수립해야 하는지 살펴본 후 가족변화의 목표를 결정한다.

둘째, 가족들이 현실적으로 달성할 수 있는 단기 및 장기목표를 설정한다.

셋째, 가족변화를 위해 활용 가능한 주변 환경과 지역사회 자원은 무엇인지, 가족의 강점은 무엇인지 파악한다.

넷째, 목표달성 결과를 확인하기 위해 가족기능의 기초선을 설정한다.

가족사정은 가족의 기능을 지속적으로 재평가하고 체계적으로 이해하는 과정이며, 초기면접부터 가족을 만나는 모든 과정 동안에 이루어진다. 가족사정을 위한 내용, 방법, 도구를 구체적으로 살펴보면 다음과 같다.

1) 가족사정 내용

(1) 가족의 규칙과 의사소통 방법

가족의 규칙은 암묵적으로 가족구성원의 행동이나 관계를 통제하는 가족규범이나 가족구성원이 서로 기대하는 것들이며, 가족구성원 간의 지속적인 상호작용의 결과로 형성된다. 이를 사정하는 것은 가족구성원이 가족문제에 대해 어떻게 인식하는지, 앞으로 어떻게 변화할 것인지, 가족에 적합한 개입방법은 무엇인지 파악하는 데 도움이 된다.

가족들이 가지고 있는 대표적인 규칙은 다음과 같다(김영애, 2004).

- 가족의 일을 집 밖에서 이야기해서는 안 된다.
- 부모님을 비난하면 안 된다.
- 기분이 좋다고 해서 그 감정을 가볍게 드러내지 마라.
- 화를 내서는 안 된다.
- 식구들끼리 화를 내거나 싸워서는 안 된다.
- 말대꾸하지 마라.
- 잘난 척하지 마라.
- 말이 많으면 안 된다.
- 모든 것을 다 잘해라.
- 사람은 최선을 다해야 한다.
- 성(性)은 나쁜 것이다.
- 어른에게 복종하라.
- 어떤 경우에도 약속과 시간은 반드시 지켜라.
- 자랑하지 마라. 자만은 낭떠러지로 몰아간다.
- 결코 실수해서는 안 된다.

이러한 가족규칙은 가족구성원이 사회생활에 적응하는 데 필요한 것이지만, 지나치게 경직된 가족규칙은 개별 가족구성원의 자유로운 감정 표현을 억압함으로써 신체적·정서적 증상을 일으키는 원인이 될 수 있다. 가족복지실천가가 가족규칙을 사정할 때 다음의 질문을 활용할 수 있다(김유숙, 2003).

- 가족구성원의 행동과 신념, 관계를 지배하는 규칙은 무엇인가?
- 가족규칙은 명시적인가 또는 암시적인가?
- 가족들은 가족규칙을 어떻게 받아들이는가?
- 가족문제의 해결을 위해 변화되어야 할 규칙은 무엇인가?

Olson(Olson, 1991)에 따르면, 적절하게 기능하는 가족은 가족구성원 및 하위체계 간에 적절한 상호작용과 결속력을 가지고 있고, 변화에 민감하게 반응하여 적응할 뿐만 아니라 의사소통 체계가 분명하고 감정 표현 및 교류가 원활하게 이루어진다. 가족구성원 간의 의사소통이란 언어적 또는 비언어적 메시지를 통해 가족구성원 간에 정보를 교류하는 것으로 가족기능을 이해하는 핵심개념이다. 가족체계에서 의사소통은 가족구성원의 욕구나 감정을 서로 이해하고 가족의 규칙을 정하기 위해 사용된다. 의사소통 패턴이나 방법 등은 개별 가족구성원뿐만 아니라 전체 가족구성원의 기족 및 사회생활에 영향을 미치므로 매우 중요하다.

언어적·비언어적 의사소통을 사정하기 위해 다음의 질문을 활용할 수 있다(Worden, 2003; 김은영 외, 2009 재인용).

〈언어적 의사소통〉

- 누가 누구에게 말하는가?
- 가족들은 서로 이야기를 나누는가?
- 누가 대화를 지배하는가?
- 다른 사람의 이야기를 방해하는 가족은 누구인가?

- 대화에서 자주 사용되는 말의 유형은 어떤 것인가? 예를 들어, 바보 같다, 착하다, 나쁘다와 같은 판단적인 언어인가, 아니면 사랑한다, 이해한다와 같은 지지적 언어인가?

〈비언어적 의사소통〉
- 가족이 이야기하는 동안 고갯짓, 눈짓 등을 통해 각자 서로에 대해 인정을 하는가?
- 누가 누구를 인정하고, 누가 누구를 피하는가?
- 가족구성원들은 어디에 자리 잡고 앉는가?
- 가족들이 자신에게 말하는데도 쳐다보지 않고, 가족복지실천가만 보고 있는 사람은 누구인가?
- 가족들이 서로 신체적인 접촉을 하는가?
- 신체적 접촉은 부드러운가, 아니면 강요적인가?

(2) 가족결속력과 적응력

가족결속력은 '가족구성원이 서로에게 갖고 있는 정서적 유대'를 말한다(Olson, Russell, & Sprenkle, 1983). 적정 수준의 결속력을 가지고 있는 가족은 가족구성원 간의 독립성을 유지한 상태에서 서로에 대해 애착을 가지고 있으며, 서로 친밀하면서 자율적 관계를 유지한다. 그러나 결속력이 낮은 가족은 서로 유리되는(disengaged) 경향이 있으며, 매우 독립적인 관계를 유지하면서 가족에 대한 헌신은 낮은 편이다. 한편 가족결속력이 지나치게 높은 가족은 밀착된 가족(enmeshed family)으로 개별 가족구성원에게 지나치게 가족에 대한 헌신과 충성을 요구하면서 다른 의견이나 독립적 사고나 감정을 수용하지 않는다.

가족적응력이란 '부부 혹은 가족체계가 상황적 혹은 발달적 스트레스에 반응하여 힘의 구조나 역할관계, 관계의 규칙을 변화시킬 수 있는 능력'을 의미한다(Olson et al., 1983). 적정 수준의 가족적응력을 가진 가족은 외부의 스트레스에 잘 적응할 수 있지만, 지나치게 경직된 가족은 가족 내부 혹은 외부 환경 변화에 적응하지 못하고 기존의 문제 해결 방식을 활용하여 문제를 유발하게 된다. 또한 특정한 가족규칙을 가지고 있지 않은 가족은 환경적 변화에 지나치게 반응하여 혼란을 유도하기 때문에 안정성과 예측성이 떨어지게 된다.

Olson과 그의 동료들(1983)이 구분한 가족기능의 모델은 [그림 6–1]과 같다. 가로축의 결속력을 네 단계로 구분하여 과잉분리와 분리, 연결, 밀착 수준으로 나누고, 세로축에 적응력을 두어 혼동됨과 융통적, 구조적, 경직적으로 구분하여 총 16개 집단으로 가족기능을 구분할 수 있다. 가족결속력과 적응력에 대해 각 집단 간의 경계를 명확하게 구분하기는 어려우므로 각각의 특성은 서로 순회하고 여러 방향으로 영향을 미치는 성격을 갖게 되어 원으로 표현될 수 있다.

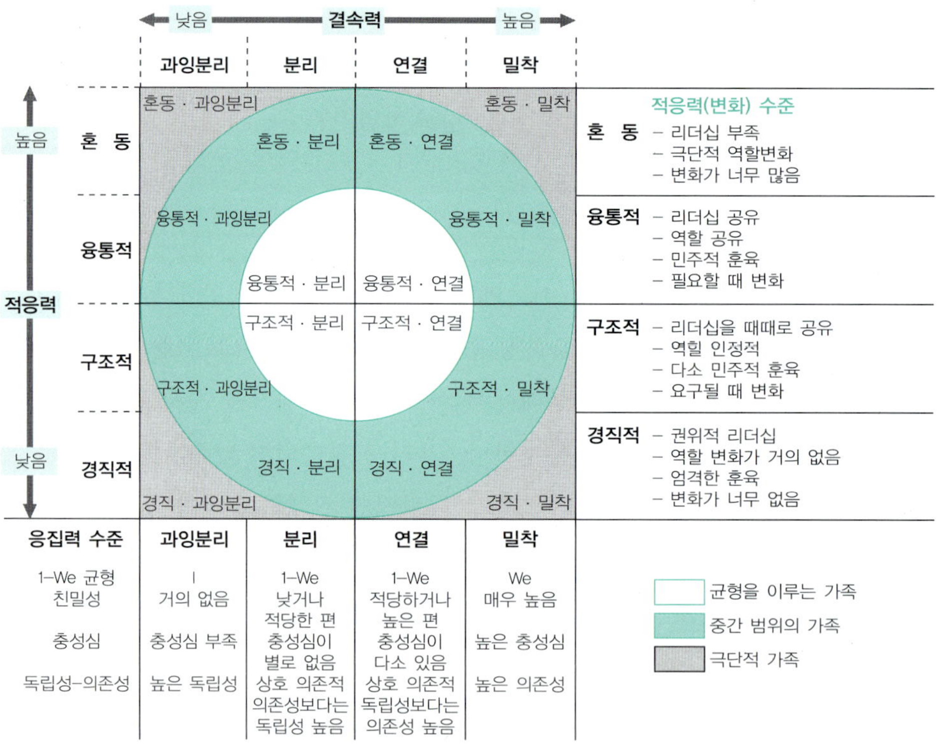

| 그림 6–1 | 가족기능의 Circumplex Model

출처: 성정현·여지영·우국희·최승희(2009).

2) 가족사정 방법

(1) 면접

가족복지실천가는 가족구성원과의 면접을 통해 가족문제에 대한 자료를 수집한다. 면접은 가장 오래되고 널리 사용되는 사회복지 실천방법 중 하나이다. 면접은 가족복지실천가와 내담자가 직접적으로 얼굴을 대면하고 문제를 논의하는 것이므로 신뢰구축이 토대가 된다. 가족복지실천가는 개별면접을 할 것인지 부부상담이나 가족상담 같은 집단면접을 할 것인지, 어떤 내용을 질문할 것인지 미리 준비해야 한다. 민감한 가족문제(아동학대나 가정폭력)나 자신의 문제에 대한 노출을 꺼리는 경우에는 개별면접이 선호될 수 있으며, 가족구성원 또는 가족구성원 이외에 지지자의 참여가 필요한 경우 가족 전체나 가족구성원 이외의 대상을 포함하는 집단상담을 선택할 수 있다.

면접 시 사용되는 질문으로는 표준화된 질문지가 주로 사용된다. 표준화된 질문지는 기관의 성격이나 문제의 특성에 따라 내용이 달라질 수 있지만, 내담자의 인구통계학적 내용(이름, 성별, 나이, 가족구성원, 결혼 여부, 직업, 수입, 학력 등), 문제 수준, 내담자가 느끼는 문제 정도, 예상되는 문제의 결과 등의 질문이 주로 포함된다. 가족복지실천가는 이와 같은 기본적인 질문 이외에 면접 당시의 상황에 따라 내담자가 자유롭게 문제에 대해 이야기할 수 있도록 다양한 질문을 유도할 수 있다.

(2) 관찰

관찰은 사정 과정에서 매우 중요한 역할을 한다. 특히 아동의 경우 자신의 문제에 대해 적절하게 표현할 수 있는 의사능력이 부족하므로 관찰을 통해 아동의 일상적 습관, 놀이행동, 또래관계, 학교생활, 부모-자녀관계 등을 파악할 수 있으며, 또한 가족역할, 가족관계, 가족생활 모습 전반을 살펴볼 수 있다. 내담자의 말과 행동을 관찰함으로써 가족 간 관계, 가족역할, 가족기능 등을 이해할 수 있다.

관찰은 비언어적 형태의 자료를 수집할 수 있는 강력한 사정도구가 될 수 있으나 몇 가지 주의점이 있다. 첫째, 내담자에게 관찰을 공개할 경우 관찰자를 의식하여 원래 행동과 다른 행동을 할 가능성이 있다. 둘째, 관찰자가 가지고 있는 문화적 편견이나 사회적 통념은 객관적인 사정을 왜곡할 가능성이 있다. 예를 들어, 아동학대나 가정폭력의 가해자에 대해 관찰자의 편견이 개입될 경우 객관적인 정보를 얻지 못할 수도 있다(성정현 외, 2009). 따라서 가능한 한 면접상황에서 가족구성원이나 가족구성원 간의 역동성을 자연스럽게 관찰할 수 있어야 한다.

(3) 사정 도구

가족사정에서 사용되는 도구는 가족 내부에서 관찰할 수 있는 가족구성원 간의 상호작용뿐만 아니라 가족 외부의 더 큰 사회체계와의 상호작용을 사정평가하는 데 유용하다. 이러한 도구들에는 가계도와 생태도, 체크리스트(checklist) 등이 포함되는데, 이것은 가족구성원에 대한 객관적 자료뿐만 아니라 개별 가족구성원의 생각이나 느낌과 같은 주관적 자료를 수집하는 데도 활용할 수 있다. 사정 도구는 사정 초기에 특히 유용한데 가족문제에 대해 노출하기 꺼리는 가족을 사정할 때 도구를 통해 객관적 자료를 얻을 수 있다(성정현 외, 2009).

3) 가족사정 도구

(1) 가계도

가족을 사정할 때 가장 먼저 활용되는 가계도는 생태도와 함께 가장 널리 사용되는 도구이며, 여러 세대를 살펴볼 수 있는 장점을 가지고 있고 상징적 가족관계를 가시화할 수 있다. 특히 가계도는 주요한 사건들, 가족구성원의 출생과 상실, 의사소통과 가족관계 유형, 직업 등 가족에 대한 연대기적 청사진을 보여 준다(Kirst-Ashman & Hull, 1999). 면접 초기에 가계도를 그리고 해석하는 것이 가족의 장점과 가족문제를 이해하는 데 도움이 될 수 있다.

가계도는 생태도와 마찬가지로 사람을 표시하는 기호와 관계를 표시하는 선을 활용하여 보통 3세대 이상의 가족에게 중요한 생활사건, 인구사회학적 정보를 나타낸다. 가계도는 가족구조를 도식화하고, 가족에 관한 정보를 기록하고, 가족관계를 기술하는 순서로 작성된다(이영분 · 김유숙 역, 1992).

가계도에서 가족구성원의 관계를 표시하는 기호는 [그림 6-2]와 같다.

가족복지실천가가 가계도를 작성하기 위한 구체적 방법은 다음과 같다(김은영 외, 2009).

① 가계도 기호를 이용해 가족구조를 그린다.

② 가족구성원에 관한 정보를 기록한다. 가족구성원의 이력(연령, 출생과 사망시기, 직업, 교육수준), 가족의 역할(각 가족구성원의 신체, 정서, 행동에 관한 객관적 정보), 중요한 가족사건(이사, 전직, 실직 등)에 관한 정보를 기록한다.

③ 가족구성원 간의 친밀, 소원, 단절 등의 관계를 기호를 사용하여 그린다.

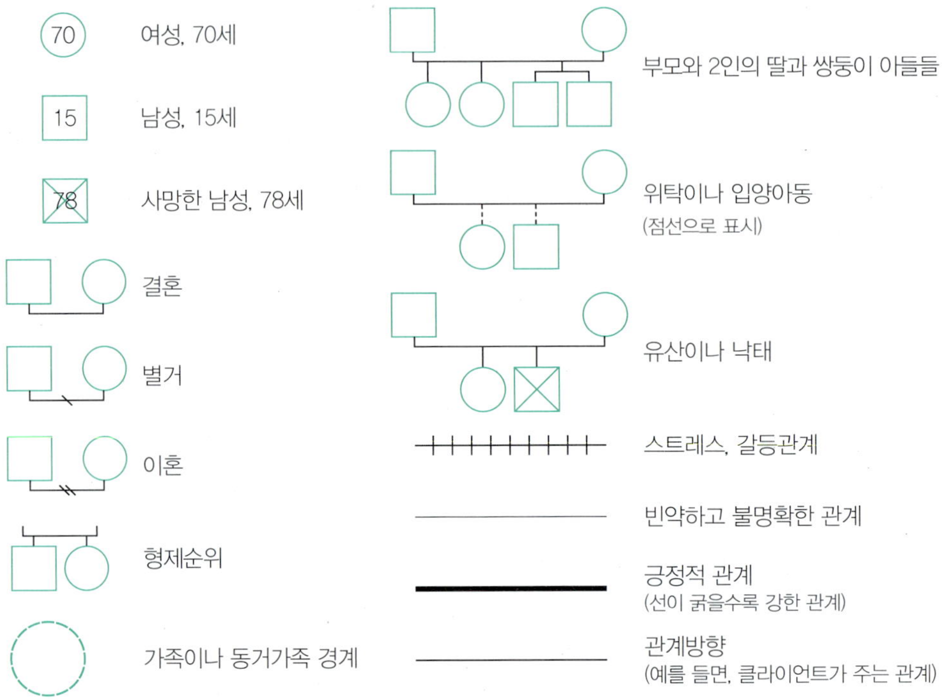

| 그림 6-2 | 가계도와 생태도에서 사용되는 상징

출처: 성정현 외(2009).

가족복지실천가는 다음의 질문을 활용하면서 가계도 작성을 진행할 수 있다(McGold-rick, Gerson, & Schellenberger, 2005; 김은영 외, 2009 재인용).

① 가족이 제시하는 문제에서 출발

- 가족은 왜 이 시점에서 도움을 청하는가?
- 문제가 언제부터 시작되었는가?
- 문제를 알아챈 사람은 누구인가?
- 가족구성원들 각자는 문제를 어떻게 보는가?
- 문제가 있기 전에 가족관계는 어떠했는가?
- 문제가 변화하였는가? 변화했다면 어떻게 변화하였는가?

- 문제가 계속된다면 어떤 일이 일어나겠는가?

② 가구에 대한 질문

- 누가 이 집에 살고 있는가?(이름, 나이, 성별)
- 각자 어떠한 관계인가?
- 다른 가족구성원은 어디에 사는가?
- 이전에도 비슷한 가족문제가 있었는가?
- 과거에는 어떤 해결책을 시도하였는가?(치료, 입원 등)
- 최근에 어떤 일들이 있었는가?
- 최근의 어떤 변화 혹은 스트레스 요인들이 있었는가?

③ 부모의 출생가족에 대한 정보 수집

- 형제자매의 수, 이름, 출생연도, 출생순위
- 부모의 결혼(별거, 이혼, 재혼)과 형제들의 결혼(별거, 이혼, 재혼) 상태
- 가족구성원의 사망 원인

④ 조부모 세대에 대한 질문

- 조부모(이름, 출생연도, 사망연도, 직업, 건강)
- 사망원인
- 조부모의 형제(이름, 출생연도, 사망연도, 직업, 건강)

⑤ 문화 요인들에 대해 탐색

- 죽음을 다루는 의례와 내세에 대한 태도
- 죽음 혹은 상실과 관련한 스티그마 또는 의상
- 주요 생애 사건, 가족관계와 역할, 개별 기능에 영향을 미치는 문화 요인들

⑥ 성(gender)에 관한 태도 조사

- 성역할 태도가 가족구조, 주요 생애 사건들의 처리, 개별 구성원들에게 미치는 영향
- 애도의 표현, 장례, 기념 의식 등에서 가족 내 성역할 규칙

⑦ 주요 생애 사건들과 이런 변화에 가족이 어떻게 적응했는지 질문

- 결혼, 출생, 사망, 질병, 장애, 이사, 직업 변동, 자연 재해와 전쟁 등의 외상적인 사건

⑧ 가족관계에 대해 질문

- 정서적 단절, 연합, 부부관계 유형, 부모-자녀 관계, 지배/종속 유형

⑨ 가족 역할에 대해 질문

- 보호자는 누구인가? '아픈' 사람은? '문제 있는' 사람은?
- '좋은' 사람은? '나쁜' 사람은?
- '성공한' 사람은? '실패한' 사람은?
- '괜찮은' 사람은? '냉정하고 소원한' 사람은?

⑩ 가족 강점에 대해 질문

- 적응유연성을 나타내는 행동
- 가족구성원의 성격적 강점: 충성심, 용기, 희망, 유머, 지적 능력 등
- 가족자원: 외부자원들과 연결하는 능력, 돈, 사랑, 이웃, 지역사회, 종교, 직업 등

⑪ 개별 성원들의 기능에 대해 질문

- 일(직업, 전직, 실업, 만족)
- 학교(성적, 문제)
- 의료문제
- 정신적 문제(우울, 불안, 공포)
- 중독(알코올, 약물)
- 법적 문제(체포, 자격의 박탈, 현재 소송 상태)

가족복지실천가는 가계도를 분석하기 위해 다음 사항을 고려해야 한다(McGoldrick, Gerson, & Schellengerger, 2005; 김은영 외, 2009 재인용).

① 가족구조: 가계도 골격을 통해 가족 유형(확대가족, 핵가족, 한부모가족,

재혼가족 등)을 파악하고, 형제순위, 자녀에 대한 부모의 기대와 태도를 분석한다.

② 가족의 생활주기: 가족은 생애주기단계(결혼, 자녀출산, 자녀양육, 자녀독립, 은퇴 등)를 거쳐 발달하는데, 한 단계에서 다음 단계로 이행해 가는 시기에 관한 기준을 고려하여, 기준에서 벗어나는 경우 생활주기에 적응하기 위해 경험했던 어려움들을 탐색한다.

③ 세대를 통해 반복되는 유형: 가족 유형은 세대에서 세대로 전달될 가능성이 있으므로, 가족구성원의 역할, 관계, 구조 유형에 있어서 세대 간 반복되는 유형이 있는지 분석한다.

④ 인생의 중대사와 가족의 역할: 가족생활에서 일어나는 중요한 사건들과 가족의 역할변화가 서로 어떻게 관련되어 있는지 조사한다.

⑤ 삼각관계 유형: 가족 안에서는 두 사람의 관계가 불안할 때 다른 한 사람을 끌어들여 삼각관계를 형성한다. 가계도 분석을 통해 부모-자녀 간 삼각관계, 부부의 삼각관계, 이혼이나 재혼가정의 삼각관계, 위탁이나 입양가족의 삼각관계, 다세대에 걸친 삼각관계, 가족 이외의 삼각관계 파악한다.

⑥ 가족의 균형과 불균형: 가족구성원은 각각 특징과 자원을 갖고 있으며 이에 따라 다른 역할과 기능을 수행한다. 가계도 분석을 통해 부부, 자녀, 형제자매 등 가족구성원 간의 불균형, 이에 대한 가족의 대처방법, 균형을 위해 필요한 것이 무엇인지 파악한다.

(2) 생태도

생태도는 생태학적 체계나 생활공간에서 개별 가족구성원 혹은 가족 전체를 둘러싸고 있는 것을 역동적인 방법으로 지도화하는 것이다. 이 지도는 가족생활을 구성하는 주요 체계와 가족과 체계와의 관계의 본질을 반영한다(Hartman, 1978; 이원숙, 2009 재인용). 생태도 작성 방법은 구체적으로 다음과 같다(이영분·김유숙, 2001).

① 중앙에 가족을 나타내는 원을 그리고, 원 안에 가족구성원을 그려 넣고 기본적인 정보를 제시한다. 남자는 네모, 여자는 원으로 표시하며 네모 혹은 원 안에 연령을 기재한다.

② 가족이 그려져 있는 중심원 외부에 작은 원들을 그리고 가족과 관련된 환경체계들을 표시한다.

③ 가족과 환경체계와의 관계는 선으로 나타낸다. 실선이 굵을수록 긍정적 관계를 의미하며, 점선은 약한 관계를, 실선 위에 사선을 표시한 것은 갈등적 관계를 말한다. 가족과 환경체계 간의 자원과 에너지의 흐름은 화살표로 표시한다.

가족복지실천가는 생태도를 그리기 위해 다음과 같은 질문을 활용할 수 있다(Sheafor & Horejsi, 2005; 김은영 외, 2009 재인용).

① 가족이 음식, 주거, 교통, 건강과 같은 기본적 욕구를 충족할 만큼 적절한 소득이 있나?

② 가족구성원들은 직업이 있으며, 자신의 직업에 만족하는가?

③ 가족은 친척, 친구, 이웃과 상호작용을 하는가?

④ 가족은 사회, 문화, 종교적 활동과 지역활동에 참여하는가?

⑤ 가족의 가치, 신념, 생활방식이 이웃 사람들과 유사하며 갈등이 없는가?

⑥ 자녀들은 필요한 교육을 받고 있으며, 학교생활을 즐거워하는가?

⑦ 가족 중 높은 스트레스를 경험하고 있는 사람이 있는가?

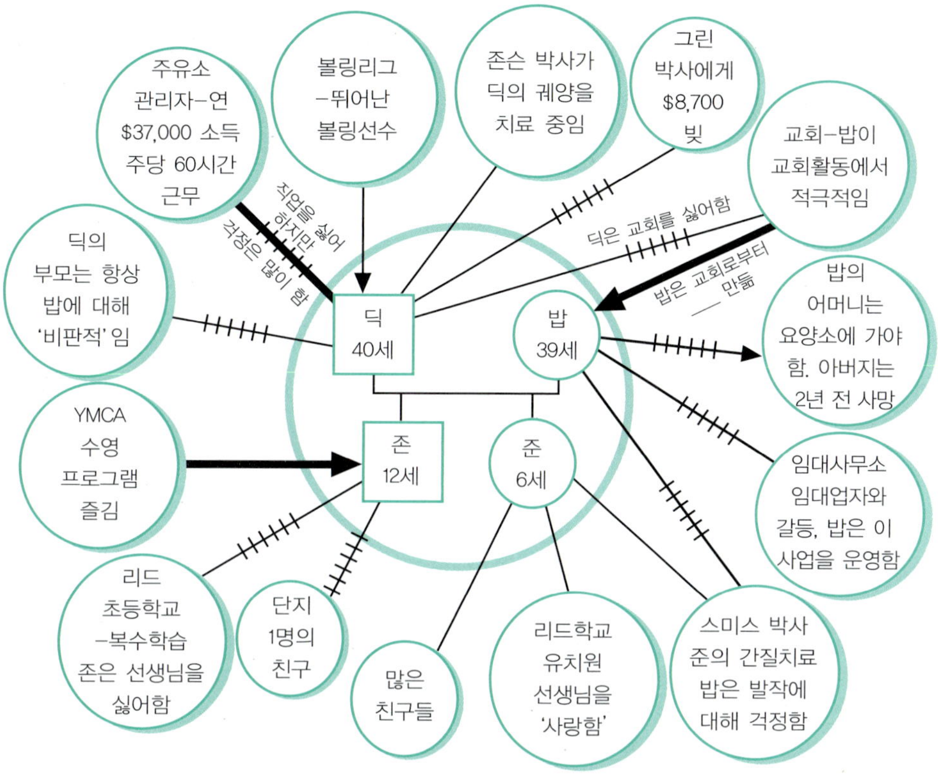

| 그림 6-3 | 생태도

출처: 이원숙(2009).

가족복지실천가는 가족에 대한 생태도를 그린 다음 가족과 함께 다음 세 가지 측면을 고려하여 내용을 분석한다(김혜란 · 홍선미 · 공계순, 2001).

① 생태학적 환경의 맥락에서 가족에 대한 전체적 이해: 가족이 이용할 수 있는 주요 자원, 부족하거나 결여된 자원, 가족과 주변 환경 간 관계의 특성을 이해한다.

② 가족과 환경과의 경계: 가족과 환경체계 간의 에너지 흐름이 상호적인지 아니면 일방적인지 이해한다.

③ 가족 내부에 대한 이해: 가족구성원들이 외부체계와 맺고 있는 관계가 어

떻게 다른지 혹은 같은지, 환경으로부터 특히 단절되어 있거나 긴장된 관계를 맺고 있는 가족구성원이 있는지, 가족구성원들이 함께 혹은 따로 환경체계와 상호작용을 하는지 등을 이해한다.

(3) 사회적 지지망

가족은 지역사회에서 주변 사회체계와 지속적으로 상호작용하며 영향을 주고받는다. 가족구성원의 사회적 지지망을 그림이나 도표로 그리는 것은 관계의 양과 질을 쉽게 파악할 수 있게 하는데, 사정 도구를 사용하는 것이 편리하다. 가장 널리 사용되는 것은 Tracy와 Whitaker가 개발한 사회적 망 지도이다([그림 6-4]).

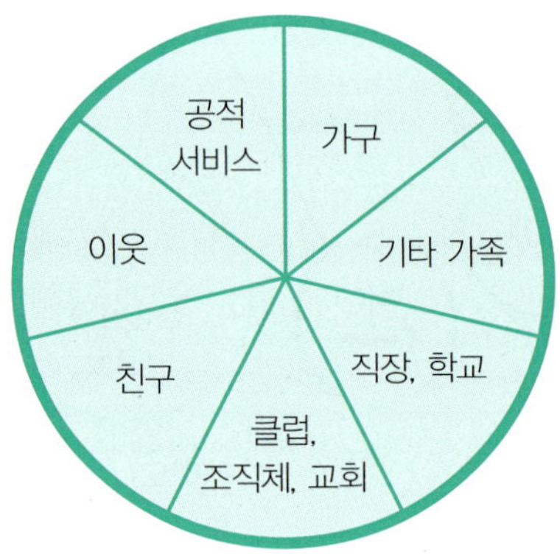

| 그림 6-4 | Tracy와 Whitaker의 사회적 망 지도

출처: 이원숙(2009).

망 지도는 7개 영역(가구, 가족 및 친척, 친구, 직장 또는 학교 등에서 형성된 유대, 클럽/조직체/종교집단을 통해 관계를 맺은 유대, 이웃, 기관 또는 공식적 서비스 제공자)에서 망구성원을 규명한다. 그 다음 단계로 망구성원이 개인에게 제공하는 사회적 지지, 관계의 친밀 정도, 접촉빈도, 관계지속기간 등에 관한 일련의 질문을 한다. 〈표 6-1〉에 보이는 것처럼 세로축에 가장 가깝게 인식하는 사람들을 번호대로 써 내려가고, 가로축에 사회적 관계를 통해 주고받을 수 있는 사회적 자원과 도구적 자원을 세부화시켜 놓은 것이다. 또한 서로 교류하는 자원의 수준을 다시 3~4단계로 구분하여 지지망에 있는 교류의 질을 평가한다.

사회적 지지망 표는 지지망 안에 있는 사람들이 내담자 혹은 가족과 어떤 관계에 있고 이들이 주고받는 물질적·정서적·정보적 지원은 어느 정도이며, 도움의 방향은 어떠한지 근접성과 접근의 빈도가 어느 정도인지 종합적으로 파악할 수 있도록 한다(조흥식 외, 2002). 이와 같이 사회적 지지망을 사정하는 것은 가족의 지역사회 자원에 관한 정보를 수집하는 데 유용하다.

| 표 6-1 | Tracy와 Whitaker의 사회적 망 사정

ID 응답자 이름#	생활 영역 1. 가구구성원 2. 다른 가족 3. 직장/학교 4. 조직 5. 다른 친구 6. 이웃 7. 전문가 8. 기타	물질적 지지 1. 거의 없다 2. 가끔씩 3. 거의 항상	정서적 지지 1. 거의 없다 2. 가끔씩 3. 거의 항상	정보/조언 1. 거의 없다 2. 가끔씩 3. 거의 항상	비판 1. 거의 없다 2. 가끔씩 3. 거의 항상	원조방향 1. 양방향 2. 그들에게만 3. 그들이 당신에게만	친밀도 1. 거의 친하지 않음 2. 가까운 정도 3. 매우 가까움	만나는 빈도 1. 1년에 몇 번 2. 한 달에 몇 번 3. 주마다 몇 번 4. 매일	알고 지낸 기간 1. 1년 미만 2. 1~5년 미만 3. 5년 이상
01									
02									
03									
04									
05									
06									
07									
08									
09									
10									
11									
12									
13									
14									
15									

출처: 성정현 외(2009).

(4) 강점 사정

최근 사회복지 실천에서 내담자의 강점을 활용하는 개입전략에 대한 관심이 높아지고 있다. 그러나 가족구조, 문화적 영향, 인종적 배경 및 다른 여러 환경적 변수로 인한 차이 때문에 가족의 강점을 사정하는 것은 쉽지 않다. Beavers와 Hampson(1990)은 가족의 다양성에도 불구하고 강점을 가진 가족은 타협능력, 개별 가족구성원의 명확한 표현, 개인적 선택과 양가성에 대한 존중, 가족 상호간의 타협적 태도에 있어서 일관되게 높은 수준을 유지함을 지적하였다. 강점을 가진 기능적 가족은 다양한 구조와 생활 유형을 가진 가족에게 발견될 수 있는데, 건강한 가족은 가족구성원들의 상호작용 본질, 가족구성원들이 주고받는 상호지지에 따라 결정된다(Miley, O'Melia, & DuBois, 1998).

주요한 가족의 강점은 다음을 포함하고 있다(Sheafor & Horejsi, 2005; 김은영 외, 2009 재인용).

① 가족구성원들이 서로 신뢰하고 존경하며, 서로에 대해 긍정적 감정을 가지고 있다.

② 서로 동의하지 않을지라도 서로의 의견을 듣고 존중하며, 명백하고 긍정적이며 생산적인 의사소통을 한다.

③ 가족의 행동과 상호작용에 관련한 명시적이고 합리적인 규칙을 갖고 있다.

④ 가족에게 영향을 미치는 결정을 내리기 전에 각 가족구성원의 생각, 선호, 욕구를 고려한다.

⑤ 가족에게 역사의식을 제공하는 전통과 의식, 이야기와 정체성을 갖고 있다.

⑥ 가족구성원은 서로를 돕기 위해 자신이 갖고 있는 것을 공유하고 개인적 희생을 감수한다. 역경을 겪는 시기에 가족이 함께 있고 서로를 지지한다.

⑦ 갈등을 인정하고 해결할 수 있다.

가족복지실천가가 가족강점을 사정하는 데 사용될 수 있는 사정 도구는 〈표 6-2〉와 같다. 이러한 도구 이외에 다양한 방법으로 가족강점을 사정할 수 있도록 강점 중심적 관점을 갖추어야 한다.

| 표 6-2 | 가족강점 사정 도구

내용	거의 전혀 그렇지 않다	가끔 한번씩	때때로	자주	거의 항상 그렇다
1. 우리 가족은 서로를 위해 좋은 일을 한다.	1	2	3	4	5
2. 우리 가족은 느끼는 대로 말할 수 있다.	1	2	3	4	5
3. 우리는 가족을 자랑스러워한다.	1	2	3	4	5
4. 문제가 있을 때 자녀의 제안도 환영받는다.	1	2	3	4	5
5. 우리 가족은 필요시 도움을 요청할 수 있는 친구와 친척이 있다.	1	2	3	4	5
6. 우리는 서로에게 관심이 있다는 것을 표현한다.	1	2	3	4	5
7. 우리는 서로의 이야기를 경청한다.	1	2	3	4	5
8. 우리는 가족으로서 함께 뭉친다.	1	2	3	4	5
9. 우리 가족은 유사한 가치와 신념을 가진다.	1	2	3	4	5
10. 우리 가족은 지역사회 혹은 종교집단 및 활동에 참여한다.	1	2	3	4	5
11. 나는 우리가 가족으로서 친밀한 것에 대해 행복하다.	1	2	3	4	5
12. 우리는 서로에 대한 감정을 이해하는 것이 중요하다고 믿는다.	1	2	3	4	5
13. 우리는 가족 전통을 가지고 있고 이를 지켜나간다.	1	2	3	4	5
14. 자녀는 규칙과 훈육에 대한 의견을 말할 수 있다.	1	2	3	4	5
15. 문제가 있을 때, 우리는 동일한 문제에 직면한 다른 가족에게 기꺼이 도움을 요청할 의사가 있다.	1	2	3	4	5
16. 우리는 가족 내 다른 사람들이 어떻게 느끼는지에 대해 관심을 쏟는다.	1	2	3	4	5
17. 우리는 논쟁하지 않으면서 문제에 대해 이야기할 수 있다.	1	2	3	4	5
18. 우리는 우리 가족의 역사에 대해 자랑스러워한다.	1	2	3	4	5
19. 집안일은 가족구성원들에게 공정하게 나누어진다.	1	2	3	4	5

내용	거의 전혀 그렇지 않다	가끔 한번씩	때때로	자주	거의 항상 그렇다
20. 우리 가족은 필요할 때 외부의 전문적 도움을 얻을 의사가 있다.	1	2	3	4	5
21. 우리는 서로를 존중한다.	1	2	3	4	5
22. 우리는 함께 이야기 나누는 것을 즐거워한다.	1	2	3	4	5
23. 가족구성원은 서로에게 충성심을 느낀다.	1	2	3	4	5
24. 주요한 가족문제를 결정할 때 각 가족구성원은 의견을 표명할 기회를 가진다.	1	2	3	4	5
25. 떨어져 사는 가족구성원과 접촉을 유지하고 있다.	1	2	3	4	5

출처: 김은영 외(2009).

3. 가족치료

가족치료는 인간과 환경 사이의 상호작용의 결과로 나타나는 인간의 행동을 상황적인 것으로 간주하고 있으며, 가족을 하나의 체계로 개념화한다. 가족치료의 기본 단위는 개인이 아니라 전체로서의 가족이지만, 가족 전체를 만나지 않고도 가족치료는 이루어질 수 있다.

1) 가족치료의 발달

가족치료는 1950년대부터 발전되기 시작하였으며, 1960년대에는 전문적 영역을 구축하기 위한 노력으로 가족치료에 관한 연구와 실천적 노력이 이루어졌다. 그 후 1970년대부터 체계적 관점을 토대로 하나의 전문분야로 자리매김을 하였다.

가족치료 초기인 1940~1950년대는 가족생활과 정신분열증 발병의 관계에 대한 연구가 다양한 지역에서 독립적으로 이루어졌다. Bell은 가족집단치료를 시작하였고, Bowen은 정신분열증 환자 가족을 치료했으며, Ackerman은 정신분석적 가족치료를, 파로알토의 정신건강연구소(MRI)의 Jackson과 Haley는 의사소통 가족치료를 시작하였다.

1970년대 Satir의 경험적 가족치료가 소개되었으며, Minuchin의 구조적 가족치료도 등장하였다. 1980~1990년에는 초기의 접근 방법에 대한 도전이 이루어지고 패러다임의 전환이 시도되었다. 사회구성주의와 포스트모더니즘이 가족치료에 영향을 주면서 해결중심모델, 이야기치료, 여성주의와 다문화주의에 기초한 가족치료에 대한 관심이 증가하였고 통합적 모델에 대한 시도들이 이루어졌다.

가족치료는 우리나라에 1970년대에 소개되기 시작하였으며, 1980년대에 적용되기 시작하였다. 1988년 한국가족치료학회가 설립되었으며, 1990년을 전후로 대학에서 가족치료 과목이 개설되었고, 1994년부터 가족치료사 자격제도가 도입되어 자격증을 발급하고 있다.

2) 가족치료의 유형

(1) Bowen의 가족치료

Bowen의 가족치료 이론 특성은 핵가족에 초점을 두면서 가족을 이해하기 위해 3대에 걸쳐 진행되어 온 과정을 이해하는 것이다. 8개 주요 개념을 중심으로 Bowen의 가족치료는 인간행동과 문제에 대해 정신역동적 접근법과 체계 이론을 연결시켜 가장 포괄적인 관점을 제시한다. Bowen 이론은 통일성(togetherness)과 개성(individuality)이라는 양극의 두 세력을 중심으로 발달되어 왔으며 방법보다는 방향에, 기법보다는 이론에 치중하여 가족체계 이론 중에서 가장 체계적이고 영향력 있는 이론으로 간주된다(성정현 외, 2009).

Bowen은 정신과 의사로 1940년대 후반부터 가족에 대해 전문적인 관심을 가지기 시작하였다. 1959년부터 조지타운 대학에서 활동하면서 현재의 Bowen 가족치료 이론을 발전시켰으며, 1990년에 사망하였다(김은영 외, 2009).

① 주요개념

Bowen의 가족치료 이론은 8개의 개념을 중심으로 구성되어 있는데, 이 개념들은 각각을 떼어서 보기보다는 서로 연결되어 있는 개념으로 이해하는 것이 바람직하다. 8개 주요개념은 자기분화(differentiation of self), 삼각관계(triangles), 핵가족의 정서과정(nuclear family emotional process), 가족투사과정(family projection process), 다세대 전수과정(multigenerational transmission process), 형제자매지위(sibling position), 정서적 단절(emotional cut-off), 사회적 정서 과정(societal emotional process)이다.

자기분화

자기분화는 Bowen 이론의 핵심개념으로 개인이 원가족으로부터 정서적 분리가 된 정도에 의해 규정된다. 자기분화가 잘 되었다는 것은 가족의 정서적 애착을 잘 해결하여 자기가 충분히 발달되었다는 것을 말한다. 자기가 분화된 사람은 정신내적 측면에서 사고와 감정이 분화되어 있으며, 대인관계 측면에서 자주적이고 독립적이다. 한 개인의 자기분화 정도는 개인이 감정이나 사고의 기능 중 어느 것을 선택하고 어느 정도로 의존하느냐와 관련이 있다(Goldenberg & Goldenberg, 1991; 송성자, 2002 재인용). 자기분화가 잘 이루어진 사람과 자기분화의 정도가 낮은 사람의 특징은 다음과 같다(성정현 외, 2009).

✓ 자기분화가 잘 이루어진 사람

- 사고와 감정이 균형을 이루는 강한 정서와 자발성
- 정서적 충동에 저항할 수 있는 자제력과 객관성
- 대인관계에서 신념에 따라 행동하고, 상대방의 영향에 좌우되지 않으면서도 친밀한 관계를 형성

✓ 자기분화의 정도가 낮은 사람

- 주변 사람의 감정이나 반응에 지나치게 민감
- 가족이나 권위적 인물의 지시에 대해 긍정적이든 부정적이든 감정적으로 반응
- 자주적 정체감이 없고 자신과 타인을 분리시키기 어려움

삼각관계

삼각관계는 가족구조 안에서 두 사람 간의 정서적 문제에 다른 한 사람을 끌어들이는 것을 말한다. Guerin은 부부가 삼각관계를 형성할 때 작용하는 두 가지 과정을 설명한다. 첫째, 가장 불안을 느끼는 배우자가 자기 편을 얻기 위해 다른 사람을 끌어들인다. 둘째, 한 배우자가 느끼는 불안이나 두 사람 간의 갈등에 가장 민감한 반응을 보이는 제삼자(친구나 자녀)가 안심시키거나 진정시키려고 다가간다. 가족 안에서 부부갈등에 자녀를 끌어들여 삼각관계를 형성하는 일은 흔하다. 부부 사이의 긴장이 심각한 경우 삼각관계화는 부모 한 사람과 자녀 사이의 강한 애착관계를 유발하며, 삼각관계에 휘말리는 자녀는 여러 가지 문제 증상을 보이게 된다. 첫째, 부부갈등을 제대로 해결하지 않았기 때문에 부부문제는 계속해서 잠재적인 형태로 남아 있게 된다. 둘째, 자녀는 무기력한 상태에서 스트레스를 받게 된다. 셋째, 자녀는 두 부모 사이에서 갈등을 하게 되고 심한 경우 둘 중 하나를 선택하도록 강요받게 된다. 넷째, 가족이 효과적으로 문제를 해결하는 기술을 배울 수 없게 된다(Worden, 2003; 김은영 외, 2009 재인용).

모든 삼각관계가 파괴적인 것은 아니며 이 관계가 긴장을 완화해 줄 수는 있지만 갈등을 해결해 주지는 못한다.

핵가족의 정서과정

핵가족의 정서과정은 한 세대의 가족에서 감정적으로 서로 강한 결속력과 유대감을 갖는 정서적 기능을 설명한 것이다. 원가족으로부터 적절하게 분화하지 못한 사람들이 자신의 부모와 정서적 단절을 하고 결혼을 하면 배우자와 융합하려는 특성을 보인다. 그러나 부부간의 강한 융합은 서로 간에 만족할 수 없고 힘든 상황에서, 상대방을 비난하고 외부자극에 민감하게 반응하며 감정적으로 쉽게 단절된다. Bowen(1978)은 이 문제를 효과적으로 해결하기 위해서는 원가족과 정서적 단절을 회복하고 상호작용을 변화시켜야 한다고 하였다(김혜숙, 2003).

가족투사과정

가족투사과정은 부모가 자신들의 문제를 자녀들에게 전달하는 과정을 설명하는 것이다. 자기분화 수준이 낮은 부부는 정서적으로 융합하게 되어 긴장을 유발한다. 부부갈등과 정서적 거리감은 특정 자녀에게 애착을 갖게 하며, 자녀는 정서적 문제를 갖게 된다. 미숙한 자녀는 심리적 문제를 일으키고 이 자녀에게 부부가 더욱 관심을 쏟게 되어 기존의 가족 유형은 더욱 확고하게 된다.

다세대 전수과정

다세대 전수과정이란 가족의 특정한 정서체계가 한 세대로부터 다음 세대로 전수되는 것을 말한다. Bowen은 대부분 자신과 비슷한 분화 수준을 가진 배우자를 선택하며, 핵가족체계 내의 불안 수준과 미분화 정도는 자녀에게 전수된다. 부모(1세대)보다 분화가 덜 된 사람(2세대)이 자신과 비슷한 분화 수준을 가진 배우자와 결혼해서 자녀(3세대)에게 삼각관계를 통한 투사를 한다. 낮은 분화 수준이 여러 세대에 걸쳐 전수되면 정신분열증 등 정서적 역기능을 가진 가족구성원이 나타나게 된다. 결국 가족의 역기능이나 정서적 문제는 개인의 문제라기보다 여러 세대를 통해서 전달되는 가족의 문제라고 볼 수 있다.

형제자매 지위

형제자매 순위는 출생순위에 따라 고정된 성격적 특징을 발달시키는 것으로서, 특정한 형제지위를 갖고 태어남에 따라 그것과 관련된 기능을 수행하게 되고 이로 인해 공통된 형제지위를 가진 사람들은 공통된 성격을 형성하게 된다. 첫째는 다른 형제들보다 권력을 더 추구하고 부모와 강한 감정적 유대관계를 가지고 있어 자기분화 수준이 떨어질 가능성이 많다. 반면, 다른 형제들은 상대적으로 외부 경험에 대해 개방적이고 독립적이며 자기분화 수준도 높다. Bowen은 형제지위와 성격특징의 관계를 지나치게 결정론적으로 보는 것을 경계하고 있으며, 형제지위는 개인 성격의 일부를 설명한다고 강조하였다(Kerr & Bowen, 1988).

정서적 단절

정서적 단절은 한 개인이 원가족으로부터 미분화상태로서 원가족과 정서적 관계를 단절하는 것이다. 세대 간의 정서적 융합이 심할수록 정서적 단절이 일어날 가능성이 높다. 원가족 부모와 감정적 융합이 심한 사람은 자신의 정체성 상실에 대한 두려움으로 부모와 정서적 단절을 하려고 한다. 그러나 고립과 소외에 대한 불안으로 결혼 후에 부부간의 정서적 융합을 시도하지만 원가족의 문제를 재연하게 된다. Nichols는 가족유대로부터 독립을 성숙의 잣대로 삼는 것은 정서적 단절과 성적 성숙을 혼동하는 것이라고 하였다(성정현 외, 2009).

사회적 정서과정

사회적 정서과정은 가족 내의 정서적 과정에 영향을 미치는 것으로서 사회적 압력으로 작용하는 경제상황, 성차별 등이 가정 내의 분화적 수준을 떨어뜨릴 수 있다는 것을 말한다. 가족의 분화 수준이 낮을수록 사회적 정서과정은 가족에게 더 많은 영향을 미친다. 즉, 사회생활에서 원만한 인간관계를 형성하지 못한 사람은 가족 내에서 분화 수준이 낮은 반면, 사회생활에 잘 적응하는 사람은 가족 내의 분화 수준이 높다.

② 치료목표 및 기법

Bowen의 가족치료 목표는 각 개인이 원가족과 핵가족으로부터 자기분화 수준을 높이는 것이다. 자기분화를 잘 이룬 사람은 감정과 사고를 분리할 줄 알고, 핵가족 및 확대가족과의 유대를 끊지 않으면서 독립성을 발달시킨다. Bowen은 문제의 원인은 개인이 아니라 가족체계이므로 치료는 개인의 변화가 아니라 관계의 변화에 초점을 두어야 한다고 보았다. 이를 위해 첫째, 부모가 자신의 불안에 대처할 수 있는 능력을 발달시켜 자녀의 문제행동을 좀 더 잘 다룰 수 있도록 돕고 둘째, 부부 각자가 자신의 원가족과 불안감을 덜 느끼면서 관계를 맺는 능력을 발달시킴으로써 부부간의 정서적 기능을 강화해야 한다(김은영 외, 2009).

Bowen의 가족치료 기법은 다음과 같다.

① 최소한 3세대에 걸친 가계도를 작성해서 치료자와 가족구성원 모두 세대적 맥락에서 가족정서 과정을 이해한다.
② 가계도 작업을 통해 삼각관계를 파악하고 탈삼각화를 위해 가족구성원과 치료적 삼각관계를 형성한다.
③ 과정질문을 통해 가족구성원이 가족구성원의 역할과 합리적 사고를 유도한다.
④ 가족 내의 주요한 삼각관계를 변화시키기 위해 관계실험을 사용한다.
⑤ 치료자는 객관적이고 중립적 태도를 가진 코치 역할을 한다.

⑥ 치료자와 내담자가 나－입장(I－position)을 가져서 조용하고 분명하게 자신의 의견을 표현한다.

(2) 구조주의 가족치료

구조주의 가족치료는 1970년대 커다란 영향을 미쳤으며 대표적으로 Minuchin을 들 수 있다. 구조주의 가족치료는 현재의 가족기능과 제시된 문제중심에 단기적으로 접근하며, 시간제한적이고 목표지향적이다. 또한 강점관점에 기초하고 다른 외부체계와의 상호작용하는 개방체계로서 가족을 보고 있다. 구조주의 가족치료의 개념들은 가족의 구조를 이해하는 데 도움을 주었고 가족치료를 체계화하는 데 기여하였다. 그러나 '밀착된 어머니와 유리된 아버지'와 같은 개념들은 가부장적 가족체계를 부추기며 여성의 억압에 기여한다는 여성주의의 비판을 받기도 하였다.

① 주요개념

가족구조

가족구성원들이 상호작용을 반복하면 언제, 어떻게 누구와 관계를 맺는지에 관한 유형이 만들어진다. 가족구조란 가족구성원들이 상호작용하는 방식을 조직화하는 것으로 하나의 보이지 않는 기능적 유형이다. 가족구성원의 상호교류 유형을 유지시키는 구속체계로 Minuchin은 크게 일반적 구속체계와 특유한 구속체계 두 가지를 제시하였다(김은영 외, 2009).

첫째, 일반적인 구속체계로 가족을 규제하는 보편적인 규칙인 위계질서와 상호보완성이 있다. 구조주의 가족치료자들은 부모와 자녀 간의 위계질서가 잘 이루어지고, 부부가 상호의존성을 받아들여 한팀이 됨으로써 기능적으로 상호보완적 관계를 이루어야 한다고 보았다.

둘째, 특유한 구속체계는 특정한 가족구성원들의 상호 기대에 의해 형성된다.

이는 사소한 일상에서 가족구성원 간의 불분명한 상호작용에서 시작해서 점차 유형화되어 행동을 규정한다.

가족구조는 행동을 결정하지는 않지만 발생할 수 있는 일련의 행동을 예측하게 한다(Walsh & Harrigan, 2003).

- 역할: 가족 내에서 다른 가족구성원에 의해서 부여되는 기능이며, 시간의 흐름과 상황에 따라 변화
- 규칙: 각 가족구성원이 지켜야 하는 행동, 과업, 책임 등으로서 공개적으로 또는 환경이나 습관을 통해서 형성
- 권위와 힘: 가족 내에서 의사결정을 하고 규칙을 형성

경계선

체계 내부와 외부를 구분하는 선으로 다른 사람들과 접촉하는 수준을 규제하는 눈에 보이지 않는 장벽이다(Nichols & Schwartz, 2004). 모든 가족 상호작용의 경계는 경직된 경계로부터 산만한 경계의 양극단의 연속선상에 위치하고 있는데 크게 다음과 같이 구분할 수 있다.

- 산만한 경계선(diffused boundary: 속박): 경계선이 느슨하고 산만하면 하위체계 간 상호지지 수준은 높지만 개인의 독립과 자율성이 손상된다. 밀착된 가족구성원은 서로의 생활에 과도하게 관여하면서 개인의 균형 있는 자아발달을 방해하게 되고, 이런 가족은 외부와의 상호교류가 적어 환경 변화에 적응하기 위한 자원이 부족하게 된다.
- 명확한 경계선(clear boundary: 정상적 거리): 가족구성원들이 명확한 경계선을 형성하게 되면 각자의 개성을 가지면서도 가족에게 속한다는 느낌을 잃지 않는다. 부모는 자녀와 적절한 거리를 두고 독립심과 자율성을 인정하면서 상호지지적 관계를 유지하게 된다. 주변 환경과 개방적인 상호 교류가

가능하여 환경변화에 적응하는 능력을 가지고 있고, 외부 자원을 공급받을 수 있으며, 가족 내 하위체계 간 의사소통도 활발하다.

- 경직된 경계선(rigid boundary: 유리): 지나치게 엄격하고, 외부체계들과 접촉을 거의 허용하지 않기 때문에 독립적이지만 고립되어 유리된 관계를 형성한다. 유리된 가족은 하위체계 사이에 의사소통이 어렵고, 애정 결핍이 나타나며 가족구성원의 지지를 주고받지 못하게 된다.

하위체계

가족은 다양한 기능을 수행하는 하위체계로 분화되는데, 가족구성원은 여러 개의 하위체계에 속해 다양한 역할을 담당할 수 있다. 예를 들어, 여성은 아내, 어머니, 딸, 며느리, 누나, 언니 등의 역할이 있다. 가족구성원은 다양한 하위체계에서 요구되는 다른 역할을 성공적으로 수행하기 위해 지속적으로 행동의 변화와 적응이 필요하다.

- 부부하위체계: 이 하위체계는 두 사람이 부부가 되면서 형성된다. 부부하위체계는 다른 하위체계의 간섭을 방지할 수 있도록 적절한 경계선을 설정해야 하는데, 상대방의 기능을 지지하면서 상호보완적인 관계를 이루어야 한다.
- 부모하위체계: 자녀가 출생하고 부부하위체계가 분화되면서 부모하위체계가 형성된다. 이 체계는 자녀를 양육하고 사회화하는 과업을 수행하며, 자녀와 적절히 상호작용할 수 있는 경계선이 설정되어야 한다.
- 형제하위체계: 이 체계는 또래관계를 학습할 수 있는 체계로서 서로 협력하고, 협상하며, 자신을 희생하거나 보호하며, 경쟁하는 방법을 배우게 한다. 이 하위체계의 경계선은 아동을 성인들의 간섭으로부터 보호하여 개인의 사생활과 흥미 영역을 보존할 수 있게 하고 시행착오를 경험할 수 있도록 해준다.

▌가족 적응

가족구성원과 하위체계는 내적 및 외적 요구에 의해 반응하면서 적응하는 과정을 경험을 통해 가족이 성장하기도 하고 갈등으로 긴장상황을 유발하기도 한다. 대부분의 가족은 병리적인 가족이 아니라 과도기적 상황에서 새로운 환경에 적응하는 데 어려움을 경험하는 것이다. 갈등상황에 직면한 가족이 변화를 회피하고 저항하게 되면 병리적인 상황을 경험하게 되므로 치료자가 적극적으로 개입하여 체계의 변화를 시도해야 한다.

② 치료목표와 기법

구조주의 가족치료의 목표는 역기능적인 가족구조의 변화, 즉 가족의 재구조화인데, 문제를 해결하거나 증상을 완화시키는 것은 부차적이다. 어느 가족이든지 지속적으로 갈등상황에 직면하게 되는데, 이런 상황에 어떻게 대처하느냐에 따라 정상가족과 역기능가족으로 구분된다. 상황변화에 잘 적응하는 정상가족은 갈등해결을 위해 가족구조를 변화시키지만 역기능가족은 구조의 경직성을 더욱 강화한다. 이처럼 가족구조를 변화시킨다는 것은 가족 경계선을 분명하게 하고, 가족하위체계의 위계질서를 분명히 하는 것이다. 따라서 치료자는 가족들이 가족구조를 변화시키도록 돕는 역할을 한다.

Minuchin은 구조주의 가족치료의 과정을 첫째, 지도력을 가지고 가족에 합류하고 둘째, 가족의 밑바탕에 깔린 구조를 파악하며 셋째, 구조를 변형시키기 위해 개입하는 것이라고 하였다. 구조주의 가족치료 전략은 다음과 같은 7단계로 이루어져 있다(Nicholds & Schwartz, 2004).

① 합류와 적응: 합류란 치료자가 가족 안으로 들어가 구성원들과 라포를 형성하여 관계를 맺는 과정을 의미하며, 적응은 합류를 위해 치료자가 가족체계에 순응하는 것을 말한다.

② 상호작용 다루기: 치료자는 가족들이 실제 상호작용을 보여 줄 수 있도록 실연의 기법을 활용한다.

③ 구조지도 그리기: 치료자는 관찰에 기초하여 가족구조에 대한 지도를 작성하여 가족체계를 조직적으로 파악한다. 초기 구조지도는 이후 다시 수정할 수 있다.

④ 특정 상호작용을 부각시키고 수정하기: 가족에 대한 관찰과 구조지도를 그리는 과정에서 드러난 가족문제에 대해 치료자는 이런 관계 유형을 부각시켜 수정한다.

⑤ 경계선 만들기: 치료자는 가족이나 가족 내 하위체계의 경계를 재조정하기 위해 개입한다.

⑥ 균형 무너뜨리기: 역기능적인 가족이 기존의 관계를 지속할 때 치료자는 고착된 체계의 균형을 무너뜨려서 구성원들 간의 관계를 변화시킨다.

⑦ 가족신념에 도전하기: 가족의 상호작용을 변화시키기 위해 가족구성원의 현실에 대한 인식을 바꾸는 방법이 사용된다.

(3) 경험적 가족치료

Satir의 경험적 가족치료는 내담자 가족의 전인적 차원의 성장을 궁극적 목표로 하며, 내담자에 대한 감정이입적 방법을 통해 내담자의 실존적 세계에 치료자가 들어가서 이해할 것을 강조한다. 경험적 가족치료에서 건강한 가족은 문제가 있어도 계속적으로 성장하고, 자원을 모으고 문제를 나눔으로써 스트레스에 대처한다. 반면, 역기능적 가족은 충동을 부정하고, 감정을 억압하며, 회피하고, 자기방어를 한다.

① 주요개념

가족규칙

Satir는 가족규칙을 가족구조 내에서 필수적이고 역동적이며 영향력이 강한 행동규범으로 간주한다. 가족규칙은 명시적일 수도 있고 암시적일 수도 있는데, 인간의 성장과 학습에 많은 영향을 미친다. 융통성이 있고 합리적이며 인간적인 규칙은 인간의 성장에 도움이 되지만 그렇지 않은 규칙도 있다. 이러한 가족규칙을 배우고 지키는 것은 생존에 필수적인 것이지만, 규칙이 지나치게 비합리적이고 경직되어 있으면 자녀의 성장을 방해하게 된다. 대부분의 가족규칙은 의식수준에 있지 않기 때문에 치료과정을 통해 가족의 역기능적인 규칙을 탐색하고 변화시켜야 한다(정문자, 2007). 가족규칙을 토대로 가족은 다음과 같은 영역의 행동규범을 가진다.

첫째, 보고 들은 것과 감정을 표현하는 방법
둘째, 부정적인 것 혹은 긍정적인 것을 이야기할 수 있는 대상
셋째, 거절, 반대, 부정 등에 관한 표현
넷째, 이해하지 못할 때 다시 설명해 줄 것을 요구하거나 이해할 때의 반응

▮의사소통과 대처 유형

Satir는 사람들이 긴장할 때 사용하는 역기능적 의사소통과 대처방식을 비난형, 회유형, 산만형, 초이성형의 네 가지 유형으로 분류하였으며, 이를 각각 살펴보면 다음과 같다.

✓ 비난형

- 자신이 다른 사람보다 우월하다는 것을 보여 주기 위해 타인의 말이나 행동을 인정하는 대신 비난하고 통제한다.
- 자기주장이 강하고 독선적이며 명령적이고 지시적이다.
- 잘못을 남의 탓으로 돌리고 참을성이 없으며, 다른 사람의 충성과 복종을 요구한다.
- 비난함으로써 상대방이 복종하면 자신이 중요하게 되었다고 생각한다.

✓ 회유형

- 타인의 사랑과 인정을 받고 타인에게 수용되기 위하여 자신을 무시하는 성향을 갖고 있으며 자신을 낮추고 상대방을 만족시키려는 행동을 한다.
- 의존적이며, 다른 사람의 기분을 맞추려고 애를 쓴다.
- 쉽게 사과하고 반대하지 않으며, 자신에 대한 어떠한 비판에도 동의하며 희생적으로 행동한다.
- 자신의 진정한 감정을 존중하지 않고 자신의 욕구를 숨기기 때문에 지속될 경우 자아 존중감이 낮아진다.

✓ 산만형

- 스트레스 상황에서 내적인 고통을 두려워하고 외적으로 다른 사람들과 연결되는 것을 어려워하여 자기 내면의 역동과 외부와의 연결을 피하려고 한다.
- 다른 사람의 말이나 행동과는 상관없는 말과 행동을 한다.
- 주제를 자주 바꾸고 책임질 수 없는 말을 하며, 내용이 산만하다.
- 아무도 자기를 걱정해 주지 않으며, 자기를 받아 주지 않는다고 생각하기 때문에 고독감과 무가치함을 느낀다.

✓ 초이성형

- 스트레스 상황에서 합리적인 수준을 고수하면서 자기와 타인의 감정을 무시하고 상황만을 중시한다.
- 자신이나 다른 사람을 과소평가한다.
- 모든 일을 비판하고 분석하며, 어떤 감정도 나타내지 않고 매우 정확하고 논리적이다.
- 내면적으로는 약하여 감정적으로 상처받기 쉽지만, 초이성적 행동으로 상대방의 시기심을 불러일으키거나 굴복하게 만들려고 한다.

② 치료목표와 기법

경험적 가족치료의 목표는 각 개인이 자기 가치에 대한 안정된 감정을 발전시킴으로써 성장하는 것이다. 구체적인 목표로 첫째, 자아 존중감을 증진시키고, 둘째, 스스로 선택할 수 있는 능력을 갖도록 하며, 셋째, 책임을 지는 사람이 되도록 하고, 마지막으로 일치적인 존재가 되도록 돕는 것이다. 이에 대한 구체적 내용은 다음과 같다(김유숙, 2003; 송성자, 1995).

① 가족구성원들이 서로 자기 자신들이 보고, 느끼고, 생각하는 것들에 대해 분명하게 표현하도록 한다.
② 가족들이 새로운 희망을 가지고 과거의 가슴 부풀었던 꿈을 다시 지각하도록 한다.
③ 가족들이 상황에 대한 새로운 시각과 통찰을 가질 수 있도록 교육하고 어려움에 대처하며 극복할 수 있도록 강화한다.
④ 원가족에서 학습된 역기능적인 대처방식이나 틀에서 벗어나 새로운 방식들을 시도한다.
⑤ 자의식을 가지고 자신의 의사결정을 스스로 선택하게 함으로써 자신의 행동에 책임을 지게 한다.
⑥ 가족의 규칙을 분명히 하고 부모의 통제를 융통성 있게 한다.
⑦ 가족들은 서로의 차이점을 알고 자아성장을 위하여 서로 지지해 준다.

경험적 가족치료에서 사용하는 기법은 가족조각, 빙산탐색과 원가족 삼인군 치료가 있다.

① 가족조각: 인간관계, 타인에 대한 느낌과 감정을 동작과 공간을 사용하여 표현하는 비언어적인 기법을 말하는 것으로, 간단한 가구나 인형, 옷 등의 소품을 사용할 수 있다.
② 빙산탐색: 가족치료는 다양한 수준에서 이루어지는데, 개인 빙산에 비유

해 보면 수면 위에 보이는 것이 사람의 행동이고 수면 밑에 있는 것이 사람의 감정, 기대, 지각 열망이다. 우리 경험의 대부분은 '수면 아래'에서 경험된다는 것이므로 변화를 위해 개인의 잠재의식 수준인 내적과정에서 변화를 시도해야 한다.

③ 원가족 삼인군(primary triad) 치료: 역기능적인 원가족 삼인군(부모와 한 명의 자녀로 구성된 집단) 가족 관계에서 발생한 이슈들을 현재 상황에서 이해하게 하여 이를 현재 삶에 대한 긍정적인 것으로 이해시키는 과정을 통해 치료하는 것이다.

(4) 해결중심 단기가족치료

해결중심 단기가족치료는 Shazer와 김인수가 대표적인 이론가이자 임상가이며, 문제보다 내담자가 원하는 것과 해결에 초점을 두고 내담자의 자원과 예외상황, 강점을 활용하여 치료하는 것이다. 이 접근법은 현재와 행동에 중심을 두고 있는데, 이로 인해 감정과 느낌, 발달적 문제를 간과하고 지나치게 행동에만 초점을 둔다는 비판도 있다. 해결중심 단기가족치료는 내담자가 문제에 대한 전문가임을 강조하고 내담자가 자신에게 내재된 해결방법을 발견하여 스스로 자신의 문제를 해결해 나가는 것을 중요하게 보는 해결중심 패러다임에 기초하고 있어, 내담자와의 관계의 중요성, 정신분열증과 같은 만성적인 정신장애를 다루는 데는 한계가 있다.

① 주요개념

병리적인 측면 대신에 건강한 측면을 탐색: 내담자가 자신의 문제를 다루는데 있어서 성공했던 경험, 내담자의 강점과 자원, 능력에 우선적으로 초점을 두고 결함이나 장애는 가능한 한 다루지 않는다.

ⓐ 활용: 내담자의 강점, 자원, 능력, 성공적인 경험 등을 찾아내어 그것을 활용하고 지지함으로써 제시된 문제 해결에 활용한다.

ⓑ 탈이론적 경향: 내담자가 경험하는 문제에 대해 가정하거나 특정한 이론적 틀에서 해석하거나 설명하지 않고, 내담자의 의견과 관점에 기초하여 개별화된 해결책을 발견한다.

ⓒ 작은 변화의 필요성: 내담자가 달성할 수 있는 작은 목표를 세워, 가장 단순한 것에서부터 치료적 개입을 한다.

ⓓ 변화의 불가피성: 치료는 자연스럽게 일어나는 변화를 확인하고 그 변화를 해결책으로 활용한다.

ⓔ 현재와 미래 지향성: 내담자가 현재와 미래 상황을 구체화하고 적응하도록 하는 데 초점을 둔다.

ⓕ 협력적 관계: 치료과정에서 협력적 관계는 중요하므로 내담자가 치료에 협력할 수 있도록 의식적인 노력을 한다.

ⓖ 중심철학: 내담자가 문제 삼지 않는 것은 건드리지 않으며, 효과가 있는 것을 더 많이 사용하고 효과가 없다면 다른 것으로 대신한다.

② 치료목표와 기법

해결중심 단기가족치료의 치료목표는 내담자 자신이 원하는 것을 중심으로 두면서, 변화가 어떻게 일어나고 문제가 언제 해결되고 치료가 끝날 수 있는지 아는 것이 중요하다. 치료목표를 설정하는 원칙은 다음과 같다.

ⓐ 내담자의 언어로 표현된 내담자에게 중요한 것을 찾는다.
ⓑ 작고 성취할 수 있어야 한다.
ⓒ 구체적이고 명확하며 행동적인 것이어야 한다.
ⓓ 없는 것보다는 있는 것에 관심을 두고 긍정적 언어로 목표를 기술한다.
ⓔ 지금 여기를 목표로 시작한다.
ⓕ 내담자의 통제 내에서 현실적이고 성취가능한 것을 목표로 한다.

ⓖ 목표수행은 힘든 것임을 인식한다.

앞의 치료목표를 달성하기 위해 해결지향적 대화는 매우 중요하다. 이를 위해 활용되는 기법으로 예외질문, 기적질문, 척도질문, 대처질문, 관계성 질문이 있다. 또한 내담자가 메시지를 작성하고 전달하는 과정을 통해 자신의 장점과 성공적 경험에 대해 확신하도록 하며, 상담목표를 확실히 하도록 돕고, 내담자로 하여금 예외 상황이 어떻게 일어나는지 발견하게 한다.

산업화 이후 가족의 급격한 변화로 가족의 기능이 축소·변화하였고 가족복지 서비스가 가족의 기능을 보완하고 대체하게 되었다. 특히 맞벌이가족, 한부모가족, 재혼가족, 다문화가족, 학대가족, 빈곤가족과 같은 다양한 가족의 등장으로 가족의 다양한 욕구의 분출과 그 욕구의 충족을 위해 좀 더 다양한 가족복지 대책이 요구되고 있다. 이에 사회복지 실천가에게는 적절하고 효과적인 서비스의 제공을 위해 가족복지 현장에서 접하게 되는 다양한 가족들에 대한 이해가 선행되어야 한다.

PART 04에서는 우리 사회의 대표적인 가족복지 대상인 맞벌이가족, 한부모가족, 재혼가족, 다문화가족, 학대가족, 빈곤가족별로 그 가족의 개념과 현황, 문제 및 복지대책을 살펴볼 것이다. 그럼으로써 치료적인 것뿐 아니라 예방적 가족복지 서비스의 기초를 제공하고자 한다.

PART 04

가족복지 현장

CHAPTER 07

맞벌이가족과 가족복지

맞벌이가족은 여성이 출산과 육아를 책임져야 한다는 사회적 고정관념하에서 취업여성이 가정과 직업의 이중역할을 수행하기 위해 갖는 어려움, 그리고 최근에는 저출산과 연계된 문제로 사회적 주목을 받고 있다.

본 장에서는 맞벌이가족의 개념, 현황, 문제, 그리고 그들을 위한 거시적·미시적 복지대책을 살펴봄으로써 복지 수요에 대비한 지식을 쌓는 데 도움을 주고자 한다.

1. 맞벌이가족의 개념

1) 맞벌이가족의 개념

맞벌이가족(dual career family)은 산업화 이후 출현하였다. 부부가 모두 직업을 가지고 있는 2인 소득자 가족(dual earner family)으로서 확대가족이나 핵가족의 구조를 갖는 가족을 의미한다. 맞벌이가족이 가정의 경제적 필요성에 목적을 둔 용어라면 같은 의미로 사용되는 '취업부부가족', '취업부모가족'이라는 용어는 기혼여성들의 취업의도와 가족의 복지해결을 포함한 좀 더 넓은 의미의 용어로 간주된다.

생활양식의 변화에 따라 새로 나타난 맞벌이가족의 남편과 아내는 각자 자신의 직업을 통해 자아실현의 욕구를 충족시키고 사회적 지위를 가지며 가정 경제에 기여함으로써 자아만족과 행복을 경험하게 된다. 그러나 기존의 가족형태에서 남편이 도구적 역할, 아내가 표현적 역할을 분담하여 수행해 왔다는 점을 고려할 때, 맞벌이가족에서는 부부역할의 공유, 동등한 의사결정, 평등한 동반자적 관계의 유지와 같은 가족의 역할분담이나 가족 이데올로기의 변화를 요구한다.

2) 맞벌이가족의 발생 배경

현대사회의 가족 변화에 영향을 끼친 요인으로 사회문화적 환경, 산업화, 도시화 등 다양한 요인을 들 수 있지만 많은 학자들은 산업화의 영향이 크다고 본다. 맞벌이가족은 산업화로 인해 기혼여성의 노동참여율이 높아지면서 등장한 가족형태의 하나라는 점에서 그 발생 배경을 농경사회, 산업사회, 후기산업사회로 나누어 살펴볼 수 있다(김혜경 외, 2008).

농경사회에서는 가정과 일터가 분리되지 않았으므로 부부가 생계유지 수단을 공유하였으며, 그 시대의 여성은 남성과 마찬가지로 어떤 형태로든 경제활동에 참여하였다.

18세기 후반의 산업혁명으로 산업화, 도시화가 되면서 가정과 일터가 점차 분리되었다. 남성은 제도화된 사회 내에서 일정한 직장을 가지며 노동을 제공한 대가로 임금을 받으면서 직장공동체에서 역할을 맡고 개인적인 능력을 발휘하는 기회를 갖게 되었다. 반면, 기혼여성은 가정 내에서 어머니의 역할과 남편 내조자의 역할을 요구받고, 가사노동을 전담하면서도 가사노동에 대한 가치를 사회적으로 인정받지 못하고 있었다. 노동시장에서는 여성의 노동시장 참여를 제한함으로써 여성을 차별대우하였고 그나마 취업여성의 대부분은 미혼여성들이었다.

후기산업사회에서 가족은 평등한 가족관계 지향, 가족유대와 결속력의 약화, 가족구성원의 개인주의화로 특징지어지며 여성의 경제활동이 급속히 증가하게 되었다. 여성적 특성을 살린 직업이 다양하게 증가하였고, 축적된 기술을 갖고 있고 정서적 안정감과 직업의식이 뚜렷한 기혼여성 인력의 중요성을 깨닫게 됨으로써 여성, 특히 기혼여성의 경제활동참여율이 높아지게 되었다.

한편 우리나라를 비롯하여 오늘날 후기산업사회에 진입한 사회에서는 남녀 간 역할 분담의 재편성에 의해 경제활동을 하는 아내와 가사를 전담하는 남편(house-husband, 主夫)으로 구성된 가족이 출현하였다. 따라서 미래의 맞벌이 가족에 관한 논의에서는 기혼여성뿐만 아니라 기혼남성의 경제활동 참여나 취업동기 등을 고려할 필요가 있을 것이다. 그러나 기존의 가족 생활양식에 비추어 볼 때, 오늘날의 맞벌이가족은 아직 기혼여성의 취업에 주목하여 제한적으로 논의되고 있으므로 본 장에서도 기혼여성의 취업, 생활, 복지에 초점을 두고자 한다.

3) 맞벌이가족의 유형

기혼여성의 주요 취업동기는 경제적 필요, 개인적 성취동기이다(이영숙·박경란·전귀연, 2008). 수입원이 남편 외에 추가됨으로써 가정의 경제수준이 향상되며, 자신의 수입에 따른 심리적 안정감을 얻게 되고, 소비 수준의 향상 및 그에 따른 추가 소득에 대한 욕구가 더 강화되어 어려움을 감수하면서도 경제활동을 하게 되는 것이다. 또한 개인적 성취동기는 자아를 실현하려는 욕구, 그리고 여성과 남성의 평등의식에 의해 가정 내의 역할만으로는 만족하지 못하고 가정 외에서 또 다른 역할을 추구하도록 하는 취업동기이다.

이외에도 기혼여성의 취업 이유는 다양하게 들 수 있다. 여성에게 적합한 취업 분야의 출현에 따른 여성노동력의 수요 증가는 여성의 취업을 용이하게 하였다. 또한 가사노동을 대신해 주는 기기의 발달과 보급, 자녀 수의 감소는 기혼 여성의 재취업을 용이하게 하고 직장과 가정에서의 이중역할 수행에 따른 어려움을 감소시켜 주었다. 아울러 여성의 교육 기회 증가는 교육수준을 향상시켜 직업을 통해 남성과의 경쟁에서 자신의 능력을 발휘하게 해 주었다.

맞벌이가족의 유형 또는 기혼여성의 취업 유형은 이상과 같은 여성의 주요 취업동기에 따라 다음과 같이 분류된다.

| 표 7-1 | 맞벌이가족의 유형 또는 기혼여성의 취업 유형

유형	정의	여성의 관련 특성
생계유지형	가족의 경제적 필요에 의해 기혼여성이 자발적 혹은 비자발적으로 취업하는 형태	학력이 낮을수록, 연령층이 40대 이상인 경우 특히 많다.
내조형	생계의 위협을 받지는 않지만 가족의 좀 더 나은 경제적 여유를 위해, 또는 남편의 출세나 학업을 위해 남편을 대신하여 생계를 전적으로 담당하기 위해 취업하는 형태	여성의 성역할 태도는 매우 보수적이며 남편에게 종속된 위치를 수용하는 특성을 보인다.
자아실현형	중산층 이상의 고학력 여성이 취업을 통하여 자아를 실현시키고 근대적인 성역할 태도에 입각하여 평등한 부부관계를 정립하기 위해 취업하는 형태	학력이 대졸 이상으로 높을수록, 연령이 젊을수록, 농촌보다는 도시 거주자일수록 많다.
여가활용형	주로 중산층을 중심으로 경제적 이유, 내조, 자아실현 등을 크게 의식하지 않고 자신의 취미를 살리고 여가를 활용하기 위하여 취업하는 형태	다른 유형의 맞벌이가족에 비해 취업동기가 낮은 편이다.

맞벌이가족의 또 다른 유형으로는 직업에 참여하는 시간에 따라 시간제 취업, 전일제 취업 유형이 있다. 여기에 일하는 장소를 덧붙여 가정 밖의 전일제 취업, 가정 안의 전일제 취업, 가정 밖의 시간제 취업, 가정 안의 시간제 취업으로 분류하기도 한다(이영숙 외, 2008).

4) 맞벌이가족의 특성

맞벌이가족은 전통적인 확대가족이나 기존의 핵가족과는 달리 다음과 같은 특성을 보인다(김혜경 외, 2008; 이영숙 외, 2008).

(1) 가족구조적 측면

가족구조적 측면에서 맞벌이가족은 확대가족이나 핵가족의 형태를 취한다. 그러나 맞벌이가족은 홑벌이가족의 경우보다는 일반적으로 자녀양육이나 가사노동의 편의를 위한 주변의 지원이 필요하므로 확대가족의 비율이 약간 높다. 핵가족의 구조를 취하는 경우에도 친인척들이 가까이 거주하여 상호부조가 쉬운 수정핵가족 또는 수정확대가족의 형태를 보이는 경우가 많다.

(2) 가정경제적 측면

맞벌이가족의 아내는 자신의 취업상태를 유지하기 위한 비용을 지불해야 하며, 취업에 따른 시간부족으로 가계의 소비 형태를 바꾸게 된다. 즉, 취업상태를 유지하기 위해서 출퇴근을 위한 교통비, 자녀가 있는 경우에는 보육 비용 등의 지출이 요구된다. 또한 아내는 취업에 따른 제한된 시간 속에서 직장노동과 가사노동을 병행해야 하는 경우가 많으므로 시간을 절약할 수 있고 노동량을 감소시킬 수 있는 편의 위주로 가계의 생활양식이 바뀌게 된다. 아내의 취업에 의한 가계소득의 증가는 가계의 구매력을 증가시키므로 지출 또한 증가하게 되며, 특히 식료품과 의복 등 생활필수재의 구매는 가족구성원의 후생증진에 상당히 기여하고 있다.

(3) 가족관계 측면

① 부부관계

아내의 취업이 부부관계에 미치는 영향을 조사한 초기의 연구들은 아내의 취업이 부부간의 지위 경쟁을 일으켜 결혼생활을 해친다는 부정적인 영향을 강조하는 입장을 주로 보였다. 취업아내는 가정의 역할과 직업적 역할에 시간이 부족하여 부부가 함께하는 시간의 감소, 이중역할 부담과 가사분담의 불공평성 지각 등을 경험함으로써 결혼의 질에 부정적인 영향을 받기도 한다.

그러나 취업아내는 가족 외부의 경험을 통해 남편과 상호 이해하면서 부부의 동반자적 관계가 증진된다는 맞벌이가족의 긍정적인 영향이 밝혀졌다. 그리고 아내의 취업 자체보다는 맞벌이가족의 생활여건과 심리적 요인에 따라 부부관계는 달라질 수 있다는 연구결과들이 지배적이다. 예로서, 자녀 수가 적을수록, 아내의 직업만족도가 높을수록, 아내가 자발적으로 취업한 경우, 남편이 아내의 취업을 인정하는 경우, 부부가 근대적 성역할 태도를 가진 경우 부부관계의 질이 높고 부부적응도가 높다고 보고된다.

한편 취업한 아내의 경제적 공헌도는 권력을 증가시켜 남편의 권력을 상대적으로 감소시킬 수 있다. 그러나 우리 사회에서는 아내의 취업이 부부간의 권력분배에 직접적으로 영향을 못 미친다고 밝혀진 바 있다. 전통적인 남성 중심의 가부장적 이데올로기와 경직된 사회적 규범 때문에 아내의 경제적 자원이 권력증가에 제대로 기여하지 못하는 것이다.

② 자녀관계

자녀는 부부관계에 많은 변화를 가져오게 하는 원인이다. 부부간의 양자관계는 자녀 출생으로 인해 부모와 자녀라는 삼자관계로 바뀌고 부모역할 수행에 따라 부부역할 및 상호작용 형태에 변화가 일어난다. 취업여성은 전업주부에 비해 부모기로의 전환에 따른 어려움을 더 많이 겪고 자녀양육 특히 자녀의 대리양육 문제로 많은 스트레스를 받는다.

취업모 자녀의 발달 단계별로 취업모와 자녀의 관계를 정리하면 다음과 같다.

어머니의 취업 때문에 생후 일 년 이내의 영아가 일주일에 20시간 이상 대리양육자에 의해 양육될 때 어머니와 영아 자녀의 애착관계는 부정적인 영향을 받을 수 있다. 그러나 대리양육의 질에 따라 어머니 부재의 영향은 다를 수 있어, 오히려 질 높은 어린이집에서의 경험이 영아의 인지적·사회적 발달에 긍정적인 영향을 미친다고 보고된다.

학령전기 아동의 경우 역시 자녀의 발달이 단적으로 어머니의 취업 여부에 따라서 차이가 난다고 보기는 어렵다. 취업모의 자녀는 좀 더 평등한 성역할 개념을 가지며 독립성을 기르기 위한 훈련을 더 많이 받는다. 어머니 부재의 영향은 어머니의 교육 수준이 높을수록 감소되고 어머니의 직업만족도가 높을수록 자녀에게 긍정적인 영향을 미치게 된다.

자녀가 초등학교에 입학하게 되면 방과 후 시간이 문제가 된다. 취업모 학령기 자녀의 50% 이상이 혼자서 방 정리나 목욕하기 등 스스로 자기관리를 한다는 보고도 있다. 취업모는 자녀 특히 딸의 성역할 태도 형성에 영향을 미친다. 어머니의 직업에 대한 자부심이 크고 지지적이며 어머니의 성역할 모델을 통해 평등한 성역할 태도를 갖는 경향이 있다.

사춘기의 자녀는 어머니의 돌봄을 덜 요구하고 오히려 독립에 대한 요구가 증가되므로 시간이 부족한 취업모에게는 큰 어려움을 주지 않아 어머니의 취업이 자녀의 발달에 긍정적 영향을 미친다. 비록 아들에 대한 어머니 취업의 영향은 일관되게 보고되지 않고 있으나 취업모 딸의 경우, 학업성취도가 높고 성취감의 발달에 도움이 된다고 알려진다.

(4) 기혼여싱의 취업 양상

기혼여성의 취업 직종은 지역의 산업구조에 따라 차이가 있다. 농촌에서는 농업 관련직이 대부분을 차지하며, 도시에서는 대부분의 직종이 판매직과 서비스직이고 생산직도 다수를 차지한다. 취업 직종은 기혼여성의 학력수준과 높은 상관관계가 있다. 농업 관련직은 저학력, 판매·서비스직은 중간 수준의 학력, 전문기술직과 사무직에는 고학력 계층이 편중되어 있다.

2. 맞벌이가족의 현황

1) 여성의 경제활동 참여

산업화 과정에서 일터와 가정이 분리되면서 가정에 머물고 있던 여성들의 경제활동참가율은 다양한 요인에 의해 증가하고 있다. 성평등 의식의 확산은 여성의 경제활동 참여를 촉진하는 분위기를 만들며, 노동시장의 수요 면에서는 육체적 강인함을 요구하지 않는 사무직 · 전문직 · 정보산업 관련직이 늘어나 여성의 진출 분야가 확대되고 있다. 공급 면에서는 고등교육의 기회가 확대되어 훈련된 여성 인력이 증가하고 출산율 저하, 가전제품의 발달에 의한 가사노동 시간의 단축으로 경제활동 참여 여건이 조성되고 있다(정은 · 은선경, 2009).

또한 산업화 및 도시화, 양성평등화, 초혼연령의 상승에 의한 미혼여성의 취업기회 확대, 여성의 교육 수준 향상 등의 요인이 여성의 경제활동 증대와 경제적 독립의 가능성을 증대시켰다는 입장도 있다(김승권 · 전광희 · 김민자 · 이연주 · 김유경 · 서문희 외, 2005). 우리나라 여성 취업자의 연령대별 경제활동참가율이 1995년 48%에서 2015년부터는 50%대로 진입하였다는 통계는 이를 잘 반영해 주고 있다.

| 표 7-2 | 여성 취업자의 연령대별 경제활동참가율

(단위: %)

연령대	1995	2000	2005	2010	2015	2019
계	48.4	48.8	50.3	49.6	51.9	53.5
15~19세	14.5	12.5	10.2	8.5	9.9	9.0
20~29세	57.0	58.4	64.4	62.4	64.3	64.3
30~39세	53.4	54.1	54.6	55.4	58.7	64.1
40~49세	63.2	64.3	64.4	65.8	67.6	66.7
50~59세	56.5	53.5	54.4	58.0	63.2	66.3
60세 이상	28.7	30.1	28.3	27.0	30.0	33.6

출처: 통계청(2020a). 경제활동인구조사.

그러나 2016년 기준 우리나라 여성의 연령별 경제활동참가율은 56.2%로 남성의 고용률 75.8%보다 낮다. 또 OECD 주요 선진국가의 평균 고용률 62.8%보다 낮고, 특히 출산과 육아기에 해당하는 30대 여성의 고용률이 떨어지는 전형적인 M자형을 보인다. 이는 결혼 및 출산에 의해 여성 취업자의 상당수가 노동시장을 퇴직하는 소위 경력단절 현상을 뚜렷하게 나타내는 것으로, 경력단절은 여성의 고용을 어렵게 하는 근본 원인이 되기도 한다.

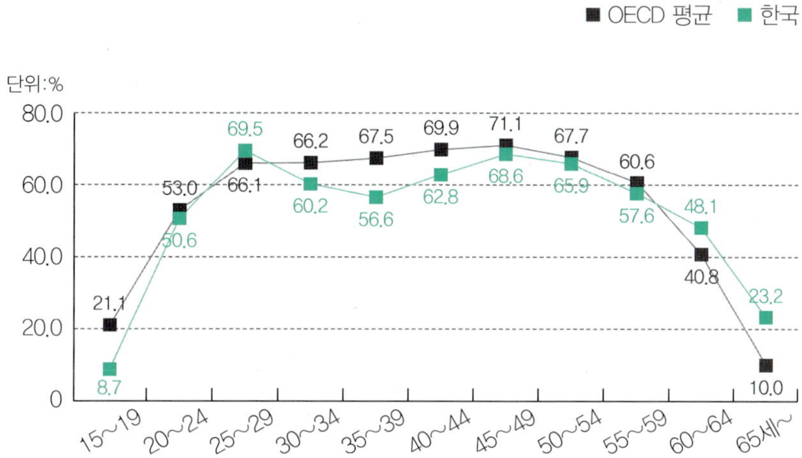

| 그림 7-1 | 연령대별 여성 고용률(2016년)

출처: 고용노동부(2018). 제6차 남녀고용평등과 일·가정양립 기본계획(2018~2022).

한편 여성 취업자의 종사상 지위를 임금근로자와 비임금근로자로 분리하여 구성 비율을 보면, 임금근로자의 비율이 2000년 62%에 비해 2018년 77%로 증가하였다(통계청, 2019). 비임금근로자가 감소되고 있고 임금근로자 중에서 임시·일용직 근로자가 차지하는 비율이 감소하고는 있으나 여성 빈곤층, 비정규직 여성의 모성보호 관련 문제에 대처하는 정책의 수립이 지속적으로 요구된다.

| 표 7-3 | 여성 취업자의 종사상 지위별 구성비

(단위: %)

연도	취업자	비임금 근로자 (계)	자영 업주	무급 가족 종사자	임금 근로자 (계)	상용	임시	일용
2000	100	38.5	19.2	19.2	61.5	19.1	28.5	13.9
2010	100	27.1	16.2	10.9	72.9	34.5	30.0	8.4
2015	100	23.6	14.5	9.1	76.4	43.1	27.6	5.8
2018	100	22.6	14.2	8.4	77.4	47.4	25.5	4.5

주) 취업자=비임금근로자+임금근로자

출처: 통계청(2019). 경제활동인구조사.

2) 맞벌이 관련 사회 인식

여성의 취업에 대한 견해를 15세 이상의 인구를 대상으로 조사한 통계청 자료를 보면, '여성이 직업을 갖는 것이 좋다'는 반응은 1998~2017년간 유사하게 약 85% 전후로 높게 나타난다. 구체적으로는 '가정 일에 관계없이 취업한다'는 응답 비율은 점차 증가하고 있고, M자형 취업곡선의 경향을 보이게 하는 '결혼 전과 자녀 성장 후 취업한다'는 응납 비율은 지속적으로 감소하고 있다. 전반적으로 여성이 남성에 비해 여성의 취업에 지지적인 입장을 취하고 있다.

| 표 7-4 | 15세 이상 인구의 여성의 취업에 대한 견해

(단위: %)

연도	응답자 특성	여성 취업에 대한 견해							
		직업 갖는 것이 좋다	결혼 전까지만	첫 자녀 출산 전까지만	자녀 성장 후	결혼 전과 자녀 성장 후	가정 일에 관계없이 취업	가정 일에 전념하는 것이 더 중요하다	잘 모르겠다
1998	전체	86.9	11.6	7.5	14.5	26.4	26.8	10	3.1
	남성	84.7	13.1	8.4	15.0	25.2	23.1	11.6	3.7
	여성	88.9	10.3	6.7	14.0	27.6	30.4	8.5	2.6
2006	전체	85.5	5.0	7.3	13.0	27.4	47.3	8.7	5.8
	남성	81.8	5.9	8.8	14.3	27.6	43.3	10.9	7.4
	여성	89.0	4.1	6.0	11.9	27.2	50.8	6.7	4.3
2011	전체	84.4	4.6	7.0	14.3	23.7	50.4	8.1	7.5
	남성	80.9	5.4	8.4	15.3	23.0	47.8	9.7	9.4
	여성	87.6	4.1	6.0	13.0	23.9	53.1	6.3	6.2
2017	전체	87.2	3.1	4.7	13.0	22.0	57.1	5.9	6.9
	남성	84.1	3.2	5.5	14.4	21.7	55.2	7.1	8.8
	여성	90.2	3.0	4.0	11.8	22.4	58.9	4.7	5.1

출처: 통계청(2017). 2017년 사회조사 결과.

여성의 취업에 대한 긍정적인 입장이 지속적으로 증가하는 가운데 여성취업의 가장 큰 장애 요인은 '육아부담(45.9%)', '사회적 편견 및 관행(23.4%)', '불평등한 근로여건(10.3%)'의 순으로 높은 비율로 나타나고 있다. 응답자의 연령에 따라 차이가 있어 자녀 육아기라 볼 수 있는 30~40대는 '육아부담'을, 13~19세는 '사회적 편견, 관행'이 가장 큰 장애요인이라고 인식하는 것으로 보고된다(통계청, 2017).

| 표 7-5 | 여성취업의 장애 요인

(단위: %)

	계	육아 부담	사회적 편견, 관행	불평등한 근로 여건	가사 부담	직업의식 책임감 부족	가족 돌봄[1] (육아 제외)	일에 대한 여성능력 부족	구인정보 부족	기타[2]
2015년	100.0	47.5	21.5	10.8	5.9	4.6	-	2.2	1.2	6.3
2017년	100.0	45.9	23.4	10.3	4.9	4.0	2.2	1.8	1.3	6.1
남자	100.0	43.9	23.9	9.2	4.6	5.6	2.0	2.3	1.2	7.4
여자	100.0	47.9	22.9	11.3	5.3	2.5	2.4	1.3	1.5	4.9
13~19세	100.0	31.3	36.2	11.7	3.1	4.0	1.7	2.3	1.3	8.4
20~29세	100.0	38.3	31.5	11.1	3.0	6.0	1.6	2.7	1.3	4.5
30~39세	100.0	58.2	19.5	10.2	2.3	4.0	1.2	0.9	0.9	2.8
40~49세	100.0	50.2	21.1	11.3	4.6	4.4	2.3	1.8	1.3	2.9
50~59세	100.0	43.1	22.9	11.4	7.0	3.8	2.7	1.9	1.7	5.6
60세 이상	100.0	46.2	18.5	7.6	7.4	2.7	2.9	1.5	1.4	11.7

주: 1) 2017년에 새로 추가된 항목
2) '모르겠음' 포함

출처: 통계청(2017). 2017년 사회조사 결과.

일과 가정생활 중 무엇을 우선으로 하는가는 맞벌이가족 구성원의 가족생활 특성에 영향을 미칠 수 있다. 2017년 '일을 우선'으로 생각하는 사람은 42.9%로 2015년의 53.7%보다 10.6% 만큼 크게 감소하고 '일과 가정을 비슷'하게 생각하는 사람은 42.9%로 2015년의 34.4%보다 8.5%만큼 크게 증가한 것으로 보고된다. 여성은 일과 가정생활을 비슷하게 생각하는 경우가 48.4%로 높게 나타나고, 30대와 40대가 '가정생활을 우선'으로 생각하는 비율이 상대적으로 높음을 알 수 있다.

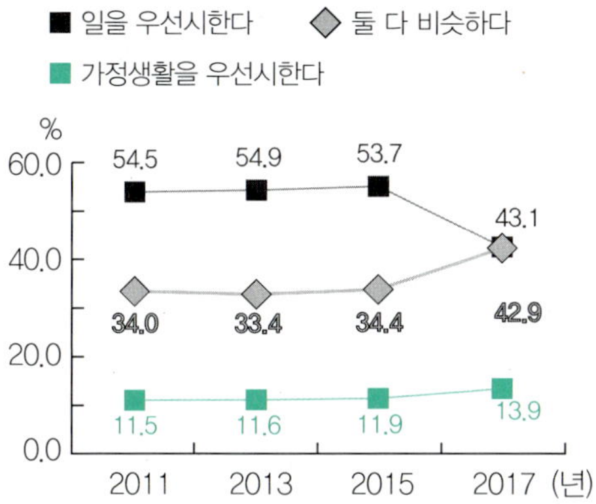

| 그림 7-2 | 일과 가정생활의 우선도

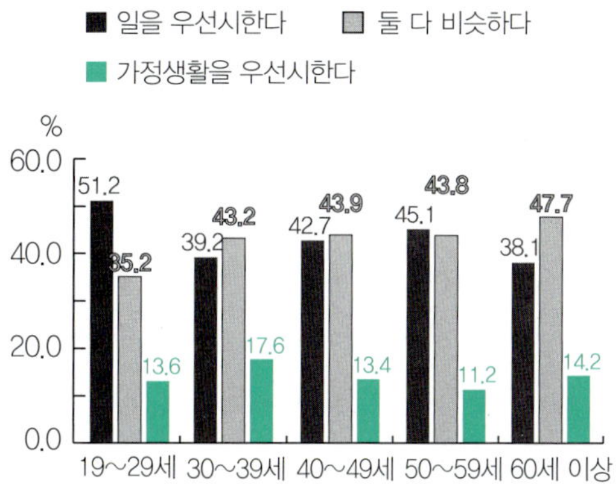

| 그림 7-3 | 일과 가정생활의 우선도(2017년)

출처: 통계청(2017). 2017년 사회조사 결과.

3. 맞벌이가족의 문제

맞벌이가족이 겪는 문제는 취업아내가 가정과 직업의 이중역할을 수행하며 겪는 어려움인 역할긴장(role strain) 또는 역할갈등(role conflict)과 밀접히 관련된다(이영숙 외, 2008).

가정과 직장에서의 역할수행은 각각 양립 불가능한 시간을 요구하며 가사노동, 자녀양육과 교육, 부모부양 등 가정 일에 대한 책임이 우선적으로 아내에게 주어지기 때문에 역할긴장으로 작용한다. 직업적 역할의 수행 때문에 가정에서의 역할을 제대로 수행할 수 없거나 역할을 대행해 줄 사람이 없을 경우 취업아내는 휴식 시간이 부족하며 직업적 성취를 위한 업무를 제대로 할 수 없다는 점에서 좌절감, 죄의식, 역할갈등을 느끼게 되고 그 결과는 가족에게도 영향을 미친다.

1) 자녀양육과 교육 문제

맞벌이가족이 당면하는 가장 큰 문제는 자녀양육과 교육의 문제이다. 자녀양육의 책임이 일차적으로 아내에게 주어지는 현실에서 특히 36개월 미만의 영아를 둔 취업여성은 보육비용에 대한 부담을 가장 심각하게 느끼므로 우수한 질의 양육조건을 선택하기조차 어렵다(이영숙 외, 2008; 한국여성정책연구원, 2009). 취업아내 대부분은 자녀양육의 대행자가 시·친정 부모인 경우에는 과잉보호에 따른 갈등, 가정부나 파출부인 경우에는 애정 없는 양육에 대한 우려, 형제끼리 지내게 하는 경우에는 자녀에 대한 죄의식 등을 느낀다.

핵가족 맞벌이 가족의 여성이 역할긴장을 겪는 현상에 대해 Skinner(1980)는 가족 내의 구조와 의식 간의 불일치에 의한 지체현상 때문이라고 설명한다(도미향·이기숙·강기정·이무영·박경애, 2009 재인용). 즉, 아직 전통적인 가부장제 이데올로기를 벗어나지 못한 상태에 있어서, 자녀가 잘못되면 그 원인을 어머니가 가정을 지키지 않고 취업한 탓으로 돌리는 경향이 있고 어머니 자신도 정체감의 혼란을 겪게 된다는 것이다.

자녀의 입장에서 보면, 맞벌이가족의 자녀는 어머니의 취업으로 인해 자기보호(sclf-carc)를 해야 하는 상황에 처할 가능성이 높아 삶의 질에 위협을 받을 수 있다. 맞벌이가족의 초등학교 저학년의 방과 후, 자기보호 아동에게 사회의 지지가 제대로 주어지지 않는다면, 학교폭력이나 가정폭력에의 노출 증가, 학업에 대한 압력 증가, 비행이나 일탈의 증가 등과 같은 현대사회 가족의 문제에 더 취약할 수 있다는 우려도 있다(도미향 외, 2009).

이처럼 어머니의 자녀양육 역할을 극대화해 보면, 어머니의 취업은 자녀에게 부정적인 영향을 미친다고 볼 수 있다. 그러나 어머니의 역할을 대신하거나 보충하는 사람이 계속 자녀를 돌본다면 아동의 정서적 유대나 대화에는 별 문제가 없다고 보는 입장도 있다(장경미, 1995). 그러므로 어머니의 취업여부보다는 자녀를 어떻게 양육하는가, 즉 양육의 질이 더 중요한 변수이다.

2) 가족관계 문제

기혼여성의 취업은 맞벌이가족 부부의 역할구조나 다른 가족구성원들과의 관계에 직·간접적인 영향을 미친다. 부부관계에서의 외면적 역할뿐만 아니라 내면적 태도와 관계의 변화를 가져와 부모-자녀 관계, 노부모를 비롯한 다른 가족구성원과의 관계에 영향을 미치게 된다. 예로서, 부인의 취업에 따라 부부가 동반자적 부부관계를 형성하기보다는 부부가 함께하는 시간의 감소로 결혼의 질이 떨어진다면 동거하는 노부모와의 관계에도 부정적인 영향을 미칠 수 있다.

또한 가족 내 돌봄을 전적으로 담당해 온 아내는 가사분담의 불공평함을 자각하거나 가사노동 시간의 부족으로 더 이상 혼자서 담당할 수 없는 한계적 상황에 도달할 수 있다. 맞벌이가족이 보편적인 가족생활 유형으로 자리 잡은 현실에서 이러한 맞벌이가족의 문제는 더 이상 특정 가족의 문제가 아니므로 국가와 사회는 맞벌이가족의 부담을 덜어 주고 분담해야 할 책임이 있다(도미향 외, 2009).

3) 가사역할 분담의 문제

우리나라의 전통적인 남성 중심의 가부장적 이데올로기는 여전히 음식준비, 세탁, 청소와 같은 가사역할을 여성의 역할로 간주한다. 남성은 직업을 가져도 가사노동의 책임을 느끼지 않는 반면, 여성은 취업을 하더라도 가사노동으로부터 해방되지 않는다. 경제발전의 과정에서 남편에게는 가사역할의 분담보다는 가족의 도구적 역할만이 강조되었고, 맞벌이 아내에게는 직장을 가졌기에 오히려 가사노동을 더 잘 해내야 한다는 자격지심까지 작용하기 때문이다. 따라서 가정에서의 역할이 재조정되지 않는 한, 맞벌이 여성의 취업에 따른 문제를 해결할 수 없을 것이다. 반면, 남편의 평등한 성역할 수행과 지지는 남편의 가사참여를 증가시켜 맞벌이 여성이 어머니로서의 역할을 수행하고 심리적 복지감을 갖는 데 기여한다.

그러므로 취업여성은 가족구성원의 유기적 관계를 재구성하여 가족구성원 모두가 능동적으로 가사노동을 수행하고 일의 기쁨과 보람을 느끼도록 해야 할 것이다. 아울러 공적 세계에서의 사회적 노동, 직업 활동만을 중시하는 가부장적 가치관을 극복하고 가사노동을 정당하게 평가하는 가치관으로의 변화를 통해 가사노동과 임금노동의 가치 불균형을 해소할 필요가 있다.

4) 저출산의 문제

저출산의 원인은 여성의 학력 상승과 사회 진출, 자녀의 양육비·교육비의 부담과 같은 경제적 요인, 젊은 세대의 개인주의적 가치관, 결혼을 필수가 아닌 선택의 대상으로 보는 결혼관의 변화 등 다양하다(은기수, 2006; 장진경, 2005). 그러나 여성이 출산과 육아를 책임져야 한다는 사회적 고정관념이 근본 원인이 될 수 있다(도미향 외, 2009). 즉, 취업여성은 맞벌이부부의 역할구조가 변하지 않은 상태에서 가정과 직장의 양립을 위해 '슈퍼우먼' 노릇을 계속해야 한다면, 자녀를 출산하고 양육하는 것을 재고할 수밖에 없는 것이다.

여성의 경제활동참가율이 결혼과 함께 급격히 감소하고 출산과 함께 더욱 낮아진다는 것은 취업여성이 결혼이나 출산 그 자체보다는 육아를 가장 힘들어한다는 것을 보여 준다. 출산의 위기를 넘기더라도 육아문제가 해결되지 못한다면 직장을 그만두거나 출산을 연기하게 된다. 이제 출산과 육아는 경력단절의 주요 이유이자 여성의 사회활동에 있어 장애요인이 되고 있는 것이다.

그러나 OECD 국가에 대한 분석에서, 과거에는 여성의 노동참여가 적을수록 출산율이 높았지만 근래에는 가족지원 정책과 출산율이 높은 정적 상관관계가 있다고 보고되었다(Castles, 2003). 여성의 경제활동참가율이 높은 미국·영국·뉴질랜드·스웨덴 등은 출산율도 높지만, 여성의 경제활동참가율이 낮은 한국, 일본, 스페인, 이탈리아 등은 출산율도 낮다(한국여성정책연구원, 2009). 이러한 결과는 여성의 경제활동 진출이 용이한 사회일수록, 즉 양육과 직업을 병행할 수 있도록 가족지원제도를 마련한다면 출산율이 높아질 수 있음을 시사한다. 저출산의 탈피를 위해 정부의 대응책이 더욱 적극적으로 추진되어야 하는 이유도 여기에 있다.

4. 맞벌이가족을 위한 복지대책

1) 거시적 복지대책

여성의 경제활동 참여 증가, 맞벌이가족의 확대 등은 일하는 부모의 일·가족 양립을 위한 제도적 지원과 정책의 변화를 요구하고 있다. 맞벌이가족을 위한 정책은 단순히 여성의 경제활동 지원을 위한 정책이 아니라 일과 가족생활의 균형을 통해 가족구성원 모두의 욕구가 제대로 충족될 수 있도록 지원하는 정책이다. 최근 우리 사회의 문제로 제기되고 있는 저출산, 결혼 기피와 만혼 현상, 가족 내 갈등 등의 문제는 일과 가족생활을 조화롭게 병행할 수 있도록 지원받아야 하는 맞벌이가족의 복지와 관련된다.

(1) 모성보호 관련 지원 정책

맞벌이가족의 출산과 육아 관련된 일·가정 양립을 지원하기 위한 거시적 복지대책으로 2017년 현재 관련 정부 부처에서 시행하는 정책의 목표와 내용은 〈표 7-6〉과 같다.

| 표 7-6 | 맞벌이가족의 일·가정 양립을 지원하기 위한 정부 정책(2017년 기준)

구분	제5차 일·가정 양립 기본계획(2013~2017년)	제3차 건강가정기본계획(2016~2020년)	제3차 저출산·고령사회 기본계획(2016~2020년)
근거 법규	「남녀고용평등법」 제6조의 2	「양성평등기본법」 제7조	「저출산·고령사회기본법」 제20조
주관 부처	고용노동부	여성가족부	보건복지부
정책목표	여성고용률 제고 및 남성 일·가정 양립 확대	다양한 가족의 삶의 질 향상 및 남녀 모두 일·가정 양립 실현	합계출산율 제고 및 노인빈곤율 완화
주요 내용	• 남성 육아참여 확대 • 장시간 근로관행 개선 • 직장맘을 고려한 사회정책	• 일·가정 양립 제도 정착 • 남성의 일·가정 양립 지원 강화 • 기업의 일·가정 양립 실천 촉진	• 양성이 평등한 일·가정 양립 • 중소기업·비정규직도 아이 키우기 좋은 환경

출처: 여성가족부(2018). 일·가정 양립 지원제도 운영실태.

일·가족 양립정책은 자녀양육의 책임을 갖는 남녀근로자의 일과 가족생활을 지원하는 모든 가족친화적 정책을 의미하며 취업 부모의 노동 지속과 평등한 자녀양육을 정책 목표로 한다(홍승아·이미화·김영란·유계숙, 2009). 그러므로 일·가족 양립정책은 자녀가 일정 연령에 이를 때까지 양육 과정에서 요구되는 서비스 인프라에 대한 지원을 지속적·포괄적으로 제공해야 한다(홍승아 외, 2009). 즉, 출산 전·후 시점에서는 산전후 휴가, 그리고 출산 후에는 일정 기간의 육아휴직이 요구되며, 육아휴직이 종료된 후 직장에 복귀하게 되면 육아 근로자에 대한 노동시간 정책의 지원이 요구되는 것이다. 휴가 정책이나 노동시간 정책이 동시에 가능하기 위해서는 보육서비스가 인프라로서 제공되어야 함은 물론이다.

출산, 육아와 같은 모성보호 관련 일·가정 양립을 위해 추진되고 있는 사업의 예를 〈표 7-7〉에 근거하여 살펴보기로 한다(여성가족부, 2018).

| 표 7-7 | 일·가정 양립 지원사업의 추진체계(2017년 기준)

생애주기	근로자 보호 및 지원	사업주 지원 및 감독	소관부처
임신·출산기	출산 전후 휴가	출산육아기 고용안정장려금(비정규직 재고용)	고용노동부
	유산·사산휴가 임신근로시간 단축	시간선택제 일자리(전환형)	
영·유아기 (육아기)	육아휴직	출산육아기 고용안정장려금 (육아휴직 등 부여, 대체인력지원금)	고용노동부
	육아기 근로시간 단축	시간선택제일자리(전환형)	
		직장어린이집 설치 등 지원	고용노동부, 보건복지부
전연령대	가족돌봄휴직	시간선택제 일자리(신규창출형, 전환형)	고용노동부
		장시간 근로감독	
		가족친화인증제도	여성가족부

출처: 여성가족부(2018). 일·가정 양립 지원제도 운영실태.

① 근로자 보호 및 지원 사업

임신과 출산 시기 여성근로자의 모성을 보호하고 육아기 근로자의 일·가정 양립 지원을 위해 출산 전후 기간에 90일의 휴가를 제공하는 출산전후휴가제도, 만 8세 이하의 자녀가 있는 근로자에게 1년 이내 휴직을 허용하는 육아휴직제도가 시행되고 있다. 또한 휴가(휴직)제도의 원활한 이용을 위해 고용노동부는 고용보험기금에서 근로자의 통상임금 전부 또는 일부를 휴가(휴직)급여로 지원한다. 출산휴가와 육아휴직의 이용자가 꾸준히 늘고 있으나 소규모 사업장, 남성의 이용 비율은 낮은 편이다.

② 사업주 지원, 감독, 인식개선 사업

먼저 근로자의 휴직 사용, 그에 따른 대체인력의 고용과 연계하여 지급되는 출산육아기 고용안정장려금 지원제도가 있다. 구체적으로는 육아휴직 장려금, 육아기 근로시간 단축 장려금, 대체인력 인건비 지원금, 비정규직 재고용 지원금이 포함되며 비정규직 재고용 지원금을 제외한 지원금들의 지급 실적이 증가하는 실정이다.

시간선택제 일자리 지원제도는 근로자가 필요에 따라 전일제보다 짧은 시간을 일하며 고용 안정이 보장되도록 양질의 시간선택제 일자리를 제공하는 사업주에 대해 인건비의 일부를 지원하는 제도로 2013년부터 시행되고 있다. 2015년부터는 전일제 근로자가 육아 등의 사유로 시간선택제로 전환 근무를 하는 경우 인건비를 지원해 주는 제도이다.

직장어린이집 설치 등 지원 사업은 근로자의 보육 지원을 위한 직장어린이집 설치비용을 지원하거나 융자해 주며 보육교사의 인건비를 지원해 주는 것이다. 관련하여 보건복지부는 직장어린이집 설치의무의 이행률을 높이도록 2016년부터 설치의무 미이행 사업장에 대해 이행강제금 제도를 도입 시행하고 있다. 설치의무 사업장인 상시 근로자 500명 이상 또는 여성근로자 300명 이상의 사업장 중에서 2016년 설치의무를 이행한 사업장의 비율은 79.2% 수준이다.

일·가정 양립에서 중요한 것은 근로시간의 단축이다. 고용노동부는 근로기준법에 규정된 법정근로시간의 위반사항을 적발하기 위해 장시간 근로에 대한 근로감독을 한다. 그 적발비율은 2012년 86.7%에서 2016년 47.3%로 감소하고 있다.

일과 가족에 대한 책임이 조화롭게 병행되는 가족친화적인 직장환경과 마을환경을 조성하여 근로자와 가족구성원의 복지를 향상시키고 기업의 생산성과 이미지 향상에 기여하는 한편 사회 전반에 가족친화적인 환경의 정착에 기여하는 데 목적을 두고 「가족친화 사회환경의 조성 촉진에 관한 법률」이 2008년부터 시행되고 있다. 관련하여 여성가족부는 가족친화제도를 모범적으로 운영하는 기업이나 기관에 인증을 부여하고 인증기업에는 금리우대, 공공부문 사업자 선정에서 가산점 부여와 같은 인센티브를 지원하고 있다.

「가족친화 사회환경의 조성 촉진에 관한 법률」의 주요 내용

- 가족친화 직장환경의 조성 촉진을 위해서 가족친화제도에 대한 컨설팅, 직장 내 가족친화 교육 실시 및 강사양성, 가족친화 프로그램 개발·보급 등을 지원
- 가족친화 마을환경의 조성 촉진을 위해서 가족친화 마을 모델의 개발·보급, 가족친화 시설 조성 지원, 지역사회 가족돌봄 프로그램 개발·지원, 마을환경의 가족친화적 요소에 대한 평가 등의 사업 실시
- 가족친화제도를 모범적으로 운영하고 있는 기업 또는 공공기관에게 가족친화인증을 수여(2019년 말 기준 3800여 기업(관)이 인증받음)
- 가족친화 인증기관을 지정하여 인증업무를 수행
- 가족친화지원센터를 지정·육성

가족친화인증의 인증마크

출처: 여성가족부(2020). 가족친화기업(관) 현황.

(2) 장기 가족돌봄 관련 지원 정책

가족돌봄휴직 제도는 가족의 질병, 사고, 노령을 이유로 장기적으로 가족을 돌볼 필요가 있는 경우에 근로자가 가족돌봄을 위한 휴직을 신청할 수 있는 제도이다. 「남녀고용평등과 일·가정 양립 지원에 관한 법률(약칭 남녀고용평등법」에 근거하여 2012년부터 시행되는 것으로 근로자는 연간 최소 30일, 최대 90일을 사용 가능하며 이 기간은 근속기간에 포함된다(고용노동부, 2017).

이상과 같은 일·가정 양립제도에 대한 인지도는 점차 높아지고 있다. 그러나 출산휴가제, 육아휴직제, 배우자출산휴가제에 대한 인지도는 높은 반면 유연근무제, 육아기 근로시간 단축제, 가족돌봄 휴직제에 대한 인지도는 50% 미만으로 낮다는 점에서 정책 홍보가 필요하다.

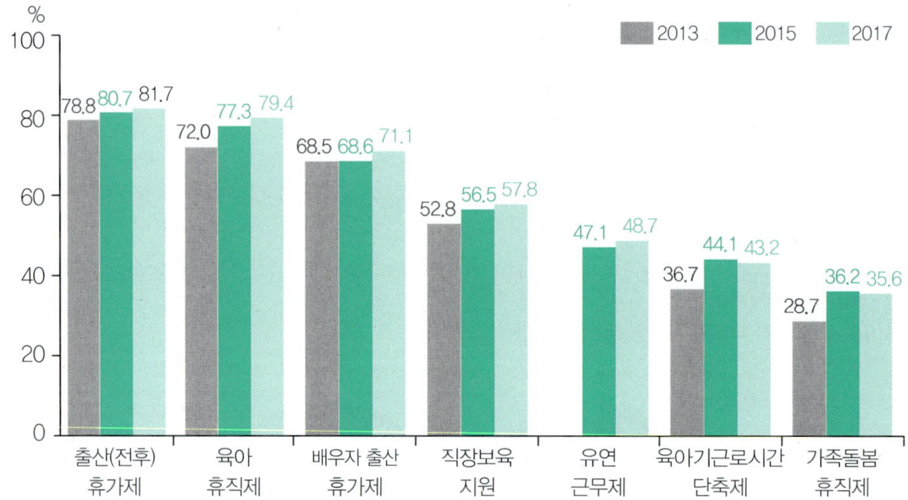

| 그림 7-4 | 일·가정 양립제도에 대한 인지도

출처: 통계청(2017). 2017년 사회조사 결과.

(3) 기타

① 남녀차별제도의 시정과 성차별 의식의 전환 노력

기혼 취업여성의 경제활동에 수반되는 남녀차별의 문제는 맞벌이가족을 위한 법적·제도적 정책에서 반드시 고려되어야 한다. 그러나 「남녀고용평등과 일·가정 양립 지원에 관한 법률」은 고용기회의 균등, 취업여성의 근로조건 개선, 채용과 승진 등에서의 성차별이 아직 근절되지 못하고 있음을 시사한다. 「국민건강보험법」은 전통적인 가족부양 원칙을 전제하므로 피보험자와 그에 의한 생계 의존자로 구성되는 가족 유형은 피보험자 1인의 보험료로써 모든 가족구성원이 혜택을 받지만 맞벌이가족의 일방은 본인만의 의료보험수급권을 갖게 되는 문제를 안고 있다.

양성평등적 가족정책의 시행은 성차별 의식의 전환 노력과 병행되어야 한다. 학교교육의 평등화, 여성 사회교육의 증대, 건전한 가족규범의 정착과 같은 다양한 노력은 가부장적 의식의 전환, 성에 대한 사회적 편견을 없애기 위해 필요하다.

② 기혼여성의 노동시장 복귀 지원

취업한 기혼여성들은 저임금·미숙련의 불안정한 직종에 편중되어 있다. 특히 저소득층의 여성 대다수는 생계유지라는 경제적 이유로 노동시장에 참여하게 되므로 결혼 전보다 더 불리한 조건으로 재취업한다. 이와 같은 상황에서 출산·육아 이후 기혼여성의 노동시장 복귀를 지원하기 위해 주부와 경력단절 여성을 대상으로 취업상담 프로그램을 제공하고 취업을 알선해 주는 노력이 이루어져야 한다.

이를 위해 고용노동부와 여성가족부는 공동으로 여성새로일하기센터를 통해 경력단절여성에게 직업상담, 직업교육훈련, 인턴연계, 취업알선 및 취업 후 사후관리 등을 종합적으로 취업지원 서비스를 제공하는 정책을 시행하고 있다(고용노동부, 2020).

2) 미시적 복지대책

(1) 보육서비스, 방과 후 교육 및 아이돌봄 사업

맞벌이가족의 자녀양육 문제를 취업모를 대신하여 해결해 주며 나아가 영유아기 자녀에게 조기교육을 포함하는 양질의 보육 서비스에 대한 가족의 요구가 증가하고 있다는 측면에서 보육 서비스의 필요성은 높다. 보육서비스는 수요자인 맞벌이가족의 요구에 맞게 지역, 아동의 연령과 개인적 특성에 맞게 제공되어야 한다. 특히 맞벌이가정의 증가나 여성의 경제참여 확대에 따른 시간연장 보육, 농촌지역이나 도시 저소득층 밀집지역 및 직장 내 시설에서 제공하는 보육, 영아를 위한 영아전담 보육, 취학아동을 위한 방과 후 보육, 장애아를 위한 보육 등 다양한 보육 프로그램이 개발되고 보육전문가에 의해 실천되어야 할 것이다. 어린이집평가제의 실시는 이를 뒷받침하는 제도로서 보육 서비스의 질적 향상에 기여하고 있다.

교육부는 초등학생 자녀를 둔 맞벌이가족 부부의 노동권 보장을 위해 방과 후 교육을 활성화하고 있다. 이는 돌봄기능을 확대하는 데서 나아가 사교육비 경감, 교육격차의 해소에도 도움이 된다. 아이돌봄지원사업은 아이돌봄지원법에 근거하여 만 12세 이하 아동을 찾아가는 돌봄서비스를 제공하는 것이다. 부모의 맞벌이 등으로 돌봄의 공백이 발생했을 때 부모의 양육부담을 줄이고 시설보육의 사각지대를 보완하는 역할을 한다(이성희 외, 2019).

(2) 가족생활교육 실시

맞벌이가족이 직면하는 가족관계, 부부관계의 문제를 예방하고 긍정적 관계 강화를 위한 프로그램이 제공되어야 한다. 예로서, 부모-자녀 관계 증진을 위한 부모교육 프로그램, 부부관계의 질 향상을 위한 의사소통 향상 프로그램 등을 들 수 있다.

가족생활교육은 자녀양육이 '엄마의 일'이라는 고정관념에서 벗어나 아버지가 육아에 더 많이 참여하도록 지원하기도 한다. 영국의 아버지 재단(Fatherhood Institute)이 신참 아버지들을 대상으로 육아법을 교육하는 '초보아빠교육' 프로그램, 인터넷 사이트 '아빠정보(https://www.dad.info/)'를 통해 아버지의 관점에서 출산과 양육 관련 정보를 제공하고 상담해 주는 것은 그 예가 된다.

우리나라에서는 지역사회의 복지관, 건강가정지원센터 등을 통해 지역사회 밀착형 가족생활교육의 기회가 점차 증가하고 있다.

(3) 학교급식의 질적 개선

학교급식은 맞벌이가정의 자녀 성장기에 필요한 양질의 균형 잡힌 영양을 제공하고, 영양교육과 올바른 식습관을 형성할 수 있는 기회가 된다는 점에서 중요한 위치를 차지한다. 맞벌이가정의 여성은 자녀의 급식에 투자해야 하는 시간과 노력의 문제를 줄일 수 있으므로 학교급식은 여성노동력의 활용 측면에서도 중요하다. 따라서 좀 더 전문화된 학교급식 체계를 마련하고 질적으로 개선된 학교 급식의 제공이 요구된다.

CHAPTER 08

한부모가족과 가족복지

한부모가족이란 모자가족 또는 부자가족을 의미하며 우리나라에서 한부모가족은 IMF 경제위기를 거치면서 급격하게 증가하였다. 2000년대 이후 지속적으로 증가하여 2010년 전체 가구 대비 9.2%, 2014년 10.5%로 까지 상승하였다. 전체 가구 대비 한부모 가구의 비율은 2015년 8.2%로 감소하였고, 2018년에 전체 가구 대비 7.5%로 다시 감소하였다. 본 장에서는 한부모가족의 개념 및 현황을 파악하고 관련 정책이 무엇이 있는지 알아보며, 한부모가족 복지 정책의 발전 방안을 제안하고자 한다.

1. 한부모가족의 개념

전통적으로는 아동이 부모 모두와 생활하는 가족의 형태가 일반적이었으나, 오늘날 다양한 사유에 의해 한쪽 부모와 생활하는 아동이 증가하게 되었다. 한부모가족은 부모 중 한쪽 부모와 자녀가 함께 생활하는 모자가족 혹은 부자가족을 의미한다. 「한부모가족지원법」 제4조에 따르면, 모자가족이란 '모가 세대주(세대주가 아니더라도 세대원을 사실상 부양하는 자 포함)인 가족'을 말한다(「한부모가족지원법」 제4조 제3호). 부자가족이란 '부가 세대주(세대주가 아니더라도 세대원을 사실상 부양하는 자 포함)인 가족'을 말한다(「한부모가족지원법」 제4조 제4호).

대체로 한부모가족이 되는 사유로는 부모 한쪽의 사망이나 가출, 부모의 별거나 이혼 혹은 미혼부나 미혼모와 같이 결혼을 하지 않은 상황 등이 있다. 부모 중 누구와 함께 생활하느냐에 따라 모자가족과 부자가족으로 구분한다. 부모 한쪽이 사망한 경우나 이혼의 경우처럼 친부모 모두와 다시 생활하게 될 가능성이 전혀 없는 경우도 있고, 가출이나 별거처럼 부모 모두와 다시 생활하게 될 가능성이 어느 정도 있는 경우도 있다. 또한 미혼부나 미혼모의 경우처럼 아동이 출생 직후부터 한쪽 부모와 생활하게 되는 경우도 있으나, 대부분의 경우에는 부모와 함께 생활하다가 한쪽 부모와 헤어지게 되는 경우가 일반적이다(이재연·박은미·황옥경·이은주·강현아, 2008).

과거 우리 사회에서 한부모가족이 편부가족 혹은 편모가족으로 불리기도 하였지만, 이 용어가 결손의 의미를 담고 있는 등 부정적으로 쓰이는 경우가 많다는 지적(서영숙·황은숙, 2004)에 따라서 한부모가족으로 그 명칭이 대체되었다. 최근 사회적 관심의 대상인 청소년한부모는 '24세 이하의 모 또는 부'를 말한다. 한부모가족지원법은 보호대상가구에 모자가족 및 부자가족인 한부모가족, 부 또는 모의 연령이 만 24세 이하인 청소년한부모가족 이외에 조손가족을 포함하였다.

2. 한부모가족의 현황

1) 한부모가족과 빈곤

우리나라 한부모가족의 월평균 소득은 월 219.6만 원으로 전체 가구 소득 대비 한부모가족 소득 비율은 56.6% 수준이다. 한부모의 84.2%는 취업 중이지만, 근로소득은 비교적 낮아 근로빈곤층(워킹푸어, working poor) 특성을 보였고, 근무시간이 길어 일·가정양립이 어려운 것으로 나타났다. 한부모가족의 46%가 정부 지원을 받고 있는 것으로 나타나 2012년 30.4%, 2015년 41.5%에 비해 지원받는 비율이 높아지는 것으로 나타났다. 이는 국민기초생활보장제도 개편 및 교육급여 대상 확대에 따른 것으로 보인다(여성가족부, 2019)

대다수 한부모가족이 빈곤한 상황에 놓여 있다. 무엇이 한부모가족이 저소득의 위험, 즉 빈곤한 생활에 처하게 하는지를 두 가지 관점, 즉 '빈곤 원인으로서의 한부모성(lone parenthood as cause of poverty)'과 '빈곤 결과로서의 한부모성(lone parenthood as effect of poverty)'으로 구분하여 이해할 필요가 있다(강욱모, 2004). '한부모성(lone parenthood as cause of poverty)' 입장에서는 빈곤의 원인을 남성과 여성 사이에 형성된 젠더(gender)의 역할에서 한부모의 빈곤 원인을 찾고 있다(Duncan & Edwards, 1997: 1). 즉, 노동시장에서의 남성과 여성의 다른 처우 및 낮은 급여로 한부모가족이 빈곤하다는 것이다. 남성과 여성의 차별적인 노동시장 조건에 기인한다고 본다. 이는 한부모가족의 빈곤문제를 보는 보편적 접근법이다.

반면에 '빈곤 결과로서의 한부모성(lone parenthood as effect of poverty)'의 입장은 계급적 관점에서 빈곤의 원인을 찾고 있다. 다시 말하면, 한부모가족의 빈곤 원인은 여성이기 때문만이 아니라 빈곤한 여성이 한부모가 되기 때문이라고 본다. 노동시장에서의 기회부족은 단지 젠더의 관점으로 설명하는 데 한계가 있다고 본다. 즉, 노동자계급의 젊은 남성뿐만 아니라 고령의 남성근로자들이 노동시장에서 배제되고 있는 반면에, 중산층 여성의 노동시장 진입이 오히려 늘어나고 있다는 사실을 설명할 수 없다. 이 입장은 빈곤하기 때문에 한부모가족이 되었고 이후 더욱 빈곤하게 살아간다고 설명한다.

2018년 여성가족부가 발표한 한부모가족 실태조사결과에 의하면, 전 배우자로부터 양육비 지원을 전혀 받지 못하는 경우가 전체 한부모가족의 78.8%에 이른다. 이 실태조사결과에 따르면, 한부모가족의 80% 이상이 '양육비·교육비 부담' 어려움을 겪고 있다. 한부모가족 거주형태를 보면, '공공 임대 및 자가 소유'는 57.7%이며, 전세 15.2%, 보증부 월세 19.9%이다.

2) 한부모가족의 현황

전국 한부모가족 현황을 보면, 1990년의 경우 총 11,355천 가구 중 889천 가구로 전체 가구의 7.8%이었다. 10년 후인 2000년도에는 전체 14,312천 가구 중 1,124천 가구로 전체 가구의 7.9%이었다. 2005년의 경우 총 15,887천 가구 중 1370천 가구로 전체 가구의 8.6%로 증가하였다. 이 중 모자가구가 1083천 가구로 전체의 79%이었으며, 부자가구는 287천 가구로 전체 한부모가구 중 21%이었다. 2010년에는 전체 17,339천 가구 중 1,594천 가구로 전체 가구의 9.2%를 차지하였다. 이후 한부모가족의 비율은 2014년 전체 가구에서 차지하는 비율이 10.5%까지 상승하였으나 2018년에는 7.5%로 감소하였다.

| 표 8-1 | 한부모 가구 비율

		2015	2016	2017	2018
한부모가구현황	전체가구	19,561	19,838	20,168	20,500
	한부모가구	1,608	1,540	1,533	1,539
	한부모가구 비율	8.2	7.8	7.6	7.5

출처: http://www.index.go.kr/potal/main/EachDtlPageDetail.do?idx_cd=1578. 2020년 7월 29일 검색.

2018년 여성가족부가 발표한 한부모가족 실태조사 결과에 따르면, 한부모가구 형성요인별 현황을 보면, 〈표 8-2〉에 나타난 바와 같이 연도별로 이혼에 의한 한부모가구가 크게 증가하였고, 반면에 사별에 의한 한부모가구의 비율은 현저하게 감소하였다. 1985년의 경우 사별에 의한 한부모가구가 52.2%이었으나 2005년에는 36.6%로 16%가량이 감소하였고 이는 2010년 다시 29.7%로 감소하였다. 이혼에 의한 한부모가구 비율은 1985년 5.9%에서 2005년 29.1%, 2010년 32.8%로 6배 이상 증가하였다. 2018년 조사에서 이혼에 의한 한부모는 77.6%, 사별이 15.4%, 기타가 7.0% 순으로 나타났다.

| 표 8-2 | 한부모가구 형성요인별 현황

연도	총 가구 수	한부모가구					한부모 가구 비율
		사별	이혼	미혼	유배우	계	
1990	11,355	498(56.0)	79(8.9)	85(9.6)	277(25.5)	889(100)	7.8
1995	12,958	526(54.8)	124(12.9)	94(9.8)	216(225)	960(100)	7.4
2000	14,312	502(44.7)	245(21.9)	122(10.9)	252(22.5)	1,124(100)	7.9
2005	15,887	501(36.6)	399(29.1)	142(10.4)	328(23.9)	1,370(100)	8.6
2010	17,339	474(29.7)	523(32.8)	185(11.6)	413(25.9)	1,594(100)	9.2
2018	20,500	(15.4)	(77.6)	(4.0)	(01)	1,539(100)	7.5

출처: 여성가족부(2013).

전체 한부모가족의 46.0%가 기초생활보장 또는 저소득한부모로 정부지원을 받고 있다. 지원받는 한부모의 비율은 2012년부터 증가 추세로, 2015년 국민기초생활보장제도가 맞춤형 급여로 개편되고 교육급여 대상이 확대되는 등 정부지원 제도 개편에 따른 것으로 보인다. 정부지원 중 생계급여를 받은 한부모가구는 10.4% 수준으로 2015년 조사(10.0%)와 유사한 수준이다.

2018년 한부모가족 실태조사 결과 한부모에게 가장 필요한 지원에 대한 1순위 응답에서는 '생계비 · 양육비 등 현금지원(66.1%)'이 압도적인 가운데, '시설 · 임대주택 등 주거지원(10.3%)', '아이와 부모 건강을 위한 의료지원(6.6%)', '아이돌봄 관련 지원(5.7%)', '사회적 인식 · 차별 개선(4.5%)', '직업훈련 · 학업지원(3.4%)' 순으로 희망하고 있다. 필요한 지원 2순위는 '시설 · 임대주택 등 주거지원(25.5%)', '건강지원(22.0%)', '아이돌봄 관련 서비스 지원(14.0%)', '생계비 · 양육비 등 현금지원(12.8%)', '직업훈련 · 학업지원(10.0%)' 순이다(여성가족부, 2018).

3) 한부모가족 복지시설 현황

(1) 한부모가족 복지시설 유형

한부모가족은 「한부모가족지원법」 제19조 제1항에 의거하여, 일정 기간 주거와 생계를 지원해 주는 한부모가족복지시설을 이용할 수 있으며, 입소대상별로 모자가족복지시설, 부자가족복지시설, 미혼모자가족복지시설, 일시지원복지시설에 입소할 수 있다(「2020년 한부모가족지원사업 안내」).

1. 모자가족복지시설: 모자가족에게 다음 각 목의 어느 하나 이상의 편의를 제공하는 시설
   가. 기본생활지원: 생계가 어려운 모자가족에게 일정 기간 동안 주거와 생계를 지원
   나. 공동생활지원: 독립적인 생활이 어려운 모자가족에게 일정 기간 동안 공동생활을 통하여 자립을 준비할 수 있도록 주거 등을 지원
   다. 자립생활지원: 자립욕구가 강한 모자가족에게 일정 기간 동안 주거를 지원
2. 부자가족복지시설: 부자가족에게 다음 각 목의 어느 하나 이상의 편의를 제공하는 시설
   가. 기본생활지원: 생계가 어려운 부자가족에게 일정 기간 동안 주거와 생계를 지원
   나. 공동생활지원: 독립적인 생활이 어려운 부자가족에게 일정 기간 동안 공동생활을 통하여 자립을 준비할 수 있도록 주거 등을 지원
   다. 자립생활지원: 자립욕구가 강한 부자가족에게 일정 기간 동안 주거를 지원
3. 미혼모자가족복지시설: 미혼모자가족과 출산 미혼모 등에게 다음 각 목의 어느 하나 이상의 편의를 제공하는 시설

가. 기본생활지원: 미혼 여성의 임신·출산 시 안전 분만 및 심신의 건강 회복과 출산 후의 아동의 양육 지원을 위하여 일정 기간 동안 주거와 생계를 지원

나. 공동생활지원: 출산 후 해당 아동을 양육하지 아니하는 미혼모 또는 미혼모와 그 출산 아동으로 구성된 미혼모자가족에게 일정 기간 동안 공동생활을 통하여 자립을 준비할 수 있도록 주거 등을 지원

4. 일시지원복지시설: 배우자(사실혼 관계에 있는 사람을 포함한다)가 있으나 배우자의 물리적·정신적 학대로 아동의 건전한 양육이나 모의 건강에 지장을 초래할 우려가 있을 경우 일시적 또는 일정 기간 동안 모와 아동 또는 모에게 주거와 생계를 지원하는 시설

5. 한부모가족복지상담소: 한부모가족에 대한 위기·자립 상담 또는 문제해결 지원 등을 목적으로 하는 시설

(2) 한부모가족 복지시설 유형

한부모가족 복지시설 유형은 〈표 8-3〉과 같다. 한부모가족복지시설에 입소하려는 사람은 입소하고자 하는 시설의 관할 자치단체(시·군·구청) 한부모가족 담당자의 상담을 거쳐 입소신청서를 입소하려는 시설의 관할 시·군·구에 제출해야 한다.

| 표 8-3 | 한부모가족 복지시설 유형

시설유형		입소대상	입소기간 (연장가능기간)
모자가족복지시설	기본생활지원	만 18세 미만의 자녀를 양육하는 무주택 저소득 모자가족	3년(2년)
	공동생활지원	독립적인 가정생활이 어렵고 일정 기간 공동으로 가정을 이루어 생활하면서 자립을 준비하고자 하는 모자가족	2년(1년)
	자립생활지원	만 18세 미만의 자녀를 양육하는 무주택 저소득 모자가족, 기본생활지원형에서 퇴소한 모자세대로서 자립준비가 미흡한 모자가족	3년(2년)
부자가족복지시설	기본생활지원	만 18세 미만의 자녀를 양육하는 무주택 저소득 부자가족	3년(2년)
	공동생활지원	독립적인 가정생활이 어렵고 일정 기간 공동으로 가정을 이루어 생활하면서 자립을 준비하고자 하는 부자가족	2년(1년)
미혼모자가족 복지시설	기본생활지원	이혼·사별 또는 미혼의 임신여성 및 출산 후 (6개월 미만) 입소를 요하는 여성	1년(6개월)
	공동생활지원	3세 미만의 영유아를 양육하는 미혼모	2년(1년)
		출산 후 해당 아동을 양육하지 않는 미혼모	2년(6개월)
일시지원복지시설		배우자의 학대로 아동의 건전 양육과 모의 건강에 지장을 초래할 우려가 있는 모와 아동	6개월(6개월)

한부모가족 복지시설에 입소한 한부모가족은 다음의 몇 가지 지원을 받을 수가 있다.

- 생활보조금 지원: 한부모가족복지시설에 입소한 한부모가족은 저소득 한부모가족 복지급여를 동일하게 지원 받으며, 추가로 생활보조금(월 5만 원)을 지원받는다(규제 「한부모가족지원법」 제12조 제1항 및 「2020년 한부모가족지원사업 안내」).

| 표 8-4 | 시설별 지원 내용

<table>
<tr><th>구분</th><th>지원 내용</th></tr>
<tr><td>모자가족복지시설
기본생활 지원</td><td rowspan="3">• 방과 후 아동지도, 아동급식비 지급(자립시설 제외)
• 심리·정서적 전문상담 및 심리치료 지원
• 직업교육 연계, 양육·가사교육 등 자립준비 지원
• 그 밖에 국가 또는 지방자치단체가 정하는 경비 지원(연계 또는 정보 제공)</td></tr>
<tr><td>부자가족복지시설
기본생활 지원</td></tr>
<tr><td>모자가족복지시설
자립생활 지원</td></tr>
<tr><td>모자가족복지시설
공동생활 지원형</td><td rowspan="2">• 주거 제공
• 자립 프로그램 실시(직업교육, 양육교육, 교양교육, 상담지도 등)
• 그 밖에 국가 또는 지방자치단체가 정하는 경비 지원(연계 또는 정보 제공)</td></tr>
<tr><td>부자가족복지시설
공동생활 지원형</td></tr>
<tr><td>미혼모자가족
복지시설
기본생활 지원형</td><td>• 숙식 무료 제공
• 분만 의료 혜택
☑ 의료급여 대상자로 관리
☑ 지역 내 병원·보건소 등을 지정하여 산전·분만·산후에 필요한 검진을 받을 수 있음
☑ 임신 및 출산 관련, 분만을 위한 병원 진료, 진료를 위한 병원이용료로서 의료급여항목으로 적용되지 않는 사항에 대해 미혼모 특수 치료비 지원
☑ 미숙아를 분만하였을 경우 임산부·영유아·미숙아 등의 건강관리 등에 따른 의료지원을 받을 수 있도록 조치
☑ 입원·예방접종비 등 모와 아이의 건강을 위해 필요한 의료비
☑ 보장시설 수급자로 지정되었을 경우 해산급여, 장제급여 등 지급 가능
• 자립 지원(직업교육, 교양교육, 상담지도)
• 그 밖에 국가 또는 지방자치단체가 정하는 경비 지원(연계 또는 정보 제공)</td></tr>
<tr><td>미혼모자가족
복지시설
공동생활 지원형</td><td>• 저소득 한부모가족 아동양육비 지원
• 숙식 무료제공
• 자립 프로그램 실시(직업교육, 양육교육, 상담지도 등)
• 그 밖에 국가 또는 지방자치단체가 정하는 경비 지원(연계 또는 정보 제공)</td></tr>
</table>

구분	지원 내용
일시지원복지시설	• 숙식 무료제공, 생활보조금 지원 • 의료혜택(의료급여 대상자로 관리) • 법률상담, 심리상담 • 퇴소 후의 자립을 위하여 시설 외에서 근로를 희망하는 경우 적극 지원 • 입소 사실에 대한 비밀보장과 특별 지원 • 자녀의 방과 후 지도, 아동급식비 지급 • 그 밖에 국가 또는 지방자치단체가 정하는 경비 지원(연계 또는 정보 제공) • 학령아동이 인근학교에 출석을 원하는 경우에는 관련 교육기관과 협의, 수업에 참가할 수 있도록 조치(시설입소자 아동의 전·입학 문제 등) • 주민등록표의 열람 또는 등·초본 교부제한 신청 가능

3. 한부모가족의 문제

한부모가족은 부모가 수행하는 부모역할을 부나 모가 혼자서 감당해야 하기 때문에 부모역할 부재에 따른 문제나 과도한 역할 수행에 따른 문제를 경험하게 된다(이재연 외, 2008). 물론 한부모가족의 형태가 모든 아동에게 부정적인 영향을 준다고 할 수는 없으며, 거의 파탄지경에 이른 부부관계를 유지하는 가족이 아동에게 미치는 영향보다 한부모가족이 더 부정적인 영향을 준다고 볼 수는 없다는 보고도 있다(Bradshaw, 2003; 신혜령·정재훈·김성경, 2006 재인용). 일반적으로 한부모가족들이 경험하는 문제를 다음과 같이 정리할 수 있다.

- 경제적 궁핍: 한부모가구의 월평균 소득은 100만 원 미만이 16.7%, 100~200만 원 미만이 51.8%, 200만 원 이상이 31.4%이다. 일반가구와 비교할 때 소득은 1/2수준, 자산은 1/5수준이다(여성가족부·한국여성정책연구원, 2013). 한부모는 취업이 쉽지 않고, 전 배우자로부터 양육비를 제대로 받지 못하는 경우가 다수이다. 한부모가정의 부모가 전문직종으로의 이직을 원해도 교육과정이 개설되어 있지 않거나 교육훈련비의 부족 등으로 이에 필요한 직업훈련을 받을 수 없는 경우도 있다.

- 정서적 혼란: 한부모가정의 부모는 정서적으로 상실감, 배신감, 분노감, 우울감, 좌절감, 실패감 등을 느끼는데, 이러한 혼란은 3~5년간 지속되어 적응에 어려움을 주기도 한다(Amato, 2000; Amato & Keith, 1991; Judson, 1995; Wallerstein & Blakeslee, 1990). 정서적 혼란이 깊어지고 우울증이 심해지면 자살을 생각하거나 자녀와 함께 동반자살을 시도하는 등 심각한 문제를 드러내기도 한다(황은숙, 2005).
- 자녀양육의 문제: 한부모들은 부모의 역할을 혼자서 감당하게 됨에 따라서 기본적으로 자녀와 함께할 수 있는 시간이 부족하다. 한부모가 된 이후 전업주부나 시간제 취업에서 종일제 취업으로 바꿔야 하고 퇴근 이후에도 가사 등을 돌보아야 하기 때문에 자녀의 학업지도나 정서적 지지를 위한 시간이 부족하다. 이러한 결과로 자녀들에게 다양한 행동, 정서상의 문제가 나타날 수 있다. 한부모가정에서 신체적·정서적·성적 학대가 발생할 가능성이 높아진다(보건복지부, 2006).

  한부모가정의 자녀양육의 문제는 모자가정과 부자가정에 따라 그 양상을 달리하고 있다. 모자가정의 경우는 자녀의 문제로 이상행동, 낮은 학업성취도, 학교부적응 등으로 어려움을 겪는 반면, 부자가정의 경우는 실제적인 자녀 보살핌과 관련된 청소, 요리, 빨래, 자녀 머리손질 및 목욕시키기, 학교준비물 챙기기, 숙제 봐 주기, 학교급식당번 등의 문제로 어려움을 겪는다(황은숙, 2007).
- 비 양육부모와의 관계 단절: 2018년 실태조사 결과에 따르면, 비양육부모와 자녀 또는 한부모의 교류 정도를 보면 연락하지 않는 비율이 자녀는 53.1%, 한부모는 65.3%로 전혀 연락하지 않는 비율이 과반수를 넘는다. 반면 정기적으로 만나는 비율은 자녀는 9.5%, 한부모는 2.5%에 그쳤다. 자녀의 교류가 없는 비율 중 '소재 파악이 되지 않아 전혀 연락이 닿지 않는' 경우 24.9%, '연락을 원하지 않아서 연락하지 않는' 경우가 28.2%에 이른다.
- 한부모가정 자녀의 적응문제: 부모 못지않게 어려움을 겪는 대상은 자녀들

이다. 자녀들은 가정과 학교생활에 적응하지 못하고 문제 행동을 보이기도 한다(Emery & Forehand, 1994; Smilansky, 1992). 이들은 주위가 산만하고 공격적인 행동을 보이거나 반대로 위축된 행동을 보이기도 한다. 또한 한부모가정 아동은 학교생활에도 어려움을 겪는다. 교사들은 한부모가정 아동에 대한 편견으로 한부모가정 아동을 '모자라고 부족함이 있는' 가정의 아동으로 인식하거나(성정현 외, 2004), 학교생활 전반에 걸쳐 문제 있는 아동으로 인식하는 경향이 있다(Babad & Inbar, 1982; Guthman et al., 1988; Ball, Newman, & Scheuren, 1984; Hetherington, Cox & Cox, 1978; Wallerstein, & Kelly, 1980). 학교의 적절한 지원을 받지 못하는 상황에서 한부모가정의 아동은 학교생활에 더 부적응하게 되고 결국에는 학교폭력의 피해자나 가해자가 되기도 한다.

- 역할변화에 따른 적응문제: 한부모가족이 된 이후 모든 가족구성원의 역할이 변화해야 하는데 이 과정에서 갈등이 수반되기도 한다. 모자가정의 경우는 모의 취업상황, 부자가정의 경우에는 부의 가사나 자녀양육 기술 부족에 따른 문제들이 지적되고 있다.
- 역할모델의 부재: 부모는 아동의 사회화과정에서 아동에게 중요한 역할 모델이 된다. 아동은 부모의 역할을 통해서 성인으로서의 역할을 배우게 되는데 부나 모의 부재는 이러한 역할학습에 어려움을 가져올 수 있다.
- 정서적 문제: 한부모가족이 되었다는 것은 아동의 입장에서는 한쪽 부모의 상실을 경험하는 것이다. 상실이 영구적으로 계속될 수도 있고 물리적으로만 헤어지는 것일 수도 있으나, 일상생활에서 한쪽 부모를 잃게 됨으로써 분노, 좌절, 우울 등 다양한 정서적 어려움을 경험할 수 있다. 또한 부모로부터 받을 수 있는 지지, 격려가 한부모의 경우에 약화될 수 있다.
- 사회적 편견: 여전히 우리 사회에는 양쪽 부모 모두가 있는 가족을 정상적인 가족으로, 한부모가족은 비정상적인 가족으로 보는 사회적 편견이 존재한다. 다른 어떤 어려움보다도 한부모가족의 아동에게 부정적인 영향을 끼

치는 것이 사회적 편견이다. 사회적인 편견은 직장뿐만 아니라 원가족과 친구관계에도 영향을 미쳐 가족 간의 관계가 멀어지고, 친구와의 관계도 소원해지는 것으로 나타났다(황은숙, 2006). 가족, 이웃, 사회의 지원과 지지를 받지 못하는 한부모가정의 현실은 자립의지를 상실하게 하여 적응에 어려움을 안겨 주고 있다(이병진, 1996; Guttman, 1993; Kitson & Morgan, 1990; McLanahan & Booth, 1989; Richard & Schmiege, 1993).

4. 한부모가족 정책 및 서비스 현황

1) 한부모가족 정책의 목적 및 추진방향

정부는 저소득 한부모가족, 미혼가족, 조손가족 등이 가족기능을 유지하고, 건강하고 문화적인 생활을 영위할 수 있도록 내실 있는 지원사업을 수행함으로써 한부모가족의 생활안정 및 자립기반 조성과 복지증진에 기여하고자 다양한 정책을 개발하고 실행해 왔다. 한부모가족은 대체로 노동시장을 통한 유급근로, 함께 살고 있지 않은 자녀의 아버지 혹은 자신의 가족으로부터의 사적 이전, 그리고 국가를 통한 사회보장급여라는 세 가지 소득원에 의존하여 생계를 유지하게 되는데, 이들 소득원에 대한 정책적 비중은 시대에 따라 달라져 왔다. 우리나라는 한부모가족 복지정책을 소득보장과 근로연계복지의 두 가지 관점을 모두 취하고 있다.

정부조직 개편에 따라 한부모가족 지원은 2011년부터 여성가족부에서 담당하고 있다. 한부모가족 지원사업은 세 가지로 요약할 수 있다(여성가족부, 2013).

- 한부모가족 자녀양육비 등 지원
  - 아동양육비: 만 12세 미만 자녀 → 월 7만 원
  - 추가아동양육비: 조손 및 만 25세 이상 미혼 한부모가족, 5세 이하 자녀

→월 5만 원
- 학용품비: 중학생·고등학생 자녀→연 5만 원
- 생활보조금: 시설 입소가구→월 5만 원

• 청소년 한부모자립 지원
  - 아동양육비, 검정고시학습비, 고등학생교육비, 자립촉진수당 등 지원
  - 권역별 미혼모·부자 지원기관 운영(미혼모·부의 임신·출산·자녀양육을 위한 초기위기 지원, 상담 및 정보제공 등)

• 한부모가족 복지시설 지원
  - 시설 기능 보강: 시설 신축, 증개축, 개보수, 장비 보강 지원
  - 한부모가족 복지단체 지원: 시설종사자 역량 강화 등
  - 한부모가족 복지시설 입소자 상담·치료 지원

2) 추진 연혁

한부모가족 사업은 1955년 모자보호시설을 설치하여 전쟁미망인을 보호, 지원하던 것에서부터 시작되었다. 1960년대에 들어서면서는 산업화, 도시화, 핵가족화 등 사회구조의 변화와 함께 이혼, 별거, 사별 등의 원인으로 모부자가정이 증가하였다. 1982년 모자가정의 생활안정과 복지를 위해 부녀보호사업 전국연합회에서 「모자복지법」 초안을 마련하였고, 1989년 4월 1일 모자복지법이 제정되어 같은 해 7월 1일부터 시행되었다. 1992년부터 저소득 모자가정에 대한 학비 및 아동양육비가 지원되었으며, 1995년부터 저소득 부자가정에 대한 자녀지원을 시작하였다. 1998년 모자복지법이 폐지되었고, 같은 법은 2002년 「모부자복지법」으로 개정되었다. 2007년 10월 17일 모부자복지법을 「한부모가족지원법」으로 개정하면서 모부자가정을 한부모가족으로 칭하게 되었다. 여기에 조손가족도 보호대상에 포함하였다.

| 표 8-5 | 추진연혁

연도	추진 내용
1955	• 1955년 모자보호시설을 설치하여 전쟁미망인을 보호·지원
1960	• 산업화·도시화·핵가족화 등 사회의 구조적 변화와 함께 이혼·별거·사별 등의 원인으로 모·부자가정 증가 • 생활보호법, 아동복지법, 국가유공자의 예우에 관한 법률 등에서 모·부자가정을 부분적으로 지원
1982	• 모자가정의 생활안정과 복지를 위한 모자복지법의 입법을 위해 부녀보호사업 전국연합회에서 모자복지법 초안 마련
1984	• 한국여성개발원은 편부모가족의 지원방안에 관한 기초연구 및 전문기구의 마련 제언
1989	• 모자복지법 제정(4. 1.), 시행(7. 1.)
1992	• 저소득 모자가정 자녀에 대한 학비 및 아동양육비 지원
1995	• 저소득 부자가정 자녀 지원 • 저소득 모부자가정에 대하여 생업기반조성을 위한 장기저리 복지자금 대출사업 실시
1998	• 모자복지법 개정(12. 30.)
1999	• 모자복지법 개정
2001	• 아동양육비 지원금액 월 16,000원으로 지급 • 「여성한부모가족을 위한 사회적 지원방안 연구」
2002	• 모자복지법을 모·부자복지법으로 개정(12. 18.) • 「복지정책의 양성평등 효과성 제고 및 대안연구」 결과 빈곤여성 사례관리 필요성 제기
2003	• 복지자금 대출 보증조건 완화 및 손실보전료 국고 지원 • '양육하는 미혼모를 위한 중간의 집' 시범운영
2004	• 아동양육비 지원금액 월 20,000원 지급 • 취약여성가구 사례관리 시범사업 실시('04~'06)
2005	• 아동양육비 지원금액 월 50,000원 지급 • 정부조직개편에 따라 모·부자복지 업무가 보건복지부에서 여성가족부로 이관 • 지방재정 분권화 정책에 따라 시설 운영비 지방이양 • 「적정한 양육비의 산정 및 확보방안에 관한 연구」 • 「미혼모·부자 종합대책에 관한 연구」
2006	• 모·부자복지법 개정(12. 2.) • 「이혼 후 자녀양육 실태에 관한 연구」 • 「모·부자복지시설 운영모델개발 기초연구」 • 「교과서 속에 나타난 다양한 가족차별 사례 및 개선방안 연구」

연도	추진 내용
2007	• 모·부자복지법을 한부모가족지원법으로 개정(10. 17.) • 한부모가족 자녀양육비 이행확보를 위한 무료법률구조사업 실시(1월~) • 「조손가족 실태조사 및 지원방안 연구」(4~12월)
2008	• 한부모가족 아동양육비 지원대상 확대(1월~) • 정부조직개편에 따라 한부모가족복지 업무가 여성가족부에서 보건복지가족부로 이관 • 한부모가족복지시설의 전자화시책 시행(10월~)
2009	• 한부모가족 아동양육비 지원대상 확대(1월~) • 미혼모·부자 거점기관 지원 운영(6개소) • 취약가족역량강화 지원대상 확대(한부모→저소득 취약가족)
2010	• 한부모가족 아동양육비 지원대상 확대(1월~) • 한부모가족지원법 시행규칙 개정 시행(2010. 1. 1.)
2011	• 부자보호시설 신축 추진을 위한 국고보조율 조정 반영 • 저소득 한부모가족 복지자금 대여 확대 • 권역별 미혼모·부자 지원기관 운영 • 조손가족통합지원 프로그램 신규 도입(4개 시·도 시범 실시) • 가족보듬사업 확대(11개소→17개소) • 한부모가족지원법 개정('11. 4. 12.)
2012	• 한부모가족보호대상자 선정 기준 • 한부모가족 아동양육비 등 지원 • 청소년한부모 자립 지원 • 가족역량강화지원 • 한부모가족 복지시설 지원
2013	• 12세 미만 아동양육비 지원단가 인상 – ('12년) 월 5만 원→('13년) 월 7만 원
2014	• 한부모가족지원법 개정 – 병역의무를 이행하고 취학 중인 경우, 병역의무 이행 기간을 가산한 연령 미만 지원(1. 21. 시행) – 복지급여 압류방지 통장 개설, 청소년한부모 자산형성계좌 지원 근거 신설('14. 7. 22. 시행) • 법원연계 이혼위기가족 회복지원사업 수행기관 확대('12년 5개소→'14년 7개소)
2015	• 아동양육비 지원 단가 인상 – ('12년) 월 5만 원→('13년) 월 7만 원→('15년) 월 10만 원
2016	• 국민기초생활보장사업 맞춤형 급여개편에 따른 기준 중위소득 도입 – 저소득 한부모가족: ('15년) 최저생계비 130% 이히→('16년) 기준 중위소득 52% 이하 – 청소년 한부모가족: ('15년) 최저생계비 150% 이하→('16년) 기준 중위소득 60% 이하

연도	추진 내용
2017	• 아동양육비 지원단가 인상 – ('12년) 월 5만 원→('13년) 월 7만 원→('15년) 월 10만 원→('17년) 월 12만 원 • 아동양육비 지원연령 상향: 만 12세 미만→만 13세 미만 • 청소년한부모 아동양육비 지원단가 인상 – ('16년) 월 15만 원→('17년) 월 17만 원
2018	• 아동양육비 지원단가 인상 – ('13년) 월 7만 원→('15년) 월 10만 원→('17년) 월 12만 원→('18년) 월 13만 원 • 아동양육비 지원연령 상향: ('17년) 만 13세 미만→('18년) 만 14세 미만 • 청소년한부모 아동양육비 지원단가 인상 – ('17년) 월 17만 원→('18년) 월 18만 원 • 청소년한부모 자립지원촉진수당 지원대상 확대
2019	• 아동양육비 지원단가 인상: ('18년) 월 13만 원→('19년) 월 20만 원 • 아동양육비 지원연령 상향: ('18년) 만 14세 미만→('19년) 만 18세 미만 • 한부모가족지원법 개정('18. 12. 18. 공포, '19. 6. 19. 시행) – 미혼모·부와 그 자녀 대상 건강관리 지원 근거 신설

3) 한부모가족 지원 서비스

(1) 자녀학비 지원사업

학비(입학금 및 수업료)를 지원하는 사업으로 대상자는 저소득 한부모가족으로 선정된 가구의 자녀이다. 저소득 한부모가족의 자녀 중 「초·중등교육법」 제2조의 규정에 의한 고등학교에 입학 또는 재학하는 자 및 이와 동등한 학력이 인정되는 각종 학교, 그리고 「평생교육법」 제31조에 의해 교육감에 의해 고등학교 졸업 이하의 학력이 인정되는 시설로 지정된 평생교육시설의 학습에 참가하는 자이다. 학비는 시장·군수·구청장이 학교로 직접 지급한다.

(2) 아동양육비 지원사업

아동양육비 지원사업은 저소득 한부모가족의 만 12세 미만의 아동에 대하여 1인당 월 7만 원씩 지원하는 사업으로 매월 한부모의 계좌로 입금된다.

(3) 청소년한부모 자립 지원

만 24세 이하의 청소년한부모 자녀를 대상으로 월 15만 원을 지원한다.

(4) 복지자금 대여사업

복지자금 대여사업은 저소득 한부모가족에게 장기저리의 복지자금을 대여함으로써 생업기반을 조성하여 조기자립 및 생활안정을 도모하기 위한 사업이다. 「한부모가족지원법」 제13조(복지자금 대여)를 근거로 하여 저소득 한부모가족으로서 근로능력 및 자립자활 의지가 뚜렷하고 현실성 있는 사업계획을 제시하는 자를 대상으로 한다.

(5) 자녀양육비 이행지원 서비스

자녀양육비 이행지원 서비스는 한부모가족 아동의 양육 받을 권리 보호와 한부모가족의 자녀양육 부담 경감 및 생활안정 지원을 목표로 한다. 「건강가정기본법」 제31조(이혼예방 및 이혼가정지원)와 「한부모가족지원법」 제17조(가족지원서비스)를 근거로 하여 아동을 양육하고 있는 이혼가족, 별거가족, 미혼모·부가족 등 한부모가족 및 조손가족을 대상으로 한다. 대한법률구조공단, 한국가정법률사무소의 기관을 통하여 2010년 1월~12월까지 한부모가족 자녀양육비 청구소송, 미혼부 상대 자녀인지 청구소송, 자녀양육비 이행 확보의 사건을 지원하며, 2010년도 지원 예산 범위 내에서 1인당 소송에 소요되는 비용 전액을 지원한다.

(6) 미혼모·부자 거점기관 운영지원 사업

미혼모·부자 거점기관 운영지원 사업은 미혼모(부)가 자녀를 양육하고 경제적으로 자립할 수 있도록 미혼모 임신 초기부터 상담 및 정보 등을 제공한다. 성의식 개방화 및 성경험 저연령화로 예상치 못한 미혼모·부의 발생 가능성이 증대하였으나 이들에 대한 상담 및 양육교육이 미흡하였고, 미혼모 시설 입소 및 정부지원 등의 기능이 취약하였다. 따라서 이 사업은 미혼모·부가 아기를 스스로 양육하기를 원할 경우 초기 위기에 대처할 수 있도록 서비스를 제공하여 아동양육은 물론 미혼모·부가 자립할 수 있도록 지원하는 것을 목적으로 한다.

이 사업은 「한부모가족지원법」 제17조(가족지원서비스)를 근거로 국가로부터 지원받지 못하고 있는 미혼모·부자 발생가구를 대상으로 경제적 지원(병원비 및 생필품 등)을 한다. 주요사업 내용은 정보제공과 위기지원 기능을 수행한다. 즉, 자녀출산, 양육 및 응급상황발생 시 아이 병원비, 그리고 생필품 등을 지원한다. 또한 상담을 통한 미혼모·부자의 정서 지원 및 미혼모·부자를 위한 문화체험 프로그램, 미혼모·부자를 위한 교육 프로그램 운영, 자조 모임 운영을 통한 네트워크 구축 및 정보제공, 자원연계 및 제공 등의 프로그램이 있다.

(7) 취약가족 역량강화 서비스

이 사업의 추진은 우리사회의 빈곤 가구율이 지속적으로 증가하였으며, 정부의 다양한 탈빈곤 정책에도 불구하고 빈곤층이 증가하는 중요 요인 중 하나로 이들의 생활 및 심리적 위기 관리체계가 미흡하다는 지적에 따른 것이다. 이 사업은 가족기능이 약화되어 있는 취약가족에게 가족상담 등의 이용할 수 있는 자원을 연계해 줌으로써 단계별 자립을 이룰 수 있도록 돕는 것을 목적으로 한다. 사례관리 대상자는 국민기초생활보장수급자(한부모가족 복지시설 입소자 포함)와 국가의 지원을 받지 못하는 최저생계비 이하 비수급 빈곤층, 가족역량이 부족한 부자, 미혼모·부자, 조손가정을 포함한 한부모가족, 기타 가족역량이 필요하다고 생각되는 저소득(최저생계비 180% 이하 가구) 양부모가족이다.

(8) 한부모가족 복지시설 입소자 상담·치료지원 사업

한부모가족 복지시설 입소자들이 이혼과 사별, 배우자 유기 혹은 가출, 배우자의 폭력 등으로부터 상실감, 우울증을 비롯한 다양한 심리 정서적 어려움에 처해 있는 경우가 상당수 있으며, 또한 심리적 측면에서 조기 안정을 통한 가족생활 향상이 무엇보다도 필요하다. 이에 따라 시설입소자들을 대상으로 초기 상담을 의무화하여 이들의 안정적인 적응을 도와야 한다.

이 사업은「한부모가족지원법」제17조(가족지원서비스), 제4호(교육·상담 등 가족관계 증진 서비스)와「건강가정기본법」제21조(가정에 대한 지원)를 근거로 한다. 주요 지원 내용으로는 한부모가족 복지시설 입소자들의 심리 등 검사지원과 정신보건센터, 신경정신과, 정신과 등 병원을 통한 상담 및 치료지원, 전문 심리치료센터 등을 통한 상담 및 치료지원 등이 있다.

(9) 가족충격완충망 운영지원 사업

이 사업은 사회의 외상적 충격으로부터 피해 위기가족 발생 시 지원체계 미흡으로 가족 해체 등이 발생할 개연성이 높아, 이를 사전에 차단함으로써 가족의 기능을 강화하기 위해서 계획되었다. 성폭력, 실종, 유괴, 학교폭력, 자살 등 외상적 피해를 직·간접적으로 경험한 가족들의 보호를 위하여 피해를 최소화하고 지원을 극대화할 수 있도록 위기개입을 한다.「한부모가족지원법」제17조(가족지원서비스)와「건강가정기본법」제21조(가정에 대한 지원)를 근거로 한다.

(10) 한부모가족 상담 사업

한부모가족의 복지에 관한 사항의 상담 및 지도사업이 있다. 저소득 한부모가족 지원 상담과 지역사회 내 한부모가족 복지시설의 이용안내 및 알선, 기타 보호를 요하는 자에 대한 상담 및 조치 등을 수행하고 있다.

(11) 저소득 한부모가족 주거지원 사업

저소득 한부모가족 주거지원 사업의 일환으로 시행되고 있는 영구임대주택 입주는 지방자치단체가 관리하는 영구임대주택(아파트) 중 지역실정을 감안하여 일정량을 저소득 한부모가족에게 우선 공급하는 것이다.

(12) 저소득 한부모가족 취업지원(취업성공 패키지) 사업

이 사업은 한부모가구구성원으로 18~64세 이하인 자를 대상으로 개인별 취업역량 등에 대한 진단을 토대로 최장 1년의 기간 내에서 단계별 통합적 취업지원을 한다.

(13) 모·부자 세대 건강보험료지원 사업

「국민건강보험법」 제66조의 2(보험료의 경감), 「국민건강보험법시행령」 제43조의 3(보험료경감 대상지역) 등을 근거로 21세 미만의 모자 또는 부자가정 세대이거나 21세 이상인 자기 있더라도 군복무 중 또는 학생(대학원생, 재수생, 직업훈련생 등 포함)인 세대에 대해서 보험료액의 일부를 경감해 주는 사업이다.

5. 한부모가족 정책 및 서비스의 향후 과제

1) 문제점

한부모가족에 대한 지원은 최근 들어서야 본격적으로 사회적 관심사가 되었다. 2007년 10월 17일 모·부자 복지법을 한부모가족지원법으로 개정하면서 한부모가족의 경제적 자립·자활지원뿐만 아니라 자녀양육지원, 상담 및 정보제공, 그리고 자녀의 정서, 학습, 가사 등의 서비스에 이르기까지 다양한 지원정책을 실행하고 있다.

또한 2005년 제정된 「건강가정기본법」에 따라 건강가정지원센터에서 한부모가족을 위한 상담 및 전문프로그램 등을 제공하면서 한부모가족에 대한 서비스 지원체계의 다양화와 더불어서 통합서비스를 제공하고 있다. 그러나 한부모가족 지원 서비스는 몇 가지 문제점을 노출하고 있다.

첫째, 한부모가족 지원대상자의 선정기준이 까다롭다. 저소득 모·부자가정이 되기 위해서는 소득인정액이 2인 가구 기준으로 1,334,580원 이하여야 보호대상자로 선정될 수 있다. 실제소득에서 문제가 되는 것은 부양의무자로부터 제공받는 금품을 모두 소득으로 인정하는 것이다. 한부모가정의 한부모들은 한부모가 된 후 일시적으로 부모나 형제의 도움을 받고 있다. 이 경우 부모는 한부모가정 한부모에게 침식을 제공하게 되는데 이러한 도움을 모두 소득으로 산정함으로써 가족의 도움을 받고 있는 사람은 저소득 한부모가정으로 선정될 수 없다(황은숙, 2007).

둘째, 자녀가 18세 이상이 되면 지원대상에서 제외된다. 저소득 한부모가정의 지원대상은 세대주인 모 또는 부와 그에 의하여 양육되는 18세 미만의 자녀로 이루어진 가정으로 제한된다. 자녀가 18세가 되면 한부모가족의 경제적 어려움이 지속되어도 지원을 받을 수 없다.

셋째, 한부모가정에게 지급되는 복지급여의 수준이 지나치게 낮다. 아동양육비의 경우 월 7만 원으로 매우 낮으며, 학비지원 역시 입학금과 수업료로 제한되어 있어 한부모가족의 자녀가 방과 후 활동 등에 참여하기가 어렵다.

넷째, 한부모가족의 주거문제와 보호시설이 갖고 있는 환경의 열악함이다. 한부모가정의 경우 주거문제를 해결하기 위해 모자보호시설에 입주하기를 원하지만 시설이 턱없이 모자란다. 국민임대 주택 등의 공급도 한정되어 있다. 그리고 모자보호시설의 가구당 규모는 방 1칸이 대부분이어서 생활하는 데 한 방에서

모와 남녀 청소년기 자녀들이 함께 생활하는 경우도 있다.

다섯째, 한부모가족 상담소의 수적 부족과 더불어서 종사자의 전문성 문제가 있다. 한부모가족의 상황과 형편에 맞는 무료상담 및 부모교육이 충분하게 제공되고 있지 못하다. 부나 모 중 한쪽의 부모가 경제생활 및 가사일 등을 도맡아야 하는 상황에 처한 이들 가족이 유용하게 활용할 수 있는 다양한 정보제공의 방안이 모색되어야 한다.

여섯째, 다양한 한부모가족의 형태에 대응할 수 있는 지원체계가 부족하다. 최근에는 한부모가족이 발생되는 요인으로 이혼, 별거, 사망, 유기 외에도 싱글맘 등의 기타사유로 한부모가족이 되는 사례가 늘고 있다. 다양한 배경의 한부모가족을 지원할 수 있는 서비스 지원체계를 발달시켜야 할 것이다.

2) 향후과제

한부모가족에 대해서는 좀 더 분명한 정책목표를 설정하고 체계적인 서비스를 제공해야 한다. 한부모가족의 지원을 위한 향후과제를 다음과 같이 정리할 수 있다.

첫째, 한부모가족의 선정기준을 완화하고 지원대상을 확충할 수 있어야 한다. 한부모가족 지원 서비스의 종료 기준이 되는 자녀의 연령기준이 탄력적으로 적용되어야 한다.

둘째, 생활안정 및 취업지원을 확대한다. 병원의 국영화, 병원직원의 공무원화, 개업의와 국가 간의 도급계약의 체결 등에 의한 의료공급의 사회화를 전제로 하는 기본체계로 국가의 일반재정에서 경비를 충당함으로써 모든 국민에게 원칙적으로 무료의료를 보장하는 국민의료 서비스를 제공하고 있는 영국은 한부모가족이 안정적인 생활을 영위할 수 있는 기반을 제공하고 있다. 의료보호의 범주를 확대할 수 있어야 하며 다양한 취업지원 프로그램을 제공할 수 있어야 한다. 영국은 한부모들 가운데(특히 가장 어린 자녀의 연령이 5년 3개월 이상인 한부모) 노동시장에 복귀하기를 원하는 한부모들을 지원하고 조언을 제공하는 '한부모를 위한 뉴딜정책'을 실행하고 있다. 급여전달 담당 공무원은 소득지원을 받고 있는 한부모의 상황을 관리하고 구직, 육아, 직업훈련과 취업 시의 부가급여, 고용을 돕는 취업지원업무 등을 포함하여 반드시 상담을 실시한다.

셋째, 급여방식의 다양화를 모색해야 한다. 저소득 한부모가족에 대한 생계비 지원을 넘어서서 양육비 확보, 주택급여, 보건의료 서비스, 근로세금 공제, 자녀의 질병에 따른 간병이 필요한 경우 유급간병휴가를 인정하는 질병수당 등 다양한 형태의 급여지원 방안이 모색될 필요가 있다.

넷째, 지원 수준이 현실화되어야 한다. 아동양육수당의 상향 조정 및 학비 지원의 다양화를 통해 한부모가정 아동들이 건강하게 양육, 성장할 수 있는 기반을 제공해야 한다.

다섯째, 다양한 자립, 자활 프로그램을 개발한다. 미국에서는 전통적으로 미성년 자녀를 양육하고 있는 여성에게 지원하던 정책의 기조를 취업을 장려하는 것으로 바꾸는 등 경제적 자립을 강조하고 있다. 또한 한부모가족에 대한 근로세금 공제도 긍정적인 효과를 거두고 있는 것으로 평가되고 있다(이재연 외, 2008).

여섯째, 적극적인 가족문제를 상담하고, 위기상황의 아동에 대한 상담 및 개입체계를 마련하고, 자조모임 등을 활성화하여 한쪽 부나 모의 부재를 보완하는 프로그램을 강화해야 한다. 영국의 경우처럼 헤어진 부부의 재결합을 추진하는 서비스도 제공될 수 있어야 한다.

일곱째, 한부모가족에게 필요한 시설을 확충해야 한다. 한부모가족 시설들은 매우 제한적이어서 실제로 필요한 시기에 입소하지 못하고, 제공되는 서비스도 극히 미약한 수준이다. 한부모가족 보호시설이 확충되어 서비스가 필요할 때 입소가 가능해야 할 것이며, 시설에서 생활·이용하는 동안 이들 아동과 가족에게 필요한 다양한 서비스들을 개발·제공하여야 한다. 특히 보부자 복지시설에서 생활하는 아동에 대한 서비스가 확충되어야 한다(이재연 외, 2008).

CHAPTER 09

재혼가족과 가족복지

재혼가족은 최근 결혼 건수의 20%에 가까운 비율을 차지할 만큼 그 수가 증가하고 있다. 그러나 재혼가족은 부모의 조합이 바뀌고 이전 결혼관계에서의 자녀를 데리고 새롭게 만든 가정이므로 초혼가족에 비해 가족의 구조와 관계가 복잡하고, 가족구성원들은 심리사회적 문제를 겪는다. 이에 본 장에서는 재혼가족의 개념과 현황, 그들이 안고 있는 문제, 그리고 재혼가족을 위한 복지대책을 살펴봄으로써 재혼가족을 위한 사회복지적 개입에 필요한 기초를 제공하고자 한다.

1. 재혼가족의 개념

1) 재혼가족의 정의

재혼가족(remarried family)은 배우자 한쪽이나 양쪽 모두가 재혼 이상의 결혼으로 자녀가 있거나 없으면서 하나의 가구를 유지하는 남편과 아내로 구성된 가정이다. 이와 혼용되고 있는 용어인 계부모가족(stepfamily)은 부모의 한쪽이 친부모이며 그 친부모가 재혼하기 전에 출생한 18세 이하의 자녀가 있는 재혼가족을 일컫는다(Glick, 1989). 계부모가족에서 자녀의 연령을 제한하지 않고 최소한 1명의 기혼자가 전혼관계에서 태어난 1명 이상의 자녀를 데리고 있으며 그 자녀가 같은 가구에서 사는 경우의 가족으로 정의하는 경우도 있다(Crosbie-Burnett, 1989, 김혜경 외, 2008 재인용). 재혼가족은 재결합가족(reconstituted family, reconstructed family), 혼합가족(blended family) 등으로 불리기도 한다(Eshleman & Bulcroft, 2010).

본 장에서 재혼가족은 부부 어느 한쪽이나 양쪽에 전혼자녀(前婚子女) 혹은 계자녀(繼子女)(stepchildren)가 적어도 한 명 이상 있는 계부모가족을 의미한다. 이는 부부 양쪽 모두 자녀가 없는 재혼의 경우는 배우자의 결혼 경험을 제외하고는 초혼부부와 비슷하다는 점을 고려해서이다. 따라서 재혼가족과 계부모가족이라는 용어를 혼용하기로 한다.

2) 재혼가족의 유형

재혼가족은 가족의 출발 시점부터 다양한 형태를 띤다. 재혼부부의 결혼지위(미혼, 이혼, 사별), 자녀 유무, 자녀양육 유무, 재혼자의 연령에 따라 그 유형은 달라진다. 재혼부부 각각의 전혼자녀 유무와 양육권 유무를 기준으로 재혼가족을 분류하고 유형별 특성을 제시하면 다음과 같다.

| 표 9-1 | 재혼가족의 유형

<table>
<tr><th colspan="3" rowspan="3">구분</th><th colspan="3">아내의 전혼자녀 유무</th></tr>
<tr><th rowspan="2">전혼자녀 없음</th><th colspan="2">전혼자녀 있음</th></tr>
<tr><th>양육권 없음*</th><th>양육권 있음*</th></tr>
<tr><td rowspan="3">남편의 전혼 자녀 유무</td><td colspan="2">전혼자녀 없음</td><td>① 무자녀 재혼가족**</td><td>② 비동거 계부가족</td><td>③ 동거 계부가족</td></tr>
<tr><td rowspan="2">전혼 자녀 있음</td><td>양육권 없음</td><td>④ 비동거 계모가족</td><td>⑤ 비동거 계부모가족</td><td>⑥ 혼합 계부형 계부모가족</td></tr>
<tr><td>양육권 있음</td><td>⑦ 동거 계모가족</td><td>⑧ 혼합 계모형 계부모가족</td><td>⑨ 동거 계부모가족</td></tr>
</table>

* 양육권 지위는 모든 전혼자녀의 양육권을 갖는 경우에는 동거형(residential)으로, 모든 전혼자녀의 양육권을 갖지 않는 경우에는 비동거형(nonresidential)으로, 한 배우자는 양육권을 가진 동거 친부모이고(residential) 다른 배우자는 양육권을 갖지 않는 친부모일 때(nonresidential)는 혼합(mixed)으로 표시됨

** 이 유형은 초혼가족과 유사하므로 본 장의 재혼가족 의미에서 제외됨

출처: Clingempeel, Brand, & Segal(1987, 김혜경 외, 2008 재인용).

| 표 9-2 | 재혼가족의 유형별 특징

재혼가족 유형	특징
① 무자녀 재혼가족	남편과 아내 모두 전혼자녀가 없는 경우이다. 이들은 대부분 전혼의 기간이 짧고 또 재혼가족에서 갈등의 핵심 요소인 자녀가 없기 때문에 갈등의 소지가 매우 적은 편이다.
② 비동거 계부가족 (nonresidential stepfather family)	아내에게만 전혼자녀가 있지만 양육권을 소유하지 않은 경우이다. 따라서 재혼 이후에도 자녀와 동거하지는 않기 때문에 계부로서의 책임과 역할이 상대적으로 덜 부담스러운 상태이다. 하지만 재혼한 아내의 전혼자녀에 대한 면접교섭권 문제나 양육비 문제가 때로 갈등을 일으킬 수 있다.
③ 동거 계부가족 (residential stepfather family)	재혼하고자 하는 남편에게는 전혼자녀가 없고 아내에게만 전혼자녀가 있으면서 양육권을 가지고 있어 재혼 이후 동거하게 되는 가족 유형이다. 전혼자녀가 없는 계부와 자녀 간의 적응이 중요한 관건이라고 할 수 있다.
④ 비동거 계모가족 (nonresidential stepmother family)	재혼하는 아내에게는 전혼자녀가 없지만, 남편에게는 전혼자녀가 있는 경우이다. 하지만 양육권을 소유하지 않아 동거하지는 않으므로 갈등의 소지는 적다고 할 수 있다.
⑤ 비동거 계부모가족 (nonresidential stepparent family)	부부 모두 전혼자녀가 있지만, 모두 양육권을 가지고 있지 않은 경우이다. 따라서 재혼의 생활이 안정기에 접어들 때까지 부부관계를 위협하는 요소는 적은 편이지만, 양측 모두 양육비와 면접교섭권의 문제가 있을 수 있다. 그러므로 경제적 문제를 비롯한 여러 가지 문제에 대한 조정이 필요하다고 볼 수 있다.
⑥ 혼합 계부형 계부모가족 (mixed stepfather family)	부부 모두 전혼자녀가 있지만 양육권은 아내에게만 있는 경우이다. 따라서 거주 형태는 계부가족의 형태를 띠지만 남편의 전혼자녀 양육비와 면접교섭의 문제에 대한 조정이 필요한 가족이라고 할 수 있다.
⑦ 동거 계모가족 (residential stepmother family)	재혼하는 남편에게 전혼자녀가 있으면서 양육권이 있는 반면, 재혼하는 아내에게는 전혼자녀가 없는 전형적인 계모가족이다. 계모에게 전혼자녀가 없으므로 재혼 초기에 자녀들이 생물학적 부모의 재결합에 대한 환상을 현실화시키려는 시도를 지속할 수 있다는 점에서 계모의 어려움은 배가될 수도 있다. 또한 재혼가족을 둘러싼 여러 가지 신화로 어려움을 겪기도 한다.
⑧ 혼합 계모형 계부모가족 (mixed stepmother family)	재혼하는 부부 모두 전혼자녀가 있지만 남편에게만 양육권이 있는 경우이다. 따라서 주거 모습은 유형 ⑦과 유사한 계모가족의 형태를 보이지만, 전혼자녀가 있기 때문에 전혼자녀에 대한 양육비와 면접교섭의 문제를 안고 있다는 점에서 차이가 있다.

재혼가족 유형	특징
⑨ 동거 계부모가족 (residential stepparent family)	재혼하는 부부 모두에게 전혼자녀가 있을 뿐만 아니라 양육권도 가지고 있어 가장 복잡한 형태를 띠는 가족이다. 부부가 상대 배우자의 자녀에게 적응하는 문제 외에도 재혼한 부모의 자녀들이 의붓형제와 관계를 형성하고 한 공간에서 동거해야 하는 상황에 직면하기 때문에 구성원의 역할과 기대, 경계, 가족규칙 등과 같은 다양하고 복잡한 문제들에 부딪힐 수 있다. 그러므로 이 유형의 재혼가족은 재혼 초기에 가족구성원이 경험할 수 있는 다양한 변화와 스트레스를 미리 알고 준비할 필요가 있다.

출처: 성정현 외(2009). 가족복지론.

3) 재혼가족의 발달단계

재혼가족은 시간의 경과에 따라 가족의 발달 경향을 보여 준다. 재혼가족은 초혼가족과 달리 이전에 이미 자녀가 있고 또 자녀의 발달단계가 다를 수 있으므로 가족발달단계를 한마디로 규정하기는 어렵다. 그러나 재혼가족의 심리정서적 적응과정에 초점을 두고 제시된 재혼가족의 발달단계는 재혼가족의 특징을 엿볼 수 있다.

Carter와 McGoldrick(1989)은 재혼가족의 발달단계를 가족구성원에게 요구되는 정서적 태도 및 갈등에 직면하는 태도를 중심으로 나누었다. 초혼에 대한 상실감을 회복하고 배우자와의 새로운 애정관계에 돌입하는 단계, 새로운 결혼과 가족에 대해 설계하는 단계, 그리고 재혼과 가족을 재구성하는 세 단계로 설명하였다.

	새로운 관계의 시작 →	새로운 결혼생활과 가족에 대한 개념화와 계획 →	재혼가족의 재구성
요구되는 태도	• 첫 번째 결혼의 상실을 회복한다. (적절한 정서적 이혼)	• 자신의 두려움 및 재혼과 복합가족을 형성하는 것에 대한 새 배우자 및 자녀의 두려움을 수용한다. • 다음 세 가지 점에서 복잡성과 불명확성에 적응하기 위한 시간과 인내가 필요하다는 것을 수용한다. – 새롭고 다양한 역할 – 경계: 공간, 시간, 멤버십, 권위 – 정서적 문제: 죄의식, 부모에 대한 충성과 관련된 갈등, 상호관계에 대한 바람, 미해결된 과거의 상처	• 전 배우자와 이상적인 '완전한' 가족에 대한 애착을 최종적으로 정리한다. • 침투 가능한 경계를 가진 다양한 가족모델을 수용한다.
발달과업	• 결혼과 가족을 형성하기 위해서 재헌신하며, 이를 위해서 복잡성, 모호성 등을 다룰 준비를 한다.	• 새로운 관계에서 개방적 태도로 가식적 관계를 피한다. • 전 배우자와 협력적 재정 및 공동 부모관계를 유지하기 위한 계획을 수립한다. • 두 개의 가족체계 내에서 겪는 두려움, 충성심에 대한 갈등, 멤버십을 다룬다. • 새 배우자와 자녀를 포함한 확대가족과의 관계를 재조정한다. • 전 배우자의 확대가족과 자녀와의 접촉을 유지하기 위한 계획을 수립한다.	• 새 배우자와 계부모를 포함할 수 있는 가족경계선을 재구성한다. • 몇 개의 체계를 서로 혼합하기 위하여 하위 체계를 통한 관계와 재정적 조정을 재편성한다. • 친부모(비양육 부모), 조부모, 다른 확대가족과 모든 자녀와의 관계를 위한 공간을 마련한다. • 재혼가족의 통합을 증진시키기 위하여 추억이나 역사를 공유한다.

| 그림 9-1 | 재혼가족의 발달단계(Carter & McGoldrick, 1989)

출처: 성정현 외(2009). 가족복지론.

재혼가족의 발달단계에 비추어 공통적인 특징을 종합하면 다음과 같다(성정현 외, 2009; Ganong & Coleman, 1994).

첫째, 재혼가족은 부모의 조합이 바뀌고 이전 결혼관계에서의 자녀를 데리고 새롭게 만든 가정이므로 가족관계가 복잡하다. 초혼가족처럼 성인 2인(二人)의 양자(dyad) 관계로 출발하는 가족이 아니라 이미 생물학적 부모가 존재하면서 부모의 재혼에 따라 계부모가 생기는 상황이므로 재혼가족의 구조와 관계는 좀 더 복잡하다.

재혼가족의 유형은 다양하지만 비슷한 경험과 고민을 한다. 계부모와 계자녀 모두 주어진 역할의 경계가 모호하고 이전가족에 대한 기대를 재혼가족에 그대로 투영한다. 또한 계자녀가 현존하는 이전부모를 지속적으로 만난다면 두 가구의 구성원으로서 가족의 경계가 모호해지고 '커다란 가족'의 구성원이라고 느끼기도 한다. 따라서 가족으로서의 모호성과 복잡성에 대처하는 것은 재혼가족의 안전과 적응에 무엇보다 중요하다.

둘째, 재혼가족의 구성원은 이혼 또는 사별로 인한 상실감과 생활의 변화를 경험한 상태에서 재혼가족을 형성한다. 그리고 재혼가족의 형성에 따른 또 다른 변화를 경험하기 때문에 가족형성의 초기 단계에서는 심리정서적 스트레스가 증폭될 수 있다. 따라서 진정한 가족으로서 재혼가족이 시작되려면 먼저 상실감과 정서적 문제가 극복되어야 하며 그럼으로써 가족으로서의 안전성과 응집력을 갖추게 된다.

한편, 재혼 과정에서 재혼가족의 건강한 발달에 기여하는 요인들에 초점을 둔 재혼가족의 적응적 발달모델은 Papernow(1993)에 의해 제시되었다. 두 가족체계가 재혼을 통해 합해지면서 일어나는 환경 변화에 따른 가족의 재규정화, 과거와 연결되면서도 새로운 가족체계의 안정감을 유지하도록 하는 경험을 단계에 따라 재혼의 과정으로 설명한다(나선숙, 2014: 8-9 재인용).

| 표 9-3 | Papernow의 재혼 발달모델

과정		특성
1단계	근거 없는 믿음과 환상	첫 단계에서는 착각과 희망이 넘쳐난다. 이를테면 재혼해서 함께 살면 모두가 바로 한 식구처럼 친해질 것이라 오해하기 쉽다.
2단계	당혹감 (혼돈)	여기저기서 환상을 깨뜨리려는 공격이 날아들고 현실이 무엇인지 깨닫게 된다. 예를 들면, 그 가정에서 친부모와 친자식이 공유하는 애착만큼 강하고 오래된 것은 없다는 사실 등을 깨닫게 된다.
3단계	인식 (자각)	가족구성원들이 자신의 경험에 이름을 붙이고 자신의 감정을 인식하기 시작한다.
4단계	이동	변화가 생겨난다. 이전까지는 서로에 대한 실망과 자신의 고충을 숨기고 있었다면 이 시점에서는 문제 상황이 명명백백하게 드러나기 시작한다. 자주 시끄러운 소리가 동반된다.
5단계	재편과 재건	이 단계는 함께 일을 도모하는 시기라고 말할 수 있다. 재혼 부부와 가족구성원들이 팔을 걷어붙이고 자신들의 차이점을 어떻게든 조절하여 협상을 이끌어내기 위해 애쓴다.
6단계	해결 (해소)	실질적으로 재혼가정의 신혼기라 말할 수 있다. 새로운 체계가 자리를 잡고 모든 가족구성원들이 진심으로 하나가 되어 움직인다. '우리 집'이라는 느낌이 들고 가족이 함께 만들어 낸 진정한 의미의 가정이 탄생한다.

출처: 매기 스카프(나선숙 역). 다시 결혼할 수 있을까?. pp. 8-9 재인용.

2. 재혼가족의 현황

지난 10여 년간 전체 결혼 건수는 감소하고 있으나 재혼 비율은 상대적으로 증가하고 있다. 총 결혼 건수 중 재혼의 비율은 1990년 7.1%에서 2019년에는 18.6%로 높아졌다. 재혼의 유형 중에서는 이혼 후 재혼의 비율(2000년 88.6%→2019년 94.1%)이 증가하여 사별 후 재혼의 비율 감소와 대조를 보이고 있다. 따라서 지속적으로 재혼의 건수가 증가하는 가운데 재혼가족을 위한 복지서비스의 초점은 이혼 후 재혼가족에게 더 맞추어야 한다는 것을 알 수 있다.

| 표 9-4 | 아내의 혼인종류별 혼인 건수

(단위: 건, %)

혼인종류	1990년	2000년	2010년	2019년
총계	399,312 (100.0)	332,090 (100.0)	326,104 (100.0)	239,159 (100.0)
초혼	371,159 (92.9)	283,357 (85.3)	268,541 (82.3)	193,894 (81.1)
재혼	28,153 (7.1)	48,132 (14.5)	57,451 (17.6)	44,500 (18.6)
사별 후 재혼	–	5,466 (11.4)*	4,773 (8.3)	2,644 (5.9)
이혼 후 재혼	–	42,666 (88.6)*	52,678 (91.7)	41,856 (94.1)
미상	–	601 (0.2)	112 (0.0)	765 (0.3)

*재혼건수 기준 해당 %

출처: 통계청(2020b). 2019년 혼인·이혼 통계.

부부의 혼인형태는 과거 초혼 여성과 재혼하는 남성의 비율이 높았던 것에 비해 점차 부부 모두 재혼인 비율, 초혼 남성과 재혼 여성의 비율이 증가한 것을 알 수 있다.

| 표 9-5 | 부부의 혼인형태별 구성비

(단위: %)

혼인형태*	1990년	2000년	2010년	2019년
남(초)+여(초)	89.3	82.0	78.1	76.9
남(재)+여(초)	3.6	3.5	4.3	4.1
남(초)+여(재)	2.3	4.9	5.6	6.3
남(재)+여(재)	4.7	9.6	12.0	12.3
계	100.0	100.0	100.0	100.0

* 남(초): 남자초혼, 남(재): 남자재혼, 여(초): 여자초혼, 여(재): 여자재혼

출처: 통계청(2020b). 2019년 혼인·이혼 통계.

재혼자의 평균연령을 살펴보면, 1990년 남성이 39세, 여성이 34세였지만 2019년에는 남성이 49.6세, 여성이 45.2세로 점차 높아졌다. 이는 2010년에 비해 남자는 3.5세, 여자는 3.6세 상승한 것이다. 평균 재혼연령 남녀 차이는 1990년 4.8세, 2019년 4.5세로 유사하게 나타난다.

| 표 9-6 | 평균 재혼연령

연도	1990년		2000년		2010년		2019년	
구분	남편	아내	남편	아내	남편	아내	남편	아내
평균연령	38.8	34.0	42.1	37.5	46.11	41.59	49.63	45.15

출처: 통계청(2020b). 2019년 혼인·이혼 통계.

한편 재혼가족의 증가 경향은 재혼에 대한 태도 변화와 밀접한 관계가 있다. "사별이나 이혼 후에 재혼을 통해 새 삶을 시작하는 것이 좋다"는 의견에 대해 '전적으로 찬성' 또는 '대체로 찬성'한다고 응답한 미혼남녀의 비율 평균은 2015년 80.5%, 2018년 78.2%로 재혼에 대한 긍정적인 입장이 높게 나타나고 있다. 미혼여성은 미혼남성에 비해 찬성하는 비율이 상대적으로 높고 반대하는 비율은 낮아 재혼에 대해 더 수용적인 태도를 취한다는 것을 알 수 있다. 그러나 기혼여성은 미혼남녀에 비해 재혼에 대한 긍정적인 입장의 비율이 상대적으로 낮고, '별로 찬성하지 않는다'는 응답 비율이 높다는 결과가 주목된다.

| 표 9-7 | 15세 이상 인구의 재혼에 대한 태도

(단위: %)

조사대상	"사별이나 이혼 후에는 재혼을 통해 새 삶을 시작하는 것이 좋다"							
	2015				2018			
	전적으로 찬성	대체로 찬성	별로 찬성하지 않음	전혀 찬성하지 않음	전적으로 찬성	대체로 찬성	별로 찬성하지 않음	전혀 찬성하지 않음
미혼남성(20~44세)	11.7	66.8	18.9	2.7	15.0	61.0	19.6	4.4
미혼여성(20~44세)	17.6	64.7	16.2	1.6	20.8	59.6	16.0	3.6
기혼여성(15~49)세	11.4	53.3	28.6	6.7	10.9	51.5	29.9	7.6

출처: 한국보건사회연구원(2020). 전국출산력 및 가족보건복지 실태조사(2015~2018).

3. 재혼가족의 문제

최근의 재혼가족 연구는 성공적인 재혼가족의 특징이 무엇인지를 밝힘으로써 가족의 변화 방향을 제시하고자 노력하고 있다. 성공적인 재혼가족에서 관찰되는 특징들을 보면, 가족 개별 구성원들은 자신의 가족에 대해 현실적인 기대를 하며 서로의 상실감을 수용하며 적응에 시간이 필요하다는 것을 인정한다. 또한 견고한 부부관계, 만족스런 계부모-자녀 관계를 형성하며 가족구성원의 문화와 역사 배경이 다르더라도 만족스러운 가족의례를 확립하며, 자녀를 위해 전 배우자와의 협조관계를 구축한다(이영숙 외, 2008).

재혼가족이 지속적으로 증가함에도 불구하고 이와 같은 성공적인 재혼가족을 발견하는 것이 쉽지 않음에 재혼가족에 대한 사회적 인식과 신화가 일조하고 있다.

재혼가족의 신화

- 재혼가족도 초혼가족과 같을 것이다(정상가족 신화).
- 재혼가족도 빨리 통합될 것이다(즉각적 적응의 신화).
- 재혼가족에서 애정이 즉각적으로 생길 것이다(즉각적 사랑의 신화).
- 계모는 사악하다.
- 이혼하고 재혼한 부모의 자녀는 영구적으로 손상될 수 있다.
- 비양육 부모로부터 자녀를 격리하는 것이 적응에 도움이 된다.
- 이혼으로 인한 재혼보다 사별로 인한 재혼이 더 순조롭다.

출처: Visher&Visher(1997).

재혼가족이 겪는 어려움을 부부적응과 자녀적응 측면으로 나누어 살펴보면 다음과 같다.

1) 부부적응의 문제

일반적으로 결혼의 질적인 면에서는 초혼과 재혼 사이에 유의한 차이가 없다고 하지만 재혼의 이혼율이 초혼의 이혼율보다 높아 가족 해체율이 높다는 사실은 재혼부부 관계가 그만큼 안정적이지 못함을 보여 준다(김연옥, 2007).

재혼부부의 상호 적응의 문제는 다음과 같은 이유로 발생된다(성정현 외, 2009).

첫째, 이혼이나 사별로 독신이 된 후 재혼하기까지의 기간이 매우 짧은 경우이다. 독신이 된 성인은 이전의 결혼에 대한 성찰과 적응의 시간을 충분히 가져서 이전 결혼에 대한 상실감과 잘못을 숙고하고 성숙한 태도로써 새로운 친밀관계를 맺어야 한다. 그러나 결혼에 대한 상실감, 분노, 슬픔을 해결하지 못한 채 재혼을 통해 극복하려 한다면 다시 이혼할 가능성이 높아지게 된다.

둘째, 재혼부부 간의 신뢰감 형성이 부족한 경우이다. 재혼을 서두르는 과정에서 상대방의 장단점과 배우자로서의 조화, 자녀와의 적응문제 등에 대비하지 못하면 재혼가족은 불안정한 가족이 된다.

셋째, 경제적인 문제가 갈등을 부추긴다. 재혼부부가 서로 신뢰하지 못하는 상태에서 재혼 이전, 서로의 자산에 대한 명확한 이해와 수입·지출 방식에 대한 논의가 되지 않았다면 경제적 문제로 인한 갈등이 커진다.

넷째, 재혼에 대한 기대나 생활방식에 대한 지향점의 차이이다. 재혼 이전에 이런 문제를 개방적으로 논의하지 않고 부부관계에 대한 낭만적인 기대로 재혼하기도 한다. 사소한 생활방식의 차이가 다른 문제의 발생 시에 상당한 괴리감으로 인식될 수 있다.

이외에 개인적인 면과 사회적인 면에서 재혼가족의 부부관계에 미치는 영향요인을 살펴보면(이영숙 외, 2008), 먼저 개인적인 면에서 이혼하기 쉬운 성격(divorce-prone personality) 가설은 재혼한 사람이 좌절을 참지 못하고 충동적이거나 모험적이고 술과 약물중독, 반사회적 행동 등의 특성을 보이기 때문이라고 설명한다. 사회적인 면에서는 사회경제적 지위가 낮은 사람이 경제적 스트레스와 사회적 지지체계로의 접근이 어려우므로 재혼 후 이혼율이 높다는 것, 재혼시장의 제한성에 의해 매우 젊은 나이에 혼자가 되거나 이혼한 사람을 제외한 대다수 재혼자에게는 원하는 배우자를 선택할 수 있는 기회가 제한되므로 재혼의 불안정성이 높다는 이유를 들 수 있다.

국내 연구에서 나타난 재혼부부의 결혼적응에 긍정적으로 작용하는 요인과 부정적으로 작용하는 요인은 다음과 같다(이수정·전영주, 2009).

| 표 9-8 | 재혼부부의 결혼적응 요인

재혼자의 결혼 적응 요인	긍정적 요인	본인의 의지, 사회적 지지, 배우자의 지지, 전 배우자와의 단절, 부부의 정서적 동질감, 양쪽 모두 재혼이며 좋은 부부관계 유지, 계부모와 계자녀 간 좋은 관계, 재혼 후 출산 자녀가 없을 때, 의사소통 및 갈등 해결이 원활할 때, 전혼자녀와 동거 시, 부부별산제의 경우, 생활비의 공동부담, 법적·제도적 정비, 이전 배우자와의 관계 명확성, 완전한 친족관계
	부정적 요인	한쪽이 초혼인 경우, 심각한 스트레스, 계자녀와의 갈등, 낮은 재혼 만족도, 친족관계의 어려움, 부부관계의 갈등, 새로운 가족형성의 어려움, 법적·제도적 어려움, 정서적 균열, 경제적 어려움, 사회적 편견, 높은 역할긴장
노인 재혼의 적응 요인	긍정적 요인	남자가 여자보다 고학력일수록, 경제력이 있을수록, 상대가 같은 종교일 때, 독신기간이 짧을수록, 이성교제 경험이 있을 때, 외로움의 정도가 클수록, 성적 욕구가 있는 경우, 전혼만족도가 높을 때, 재혼희망도가 높을 때, 자녀와의 관계가 원만하고 재혼 동의가 있을 때, 건강·상대방과의 의사소통이 원활할 때, 사회적 지지가 있을수록, 노인세대만의 거주가 가능할수록
	부정적 요인	경제력이 없을 때, 상속문제로 인한 갈등이 있을 때, 건강하지 않을 때, 연령이 높을수록, 사회적인 부정적 인식이 있을 때, 자녀에 대한 미안함, 주변의 시선이 의식될 때, 새로운 가족관계 형성의 어려움, 재사별에 대한 두려움, 전 배우자에 대한 죄책감, 체면, 자녀 반대, 배우자 선택의 어려움, 자유 구속, 가사에 대한 부담감(여자노인)

2) 자녀적응의 문제

재혼가족의 아동은 그들의 의사와 관계없이 부모의 재혼으로 환경의 변화를 맞이하게 되면서 가족적 측면과 사회적 측면으로 여러 가지 어려움을 경험하게 된다. 각 측면별 적응의 문제를 살펴보면 다음과 같다(현은민, 2003).

(1) 가족적 측면

재혼가족 아동들의 어려움을 한마디로 표현한다면 그것은 혼란이다. Visher와 Visher(1996)는 재혼가정의 아동은 연령을 막론하고 3L—상실(loss), 충성심 갈등

(loyalty conflict), 통제력의 부족(lack of control)—의 문제를 경험한다고 한다. 모든 아동이 이 세 가지를 경험하지만 어린 아동은 상실감에 민감한 편이며, 9~13세 아동은 나이가 더 많거나 어린 아동보다 충성심 갈등을 더 느끼고, 청소년 자녀는 자신들이 통제할 수 없는 수많은 변화 때문에 분노와 우울을 경험한다.

① 상실감

부모의 재혼으로 아동은 친부모를 빼앗겼다는 상실감과 친부모의 재결합에 대한 환상이 깨어지는 상실감을 경험할 수 있다. 또한 생활환경의 변화로 친한 친구나 친숙한 환경을 잃어버리게 된다. 맏자녀의 경우 편부모기에 강화된 부모와의 애정뿐만 아니라 자신의 지위와 역할, 특권을 계부모나 의붓형제에게 빼앗겼다는 상실감을 경험할 수 있다.

이혼이나 사별 후 많은 부모들은 자녀를 위해서 재혼을 고려한다. 자녀가 잃어버린 한쪽 부모를 계부모로 대체하여 새로운 가족이 복구되면, 자신과 자녀의 고통에 대한 보상을 받고 행복을 찾게 될 것이라는 환상을 갖는다. 그러나 자녀는 그들의 친부모가 재결합하기만을 바란다. 자녀가 그들 부모에 대한 상실감을 극복하지 못하면 부모의 재혼을 받아들이는 것은 친부모에 대한 배반이라고 생각한다.

② 경계의 혼란과 역할의 모호성

재혼가족의 아동이 겪는 경계의 모호함과 혼란은 스트레스를 가중시킨다. 자녀가 계부모를 가족으로 인정하지 않아 누가 가족구성원인지에 대한 정의가 일치하지 않고 자녀가 양 가정에 속해 가족의 구성원에 끊임없는 변화가 일어나게 되면 경계의 모호함이 가중된다(Ganong & Coleman, 1994; Visher & Visher, 1996).

경계의 혼란은 가족구성원의 역할 모호성과 연결된다. 재혼가정의 아동은 편부모기에 강화된 역할을 잃어버리고 또한 의붓형제로 인하여 출생순위의 변화를 경험하면서 역할 결정의 문제에 직면하게 된다. 경계설정 과정에서 부모는 상대방의 전 배우자를 포함하여 경계 영역을 넓혀야 하며 자녀들은 계부모와 의붓형제를 가족구성원으로 포함해야 한다. 이러한 관계에 대한 불명료함이 스트레스와 가족의 역기능을 초래하고 경계와 역할의 불명확함은 계부모와 자녀 간 그리고 부부간의 유대를 방해한다.

③ 충성심 갈등

자녀는 친부모에 대한 충성심이 매우 강해서 친부모가족에서는 부모의 결혼을 지키려고 하지만 재혼가족에서는 한쪽 부모에게 강한 충성심을 느끼고 의식적·무의식적으로 새로운 부부를 갈라지게 하려고 애쓴다(Visher & Visher, 1996). 분리된 충성심을 가질 경우 아동은 자신이 부모의 이혼 원인이었다는 또는 그것을 막지 못했다는 죄책감에 좌절하고, 부모의 재혼을 받아들였다는 죄책감에 시달리게 된다.

④ 통제력 부족

아동은 부모의 이혼이나 재혼으로 인한 변화 때문에 상실감을 느끼고 이전의 친숙한 생활방식에서 벗어나 낯선 생활방식과 환경에 적응해야 한다. 이 과정에서 특히 청소년 자녀는 자신의 생활에 통제력을 잃어버리는 무력감을 경험한다. 새로운 두 가족 체계 속에서 혼란스러워하면서 심리적으로 인정하지 않는 계부모의 훈육과 통제를 받아야 하고 재혼 전의 가정에서 인정받던 역할이나 규칙이 재혼 후의 가정에서 인정받지 못할 때, 그리고 자신의 사적인 물건이나 영역을 나누어야 할 때 더욱 그렇다. 이전 가족에서 상실된 부분이 새 가족에서 채워지리라는 비현실적인 기대를 가졌다가 기대가 깨어지는 경우나 새로운 역할을 제대로 수행하지 못할 때, 자신의 생활과 환경에 대한 통제력 부족에 따른 무력감을 느끼고 부정적 감정이 정서적·행동적 부적응 양상으로 나타날 수 있다(Visher & Visher, 1996).

⑤ 자원분배 갈등

아동은 새로운 의붓형제와 역할, 물건, 공간 등을 나누어야 하는 과정에서 갈등을 겪는다. 그들은 특히 자신의 친부모를 낯선 의붓형제와 공유해야 한다는 점에 상실감과 분노를 느끼고 새로 들어온 가족구성원이 희소한 공간과 애정, 그리고 다른 가족자원을 차지하여 더 모자라게 만든다고 생각한다.

⑥ 의붓형제간 경쟁

부모의 재혼으로 새롭게 형성된 의붓형제 관계는 가족크기의 변화, 지위와 서열의 변화, 역할의 변화, 부모의 애정과 공간 사용 등의 경쟁과 성문제를 야기한다. 이러한 의붓형제간의 경쟁과 갈등은 취약한 새로운 부부관계를 충분히 위협할 수 있다.

⑦ 아동학대

일반적으로 재혼가정의 의붓자녀는 학대의 대상으로 인식되어 왔으나 우리나라의 경우 경험적 연구가 부족하고 외국의 연구에서도 결과가 일치하지 않는다. 그러나 재혼가정의 아동학대를 설명할 수 있는 이론은 많다. 가족사회화 이론들은 첫째, 재혼가족의 구성원은 이전 가족에서 갈등과 폭력의 패턴으로 사회화되어 있을 가능성이 더 많다는 점과 둘째, 이혼 후 재혼가족의 복잡한 특성으로 갈등과 폭력 발생이 증가될 우려가 있고 셋째, 재혼가족의 구성원이 복합적인 가족전환 과정을 거치면서 축적된 스트레스가 아동학대로 이어질 수 있다고 설명한다. 또한 사회학습 이론에 의하면, 남성은 자녀를 돌보는 좋은 모델을 접할 기회가 거의 없고 자녀를 어떻게 양육하는지에 대한 사회화가 되어 있지 않아 아동학대를 더 많이 한다.

⑧ 아동의 비행

재혼가정의 자녀는 부모의 사별 또는 이혼, 별거 등을 거치며 새로운 가족 속에 편입되어 계부모가족에서 자라므로 심리적 갈등을 겪게 된다. 특히 청소년 자녀는 청소년기의 자신의 정체성 확립, 개별화에 대한 욕구와 신체발달에 따른 성적 욕구에 의해 스트레스와 정서적 긴장을 경험한다.

이와 같은 재혼가족 내의 혼란을 결국 견디지 못하고 탈선하거나 성격적 문제를 가지게 되거나 적응하지 못하는 아동은 우울, 불안 등의 내면적 행동장애나 또래관계 혹은 학업에서의 외형적 행동장애를 보이고 높은 음주율을 보이기도 한다. 또한 청소년기는 계부모를 받아들이기 어려운 시기이므로 청소년들은 그러한 가정으로부터 탈피하기 위하여 가출, 비행을 저지르기도 한다.

(2) 사회적 측면

① 불완전한 제도

재혼은 초혼과 달리 재혼을 안내하는 규범이 없으므로 불완전한 제도로 인식되고 실제 재혼의 이혼율은 초혼의 이혼율보다 높게 나타나고 있다. 재혼가족에서는 계부모에 대한 호칭과 계부모－자녀관계로 맺어진 친족에 대한 호칭부터 일반적인 동의가 없어 개별 가족이 결정해야 한다. 결과적으로 계부모－계자녀, 의붓형제간의 경계, 역할 정의, 적절한 행동규범이 명확하지 않아서 재혼가정의 아동은 혼란과 모호함을 경험한다.

② 사회의 부정적 인식과 편견

현실적으로 재혼이 증가하고 있음에도 불구하고 재혼과 재혼가족에 대한 편견과 고정관념이 팽배해 있어 재혼가족의 적응을 어렵게 한다. 계부모에 대한 부정적인 편견은 재혼가족의 아동이 자신을 불쌍한 아이 또는 문제의 소지가 있는 아이로 인식하게 한다. 혈연중심적인 가족문화에서 조부모나 친족들은 비혈연의 계자녀를 수용하지 않는 부정적인 태도를 보이거나 계부모 역할에 대한 불신과 간섭을 함으로써 재혼부부와 아동 간의 관계 형성을 어렵게 하기도 한다. 계부모는 주변인의 시선을 의식하여 계부모로 밝혀지는 것을 꺼리고 아동은 계부모와 살고 있는 것에 죄의식과 자격지심을 갖는다.

③ 사회적 지원체계의 결여

2008년 1월부터 시행되고 있는 개정 가족법은 '친양자 제도'를 도입하였다. 친양자 제도는 자녀가 생부와 관계가 단절된 뒤 계부를 맞게 될 경우 새 아버지의 성을 따르고 호적에도 그의 친생자로 기재하는 제도이다. 그러나 새 아버지와 친자관계가 성립되는 것은 아니고, 재혼한 어머니를 따라온 자녀를 친양자로 입양할 경우에만 새 아버지의 친자로 기록되어 법률상 친자녀와 똑같은 권리를 행사할 수 있게 되어 있다. 따라서 과거 법적 관계가 없어 계부모가 계자녀를 통제하기 어려워하거나 관계의 모호성 때문에 겪는 어려움은 감소하였으나 재혼가족을 안내하는 법과 규범은 여전히 불충분하다.

그리고 재혼가족에 대한 사회의 부정적 인식과 편견은 아직 재혼가족 아동을 위한 사회적 지원체계의 부족 원인이 되고 있다(Ganong & Coleman, 1994). 재혼가족 자녀의 적응을 도울 수 있는 교육 및 상담 기관이나 프로그램, 법률적 문제 해결을 위한 법률 관계기관, 재혼가족 모임 지원 등의 재혼가족에 대한 사회적 지원체계가 부족한 실정이다.

4. 재혼가족을 위한 복지대책

재혼가족이 증가하는 현실에서 재혼과 재혼가족에 대한 사회복지적 개입은 시급히 요청되고 있다. 재혼가족을 위한 복지대책은 재혼가정 부부관계의 강화 및 자녀양육과 교육에 초점을 둔 가족생활교육, 가족 상담과 치료, 법 제도의 개선, 사회적 관심과 인식의 전환, 지지집단의 형성과 전문가 훈련과 같은 다양한 측면에서 통합적으로 이루어져야 한다.

1) 가족생활교육

가족생활교육은 재혼생활을 시작하려는 사람과 재혼가족을 대상으로 한 교육을 포함한다. 성공적인 재혼생활을 위한 체계적으로 준비하는 준비교육적 개입은 재혼가족의 문제 발생을 예방할 수 있다는 점에서 치료적 개입보다 효과적이다(김연옥, 2007). 특히 아동이 있는 재혼가족을 위한 준비 프로그램에서는 재혼 전의 준비와 계획, 부부관계를 강화하는 내용뿐만 아니라 전혼자녀의 훈육과 양육을 위한 계부모의 역할에 관한 내용이 강조되어야 한다(임춘희·정옥분, 1997). 각 내용을 구체적으로 고려해 보면 다음과 같다.

첫째, 재혼한 부부가 새롭게 좋은 부부관계를 형성하는 것은 성공적인 계부모－자녀의 관계를 위해서도 반드시 필요하다. 부부간의 친밀감을 향상하고 긍정적인 상호작용을 촉진하도록 돕는 준비교육 프로그램은 다음과 같은 내용을 포함한다(현은민, 2003).

- 가족의 역할이나 경계 설정을 포함한 바람직한 상호작용 패턴
- 신뢰감을 손상시킬 수 있는 지배적·대응적 통제나 투쟁을 지양하고 부부의 서로 다른 욕구와 기대를 건설적이고 협조적으로 통제·조정하는 기술
- 의미의 공유를 위한 자아개방의 방법

둘째, 계부모－자녀의 관계는 재혼가족의 성공적인 적응에 결정적인 요인으로 작용한다. 재혼가족 특유의 복잡성과 역동성으로 인한 혼란을 감소시키기 위해 계부모 대상의 부모교육이 도움이 된다. 그러므로 다음과 같은 내용들이 교육에서 다루어질 필요가 있다(임춘희·정옥분, 1997; 현은민, 2003; Visher &

Visher, 1997).

- 자녀의 연령에 따른 발달적 욕구를 알고 자녀의 관점에서 재혼가족 생활을 살펴보며, 자녀의 행동이 요구하는 바를 파악하여 그 요구를 충족시킬 수 있는 생산적인 방법
- 친부모와 계부모의 경계 설정을 명확하게 하고 가족 역할을 재정의하기, 가족 규칙에 대한 의사결정에 자녀를 참여시켜 협조하게 하는 방법(예: 자녀와의 개방적·긍정적 상호작용을 위한 의사소통기술의 증진)
- 친부모가 친자녀와 새 배우자 사이에 끼여 갈등하는 경우, 견고한 부부관계를 형성함으로써 계부모와 계자녀 간의 경쟁을 완화하고 친자녀와 새 배우자의 욕구를 충족시키는 데 따르는 문제를 감소시키는 방법

| 표 9-9 | 재혼준비교육 프로그램의 예시

단계	회기	주제	목표	주요교육내용
건강한 홀로서기	1	재혼준비 교육의 필요성	1. 재혼준비교육 프로그램의 필요성과 목적을 인식한다. 2. 참가자 간에 친밀감을 형성한다.	· 오리엔테이션 · 재혼준비교육의 필요성과 목적 안내 · 참여규칙 정하기 · 참가자 자기소개 및 목표 세우기
	2	자아발견과 회복	1. 자신의 삶을 성찰하고 수용한다. 2. 홀로된 자신의 상처를 치유하고 회복한다.	· 자신의 삶을 돌아보기 · 전혼 실패 이유 고찰하기 · 상처를 치유하고 회복하기 · 나 위로하고 격려하기
	3	긍정적인 변화와 성장	1. 한부모가정의 현실을 긍정적으로 인식하고 적용한다. 2. 가장으로서 심리적인 자립을 통해 건강한 홀로서기로 성장한다.	· 현실 인정하고 적용하기 · 가족의 새로운 역할 분담과 협력 · 자기 지각과 대인관계의 변화 · 새로운 가능성의 발견 · 심리적 자립하기
	4	자기계발과 새로운 도전	1. 자기관리와 자기계발을 통한 성장을 한다. 2. 경제적 자립과 문제해결 능력을 기르고 적극적으로 산다.	· 자기관리와 자기보호 · 자기계발 · 경제적 자립 · 위기 대처와 문제해결능력 기르기 · 새로운 삶에 대한 도전 계획
	5	사회적 기술	1 사회적 지지를 획득할 수 있는 방법을 학습한다. 2. 한부모가장에게 필요한 사회적 기술을 학습한다.	· 가족, 지인, 전문가, 전문기관 도움 받기 · 한부모가정 도움정보 활용하기 · 긍정자원 활용하기 · 사회적 기술 향상

단계	회기	주제	목표	주요교육내용
행복한 홀로서기	6	재혼 바로 보기	1. 재혼과 관련된 자신과 재혼시장의 현실을 파악한다. 2. 배우자를 찾아 건강하게 교제하고 선택하는 방법을 습득한다.	· 초혼과 재혼의 차이 · 재혼의 이상, 현실 · 성공적 재혼 십계명 · 첫만남의 중요성 · 나 알기, 상대 알기, 상호 재혼환경 알기
	7	사랑과 재혼조건	1. 행복과 사랑과 재혼에 대한 자신의 가치관을 확립한다. 2. 사랑하며 살기 위해 현실적으로 필요한 최소한의 재혼조건에 대하여 협력하고 수용하는 방법을 배운다.	· 재혼조건과 재혼환경 · 남자의 생각, 여자의 생각 · 행복과 사랑과 결혼에 대한 고찰 · 재혼을 하려는 목적 · 동영상: 내 짝을 찾는 방법
	8	배우자 선택	1. 배우자 선택의 중요성을 인식한다. 2. 배우자 선택의 분별 방법을 습득한다.	· 배우자로 선택하기 전에 점검할 사항 · 위장과 거짓의 분별 · 그 사람의 본질과 현상 · 배우자 선택의 고민 해결 방법
	9	재혼준비 점검	재혼준비에 필요한 요소를 탐색하고 인식하여 준비도를 향상시킨다.	· 행복한 재혼준비 8개 요소 · 재혼 전 준비와 점검 · 미리 가 본 재혼가정
	10	행복한 재혼을 향해 새출발	배운 것을 실생활에서 지속적으로 실천한다.	· 소감 나누기 · 프로그램 평가 · 새로운 각오, 새 출발

출처: 강윤중·박미하(2019). 한부모 가정을 위한 재혼준비교육 프로그램의 효과.

2) 가족상담과 치료

재혼가족을 대상으로 상담할 때 유의해야 할 지침은 다음과 같다(Visher & Visher, 1988).

- '온전한' 가족에 대한 정서적 개념을 극복하는 것이 매우 중요하므로 굳이 계부모가족을 핵가족의 틀에 맞추려고 하는 것은 무의미하다.
- 재혼가족은 초혼가족과 다르게 평가되어야 한다. 계부모가족의 개인들은

사회문화적으로 발생되는 부가적인 외적 스트레스 때문에 정서적으로 더 큰 혼란을 겪는다. 또한 자신들의 경험에 대한 지지와 정당성에 대한 요구를 나타내는 경우가 많다. 그러므로 단순한 약물 치료나 심층적인 치료보다는 자아존중감과 생산적 선택을 할 수 있는 능력을 증가시키도록 도움을 줄 필요가 있다.

- 재혼가족과 관련된 문제의 성공적인 치료를 위해서는 정당성 교육, 무력감 감소 교육, 부부관계의 강화 교육이 가장 중요한 치료적 중재이다.
- 자녀와 관련된 문제의 치료과정에는 새로운 부부와 더불어 전 배우자, 조부모 혹은 다른 중요한 사람을 포함한 모임이 필요하다. 이런 모임은 자녀의 보호와 방문문제로 빈번이 발생할 수 있는데, 이전 결혼관계에서의 문제를 해결하려는 시도보다는 모임의 초점을 명확하게 하고 각자의 입장을 확인해야 한다.
- 계부모가족 상황을 다루는 치료과정에서 치료자의 긍정적 또는 부정적인 역전이 현상이 나타날 수 있고 이로 인해 치료가 불가능할 수 있다. 이때는 공동상담이나 공동치료자를 이용하는 것이 매우 유용하다.

한편 재혼가족 아동에 대한 상담과 치료에서 중점을 누어야 할 내용은 다음과 같이 제시된다(현은민, 2003; Visher & Visher, 1996).

- 정서적 지지: 재혼가족 아동이 겪는 초기의 어려움을 이해해 주며, 재혼가족에 대한 사회의 부정적 인식이 영구적으로 불리한 조건이 되지 않고 건강한 개인과 가족이 될 수 있음을 알게 한다.
- 감정의 인정: 재혼가족의 초기 생활에서 아동이 비난받지 않고 자신의 감정을 표현할 수 있는 기회를 제공받고, 자신의 감정을 확인하고 수용되는 경험을 제공한다. 또한 치료자는 아동과 신뢰를 쌓아서 부모와 대화할 수 있도록 하되 감정을 행동보다는 말로 표현하도록 돕는다.
- 상실에 대한 애도의 지지: 아동 스스로 상실에 따른 애도 감정을 발산하도

록 격려하고 부모의 이혼이 아동의 잘못이 아님을 알게 하며, 부모가 변함없이 자신을 사랑함을 확신시켜 줌으로써 애도 감정을 회복하도록 돕는다.

- 분노의 수용과 명료화: 이혼 후 재혼가정의 아동은 결혼관계를 지키지 못한 부모에게 큰 분노를 느낀다. 그러나 친부모의 애정을 상실할까 두려워 계부모에게 분노를 투사하거나 억압함으로써 재혼가족에서 갈등을 일으키게 된다. 치료는 아동에게 분노의 감정을 받아들이게 하고 원인을 인식하게 하며, 부모를 허물 많은 한 인간으로 이해하도록 하는 데 중점을 둔다.
- 무기력감의 완화: 부모의 이혼을 막지 못했다는 아동의 무기력감과 죄책감을 없애려 하기 전에 생활 전반에서 연령에 맞는 자율성을 향상시키는 것이 감정을 완화하고 반사회적 행동을 줄이는 데 도움이 된다.
- 충성심 갈등의 완화: 치료자는 계부모와 친부모가 협조하는 것이 아동의 충성심 갈등 완화에 효과적임을 인식시키고 특히 양부모 사이의 긴장과 적대감이 아동에게 노출되지 않도록 도와야 한다. 아동은 부모의 행동에 대한 책임이 부모에게 있다는 것을 이해함으로써 죄책감에서 벗어나도록 돕는다.
- 자존감의 증진: 자존감은 부모의 재혼에 따른 변화와 도전을 받아들이고 위험을 무릅쓰는 신념을 가지게 하는 자산인데, 재혼가족에서 소속감과 가치감을 느낄 때 발달한다. 계부모가 아동을 칭찬하고 격려함으로써 아동이 자신의 약점을 관리하고 강점을 계발하도록 도울 필요가 있다.
- 의붓형제간의 관계 향상: 의붓형제간의 갈등을 자유롭게 표현할 수 있도록 수용한다. 가능한 한 각 아동의 개인적 시간과 공간을 허용하며, 형제간의 문제해결 능력과 갈등해결 기술을 가르치는 것이 도움이 된다. 계부모는 형제간의 관계 향상을 위해 정기적인 가족모임을 갖고 서로의 관심사를 나누고 상호존중하는 태도로 문제를 풀어 나가도록 안내할 필요가 있다.

3) 법과 제도의 개선

개인의 기본욕구를 충족하고 가정의 사회통합과 기능 회복을 위해 사회적 도움이 필요한 가정을 지원하는 데 근거가 되는 「건강가정지원법」이 제정되어 있지만, 재혼가족을 위한 구체적인 법과 제도의 개선이 요구되어 왔다.

전통적인 호주제는 재혼가정의 여성과 전혼자녀의 적응에 장애가 되어왔다. 계부모가족에서 어머니, 계부와 다른 성을 가진 자녀가 동거인으로 남아 심리적 상처가 컸다. 그러나 2005년 민법이 개정되고 2008년부터 호주제가 폐지되면서 자녀는 어머니나 계부의 성과 본을 따를 수 있게 되었다. 재혼가족에서 자녀를 친양자로 입양하면 자녀의 성과 본을 계부와 같이 변경할 수 있지만 그 자녀를 직접 양육하지 않는 친부나 친모는 면접교섭권을 더 이상 인정받을 수 없게 되므로 자녀가 미성년자인 경우 비동거 친부모와의 관계 지속에 노력이 필요하다(이성희 외, 2019).

4) 사회적 관심과 인식의 전환

재혼가족이 증가하고 있는 현실에서 재혼가족에 대한 사회적 관점의 변화와 인식의 전환이 필요하다. 부정적인 사회 통념과 문제지향적인 시각이 재혼가족의 성공적 적응을 저해하므로 사회의 관심과 태도가 수평적이고 지지적으로 변화될 필요가 있다.

- 학교나 사회교육기관들은 재혼가정의 아동에 대한 편견을 없애고 가족구조의 변화를 다룰 수 있는 교육내용과 교재 개발에 노력하도록 한다.
- 사회적 인식의 변화를 위한 홍보로는 다양한 가족형태에 대한 사회적 인식 고양 캠페인, 가족을 교육과 공적 정책 개입이 필요한 영역으로 인식하도록 유도하는 캠페인을 실시한다. 대중매체가 갖는 영향력과 파급효과를 고려

하여 재혼가족의 긍정적 이미지를 확산시킨다.

- 건전한 재혼가족의 모델을 제시하기 위해 성공적인 재혼가족에 대해 연구하고 사례를 발굴한다(김혜경 외, 2008; 임춘희·정옥분, 1997; 현은민, 2003).

5) 지지집단의 형성

재혼가족을 대상으로 지지집단을 형성하고 재혼가족에서 발생할 수 있는 문제를 해결할 수 있도록 서로 지지하게 한다. 지지집단은 동년배의 재혼부부 10명 내외의 규모로 구성한다. 매주 2시간 내외로 6~8주 정도의 기간 동안 온라인과 오프라인을 이용한 형식으로 모임을 운영할 수 있다(김혜경 외, 2008; 미추홀가족관계연구소, 2013).

지지집단을 통해 재혼가족구성원들은 자신들이 겪는 문제가 자기 가족만의 독특한 문제가 아님을 이해하게 되고, 유사한 상황에 처한 다른 가족이 대처하는 방법을 보고 문제 해결의 실마리를 제공받을 수 있다. 또한 재혼가족구성원 간에 발생하는 갈등과 스트레스에 대한 대처기술을 습득하고, 특히 계자녀에 대한 부모역할이나 훈련에 대한 교육의 장이 될 수 있다(현은민, 2003).

6) 전문가 훈련

재혼가족을 안내할 사회적 규범이 부족한 현실에서 재혼가족을 바로 이해하고 개입할 수 있는 가족생활교육자나 상담자의 교육과 훈련이 필요하다. 이들은 초혼가족과는 다른 재혼가족에 대한 이해를 바탕으로, 특히 아동이 포함된 계부모가족의 유형과 그들의 발달단계에 따른 특성을 파악하여 도움을 줄 수 있도록 훈련되어야 한다.

CHAPTER 10

다문화가족과 가족복지

21세기에 들어서 아시아국가로부터 이주한 해외 결혼여성의 수가 증가함에 따라 한국은 다문화사회로 변화되고 있으나 다문화가족은 한국사회의 적응에 적지 않은 어려움을 호소하고 있다. 이러한 문제들을 해결하기 위해 정부에서는 다양한 정책 및 지원프로그램을 운영하고 있으며, 민간차원에서도 많은 노력을 기울이고 있다. 이에 본 장에서는 다문화가족의 개념, 현황, 문제, 그리고 복지대책을 구체적으로 살펴보고자 한다.

1. 다문화가족의 개념

다문화가족의 개념은 아직 학문적으로 정립된 개념은 아니지만 국제결혼, 이중 문화가정, 서로 다른 인종 사이에서 태어난 자녀를 일컫는 혼혈인 가족 등을 의미하여 왔으며, 국제결혼가정의 증가는 '온누리안', '코시안', '이중·다중문화가정 자녀' 등 다양한 용어를 만들어 냈다.

다문화가족이란 다양한 문화적 배경을 가진 사람들이 포함된 가족을 통칭하는 말이며, 국제결혼에 따른 국제결혼 이주여성 및 외국인 노동자의 유입, 탈북자 출신의 새터민의 증가 등 한국 사회 내에서 대한민국이 아닌 다른 문화권으로 이루어진 가정의 생성을 의미한다.

다문화가족에 대한 정의는 일반적으로 광의의 개념과 협의의 개념으로 구분해 볼 수 있다. 광의의 개념은 자국 내에 거주하는 모든 외국인 가족을 포함하는 반면, 협의의 개념은 단순히 거주하는 것이 아니라 가족 중 한 명이 우리나라 국적을 취득해 구성된 가족이다. 최근 들어 다문화가족의 개념은 한국남성과 결혼한 이주여성가정, 한국여성과 결혼한 이주남성가정, 이주민가정(이주노동자, 유학생, 탈북주민 등)을 포함하여 사용하고 있다. 그러나 「다문화가족법」에서는 현실적 지원을 위해서 협의의 개념을 사용하고 있으며, '결혼이민자 등과 대한민국 국민과 혼인, 혈연, 입양 등으로 결합하여 이루어진 가족'과 「국적법」 제4조의 규정에 의하여 '귀화허가를 받은 자를 포함한 가족'으로 정의한다.

이러한 다문화가족법에 의하면, 한국에서 다문화가족은 다음과 같이 분류해 볼 수 있다. 첫째, 한국인 남자와 외국인 여자 또는 한국인 여자와 외국인 남자처럼 국제결혼을 하여 가정을 이룬 경우가 이에 해당한다. 둘째, 외국인 근로자가 한국에서 결혼하거나, 본국에서 결혼하여 형성된 가족이 국내에 이주한 외국인 근로자 가정이다. 마지막으로 북한에서 태어나서 한국에 입국하거나 한국에서 한국인 또는 외국인을 만나 결혼한 새터민 가정으로 분류해 볼 수 있다(정하성·유진이·이장현, 2007).

2. 다문화가족의 현황

혼인통계(통계청, 2019)에 따르면, 2018년 국제결혼이 총 23,773건으로 전체 혼인 건수 대비 10.8%에 달하며, 결혼이민자는 2007년 10만 명을 돌파하여, 2019년 1월 시점 공식누계 542,490명으로 파악된다. 이 중 결혼이민자의 절반(47.1%)이 서울·경기지역에 거주하며(〈표 10-1〉), 여성의 비율이 67.9%로 우세하다.

외국인과의 국제결혼비율은 가파른 증가일변도에서 벗어나, 2005년 이후 경미한 감소세를 보이다가, 2013년 이후부터 최근 몇 년간은 감소세를 보이고 있다(〈표 10-2〉). 이에 반해 기혼 국제결혼 부부의 이혼율은 2018년 10,254건으로(2002년 대비 5.9배 증가, 같은 기간 국제결혼 증가율 1.6배에 비해 가파르게 상승), 2018년 기준 국내 총 이혼의 9.4%를 차지한다(통계청, 2019). 이는 국제결혼 가정의 적응의 어려움과 가족관계 갈등이 실제 결혼생활유지의 어려움으로 나타나 구체적인 이혼 지표가 상승하고 있음을 알 수 있다.

| 표 10-1 | 시·도별 결혼이민자 및 자녀의 분포

(단위: 명, %)

구분	계		국적 미취득자	한국 국적을 취득한 자	국제결혼가정 자녀
			국제결혼이주자	혼인귀화자	
합계	542,490	100	160,653	169,535	212,302
서울	102,077	18.8	32,061	41,692	28,324
부산	22,178	4.1	6,841	5,496	9,841
대구	16,084	3.0	4,943	3,872	7,269
인천	35,414	6.5	10,143	12,483	12,788
광주	11,732	2.2	3,372	2,912	5,448
대전	11,216	2.1	3,346	2,760	5,110
울산	11,118	2.0	3,346	2,950	4,822
경기	153,681	28.3	47,161	53,368	53,152
강원	13,665	2.5	3,538	3,451	6,676
충북	18,014	3.3	5,005	4,877	8,132
충남	28,264	5.2	8,162	7,474	12,628
전북	21,893	4.0	5,817	5,083	10,993
전남	24,806	4.6	6,514	5,392	12,900
경북	27,427	5.1	7,507	6,483	13,437
경남	35,045	6.5	9,738	8,987	16,320
제주	7,714	1.4	2,468	1,721	3,525
세종	2,162	0.4	691	534	937

출처: 행정안전부(2018).

| 표 10-2 | 국제결혼 혼인 및 이혼 추이

(단위: 천 건)

해당 연도	총 혼인 건수	국제결혼 건수 (전체 대비%)	총 이혼 건수	국제결혼 이혼 건수 (전체 대비%)
2002	304,877	15,202(5.0)	144,910	1,744(1.2)
2003	302,503	24,776(8.2)	166,617	2,012(1.2)
2004	308,598	34,640(11.2)	138,932	3,300(2.4)
2005	314,304	42,356(13.5)	128,035	4,171(3.3)
2006	330,634	38,759(11.7)	124,524	6,136(4.9)
2007	343,559	37,560(10.9)	124,072	8,671(6.9)
2008	327,715	36,204(11.0)	116,535	11,255(9.7)
2009	309,759	33,862(10.9)	123,999	13,653(11.0)
2010	329,087	35.098(10.8)	116,104	14,319(12.3)
2011	329,087	30,695(9.3)	114,284	14,450(12.6)
2012	327,073	29,224(8.9)	114,316	13,701(12.0)
2013	322,807	26,948(8.3)	115,292	13,482(11.7)
2014	305,507	24,387(8.0)	115, 510	12,902(11.2)
2015	302,828	22,462(7.4)	109,153	11,287(10.3)
2016	281,635	21,709(7.7)	107,328	10,631(9.9)
2017	264,455	21,917(8.3)	106,032	10,307(9.7)
2018	257,622	23,773(9.2)	108,684	10,254(9.4)

출처: 통계청(2019).

결혼이민자의 국적은 중국과 중국 조선족의 비율이 전체 이민자의 약 50%로 가장 많게 나타났으며, 그 다음으로 베트남(24.8%)과 필리핀(7.1%)의 순으로 아시아 국가들에 집중되어 있다(〈표 10-3〉). 상대국 분포에 있어 과거 1980~90년대에 종교적 이유 등으로 많았던 일본여성과의 국제결혼은 비율 면에서 지속적으로 감소하고 있으며, 한중수교 이후 중국인들의 결혼 이주가 활발해졌다. 최근에는 국제결혼 대상국이 필리핀, 몽골, 베트남, 우즈베키스탄 등으로 다변화되었으며, 결혼이민자 중 약 40%에 해당하는 사람들이 한국 국적을 취득한 것으로 나타나고 있다.

| 표 10-3 | 국제결혼이민자 누계 현황

	중국 조선족	중국	베트남	필리핀	일본	대만	몽골	태국	기타	계
전체	70,783 (29.7)	47,828 (20.1)	59,027 (24.8)	16,981 (7.1)	10,735 (4.5)	2,466 (1.0)	2,915 (1.2)	2,952 (1.2)	24,474 (10.3)	238,161 (100.0)
국적 취득	42,163	17,470	19,953	6,719	271	651	745	530	4,747	93,249 (39.2)

출처: 행정안정부(2015).

1990년대 이전까지 국제결혼은 드문 현상이었고 당사자도 여성들이 대부분이었다. 특히 한국전쟁 이후 이루어진 대부분의 국제결혼은 미군과 한국여성, 또는 경제적으로 여유가 있는 일본과 서구 남성이 한국여성과 결혼하는 것이 일반적 유형이었다(한건수, 2006). 그러나 1990년대 이후 '농촌총각 장가보내기' 운동의 하나로 한국남성과 외국인 여성의 새로운 유형의 국제결혼은 양적 팽창을 가져왔다.

우리나라의 여성결혼이민자의 이주역사는 1980년대부터 종교단체(통일교)를 통해 1960년대부터 해 오던 국제결혼사업을 1990년대에 들어서면서 범세계적인 사업으로 키우게 되었고(김이선 · 김민정 · 한건수, 2006), 그 일환으로 한국남성과 일본여성의 결혼이 1990년대 100여 명에서 1992년 1,200여 명으로 갑자기 늘어났다. 그 후부터 현재까지 매년 적게는 560여 명에서 많게는 2,300여 명까지, 통상적으로는 1,100~1,200여 명 내외로 꾸준히 증가하고 있다. 1990년대 초에는 한 · 중 수교가 이루어지면서 중국 동포와 중국 한족의 결혼이주가 활발히 진행되었다. 중국 조선족여성과 한국남성의 국제결혼은 1990년대 초, 농촌의 노총각 문제를 해결하고자 하는 차원에서 영농후계자단체나 여성단체, 지자체에서 결혼을 적극 주선하면서 시작되었으며(이혜경, 2005), 1990년에 88명

이던 것이 2005년 이후에는 20,000명까지 증가하였다. 동남아여성들이 결혼을 통해 본격적으로 국내에 들어오기 시작한 시점은 1990년대 말부터 2000년대 초로, 필리핀여성들로부터 시작되었다. 2000년부터 태국여성과의 결혼이 시작되었으며, 베트남여성은 주로 2003년 이후이며 캄보디아여성도 국내에 들어오게 되었다.

국제결혼의 급격한 증가 추세의 상당부분은 사회구조적 요인으로 설명된다(김두섭, 2006). 첫째, 국내성비불균형과 독신비율의 증가 등으로 결혼시장이 교란되었으며, 둘째, 극심한 빈곤과 실업에 시달리는 저개발국 여성이 계층상승의 꿈을 갖고 부유한 국가로 끊임없이 이동하게 되는 현상이 심화되었다. 셋째, 결혼시장에서 소외된 한국남성들과 선진국으로 이주를 희망하는 여성들 사이에 새로운 시장이 형성되었고, 그 시장을 주도하게 된 국제결혼중개업소의 증가이며, 넷째, 농촌총각의 문제와 지방의 인구수 감소를 해결하기 위한 유인책으로 지방정부에서 국제결혼을 대대적으로 지원한 것이다. 다섯째, 한국의 대중문화가 아시아 각국에 확산되면서 한국을 동경하게 된 여성들이 증가한 것이다. 보건복지부(2005)에서도 우리나라의 국제결혼 증가의 원인을 사회 전체의 고학력화, 여성의 경제활동 참가율 증대, 그로 인한 만혼화(晩婚化)현상, 독신자 비율의 증가로 인한 국내에서 배우자를 구하지 못하는 교란현상 등을 지적하였다.

3. 다문화가족의 문제

다문화가족은 여러 가지 문제점을 안고 있는데 첫째, 문화의 차이에서 오는 문제이다. 즉, 우리나라의 남성 중심의 혈통을 중심으로 하는 가부장제와 맥을 같이하면서 여성에 대한 배제와 차별에서 오는 부부와 가족 간의 갈등이다. 둘째, 언어의 소통에서 오는 문제이다. 상대방을 이해하거나 자기를 이해시키는데 어려움을 겪고 각종 정보, 자원, 취업으로부터 소외되고 있는 것이다. 셋째,

가정폭력과 불화 등으로 이혼 급증의 문제이다. 넷째, 자녀교육의 문제, 다섯째, 경제적인 어려움, 여섯째, 다문화주의 전통이 없고 순혈주의 중시 풍토로 여성 결혼이민자에 대한 편견 및 차별의 문제이다(설동훈 · 김윤태 · 김현미 · 윤홍식 · 이혜경 · 임경택 외, 2005).

이외에도 막연한 기대의 결혼동기, 결혼과 관련된 실제적이고 구체적인 정보의 부재, 잘못된 배우자들에 대한 정보, 음주, 폭언, 폭력 등의 남편의 잘못된 일상생활 습관, 시부모나 시댁식구들의 시집살이, 시댁식구들과의 갈등과 불화, 농촌에서 이루어지는 힘든 가사노동 등이 어려움으로 보고되고 있다(이금연, 2003).

국제결혼한 부부의 부적응에 대한 우려와 함께 제기되는 또 다른 문제는 2세대 자녀의 적응문제이다. 공식적으로 파악된 다문화가족의 아동은 2015년 총 20만 8천여 명으로, 과거 2013년 19만 1천 명, 2008년 5만 8천 명에 비해 지속적으로 상승하고 있다(행정안전부, 2015). 결혼이민자 자녀의 연령대별로 살펴보면, 만 6세 미만 취학 전 영유아가 전체 56.7%, 초등학교 학령기에 해당하는 아동이 전체 27%이며([그림 10-1]), 어머니가 외국인인 경우가 전체의 88%(11,825명)로 대부분을 차지하는 것으로 나타나고 있다(교육부, 2013). 실제로 국제결혼가정의 경우 대부분 외국인 어머니가 결혼과 동시에 입국하고 한국사회의 언어와 문화에 제대로 적응하지 못한 상태에서 출산과 양육, 가정교육의 상당부분을 차지함(오성배, 2005)으로 인해 이러한 환경에서 성장한 아동들은 여러 측면에서 발달적 장애를 가지는 것으로 지적되고 있다(교육인적자원부, 2006).

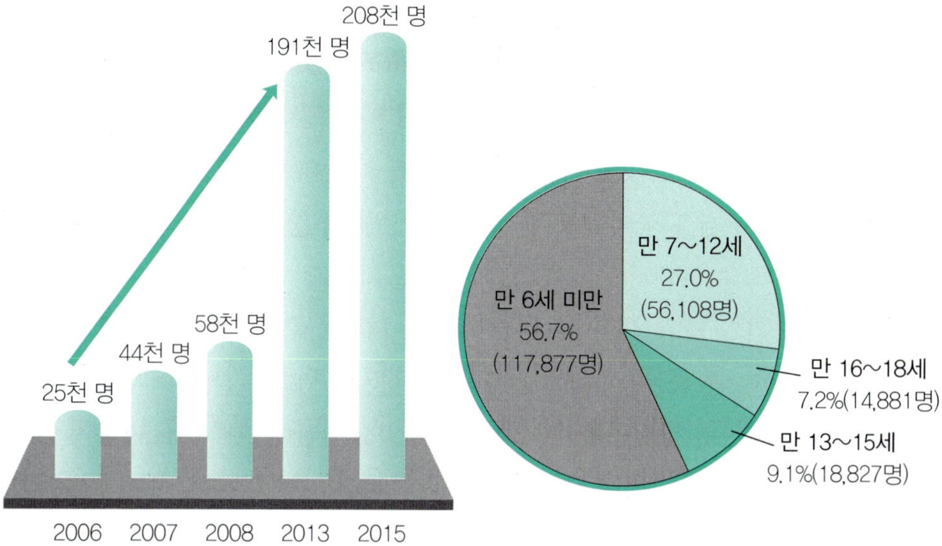

| 그림 10-1 | 다문화가족의 자녀 수 및 연령별 분포

출처: 행정안정부(2015).

| 표 10-4 | 국제결혼 자녀 추이

(단위: 명)

연도	초	중	고	계
2005	5,332	583	206	6,121
2006	6,795	924	279	7,998
2007	11,444	1,588	413	13,445
2008	15,804	2,205	760	18,769
2009	20,632	2,987	1,126	24,745
2010	23,602	4,814	1,624	30,040
2011	27,256	7,236	2,234	36,773
2012	40,235	15,038	8,616	63,889
2013	45,156	18,395	11,081	74,632
2014	49,929	19,499	13,466	82,894
2015	56,108	18,827	14,881	89,816

출처: 행정안전부(2016).

외국의 경우, 많은 연구들에서 이질적 결혼을 통해 형성된 가정은 아동의 성장 및 발달에 적합하지 않다고 주장하고 있다(Cohen, 1982). 특히 배타적 민족주의 성향이 남아 있는 국내에서 다문화가족의 자녀들이 겪는 문제는 심각하다. 구체적으로 살펴보면, 첫째, 다문화가족의 아동들은 기초학습 능력이 낮은 경향이 있으며, 언어문제로 국어과목이 매우 뒤떨어진다(오성배, 2007). 이러한 국어사용능력 부족은 전반적인 교과학습 결손을 가져오게 하여 고학년으로 진급할수록 학업성취가 낮아질 수 있다. 둘째, 언어발달 지연으로 학교생활의 부적응 문제이다. 언어 불소통은 대화에 동참하지 못하고 교우 간의 어울림을 방해하는 요인이 되며, 원만하지 못한 교우관계는 학교생활에 전반적으로 지장을 주는 등 부정적 결과를 초래한다(김경자, 2008). 셋째, 다문화가족 아동들은 서로 다른 인종과 국적을 가진 부모들 사이에서 한국과 다른 문화를 접하게 되어 자아정체성에 혼돈을 경험하며, 사회적 편견으로 집단 따돌림을 당할 우려가 있다. 특히 청소년들은 국가에 대한 낮은 소속감과 이중정체성(정하성·우룡, 2007)으로 심리적응상의 문제점을 나타나고 있다. 이러한 정체성의 혼란은 대인관계의 형성과정에도 부정적으로 작용한다.

종합해 보면, 다문화가족 아동들은 각각 다른 어머니와 아버지의 언어와 문화를 이해하거나 조화롭게 융합하지 못하고 정체성의 혼란을 경험함으로써 부적응적인 특성을 보이며, 다른 언어와 문화, 가치관의 차이는 학습결손, 편견과 따돌림과 같은 대인관계의 어려움 등 학교생활 부적응 문제를 양산한다.

4. 다문화가족을 위한 복지대책

우리나라의 단일민족, 혈통의 순수성과 같은 허구적 개념과 폐쇄적인 공동체 의식, 그리고 배타적인 사회관습은 강한 인종차별적인 의식과 사회구조를 낳았다. 2000년 이후 국내로 유입되는 외국인의 수가 증가하면서 우리 사회는 민족적 순수성에서 탈피하여 다민족 국가로 진입하고 있으며, 이제 우리나라도 서구의 여러 나라처럼 다양한 이민족들이 함께 더불어 살 것을 고민해야 하는 시대를 맞은 것이다.

다문화가족의 이주와 취업, 결혼 등은 그들의 생존과 성장을 위해 선택된 개별적 삶의 형태이지만, 유입자 사회인 우리나라의 변화 발전과도 밀접히 연관되어 있는 복합적인 현상으로 이해된다(김현미, 2007). 따라서 그들을 사회적 소수이자 약자로 간주하여, 지원교육을 통해 우리 사회에의 부작용을 최소화하는 소극적 시각에서 벗어나 우리 사회도 그들의 이주와 정착을 받아들여야 한다. 그리고 다문화사회로 변모해 감으로써, 타문화와의 공존과 접점을 통해 새로운 삶의 양식과 자산을 확보하는 상호호혜적인 발전 과정으로 이해해야 할 것이다.

1) 문제점 및 대책

(1) 국제결혼 이주여성의 심리 사회적 측면

국제결혼 이주여성은 결혼 후 언어나 생활습관의 차이에서 오는 문화적 이질감, 생활습성의 차이, 가정경제의 어려움, 차별과 편견, 자녀양육 및 교육의 어려움, 남편 및 시부모와의 갈등 등을 경험한다. 그뿐만 아니라 국제결혼 이주여성 중에는 가족 내에서 인격적 무시와 가정폭력을 당하고, 가사노동의 전담자로 비인간적 처우를 받으며 살고 있는 사례도 적지 않다. 그러므로 잠재되어 있는 다문화가족의 어려움과 역할문제가 다문화가족의 해체로 이어지지 않도록 국제결혼 이주여성의 국가와 그들의 문화에 대한 올바른 이해, 위기상황에서의 가용자원과 서비스에 대한 정보가 필요하며, 훈련된 전문가와 통역가의 배치를 통해 초기 의사소통의 어려움이 발생할 때 즉각적 지원이 이루어져야 한다. 특히 한국과 국제결혼 이주여성 국가의 가족·문화적 특성에 대한 교육을 통해서 상호이해와 존중하는 태도를 양자 모두가 갖출 수 있도록 해야 하며, 사회적 통합을 지향하는 다양한 다문화정책 수립과 함께 인권과 노동권 보장, 교육권, 가족 내 성평등의 확립과 같은 근원적인 노력이 다문화가족 지원 프로그램에 지속적으로 반영되어야 할 것이다.

(2) 출산 및 자녀양육의 측면

의사소통이 원활하지 못한 국제결혼 이주여성의 경우 임신과 출산에 대한 두려움과 불안이 가중되므로 국제결혼 이주여성이 원할 경우에 병원에서 통역인을 제공해서 적절한 의료서비스를 받도록 해야 한다. 아울러 국제결혼 이주여성은 한국의 교육시설, 교육과정, 교과내용이 낯설고 이해하는 데 많은 어려움이 따르며, 한국어에 능숙하기 전까지는 자녀들의 복잡한 학교숙제를 도와주는 것 또한 쉽지 않다. 특히 가족이 자녀양육을 한국어로만 하거나 교육에서 국제결혼 이주여성을 배제시키는 등의 문제는 어머니로서의 지위를 약화시키고, 역할갈등을 가져와 자녀와의 관계에 부정적 영향을 미치므로 남편과 아내가 양육방식에 대한 적절한 합의와 역할분담을 함으로써 협력하는 과정을 거쳐야 한다.

이외에 다문화가족의 미취학 영유아와 초등학교 아동의 비율이 높음을 고려하여, 취학 전 자녀를 위한 보육 서비스의 저변 확대와, 학령기 자녀의 학교생활 적응과 학업성취도 향상을 위한 보육·교육 연계 지원 사업이 요구된다. 특히 다문화가족의 자녀는 따돌림이나 소외를 경험하며, 청소년기에 자아정체감의 어려움을 겪을 수 있으므로 가정, 학교와 지역사회기관 등에서 이중문화와 이중언어의 강점을 강화시킬 수 있는 서비스들을 제공할 수 있어야 할 것이다.

더 나아가 자라나는 다문화가족의 아동들이 건강한 한국인 정체성을 가지고 성장할 수 있도록 다문화가족의 재정자원의 확보 및 지속적인 교육지원의 확대, 일반 국민들을 대상으로 한 다문화인식 개선 프로그램의 실행이 필요하다. 또한 다문화 어린이집과 다양성에 기초한 다문화특화의 대안적 교육과정설계, 교사 대상의 다문화교육 강화 및 구체적인 교수방법 제시, 다문화가족구성원의 정책 수립과정과 서비스 실행단계에의 참여기회 확대, 그리고 지역 간 편차를 줄이고 동시에 지역별 특성을 차별화시킬 수 있는 다문화 지역공동체 개발이 요구된다.

(3) 가족맥락의 측면

국제결혼 이주여성 못지않게 남편은 문화·언어적 차이를 극복하고 결혼관계상의 어려움을 겪는 당사자로 남편에 대한 개입과 이들의 적응이 매우 중요한 변수이다. 특히 시부모와 함께 살게 되는 경우에 문화적 차이를 이해하도록 확대가족에 대한 교육도 다문화가족의 적응에 필요하다. 이러한 문제들을 해결하기 위한 하나의 방법으로 자조집단을 들 수 있다. 그들의 문화적 이질감 해소와 적응을 돕기 위한 본국인들 간의 공동체 모임인 자조집단은 온라인상뿐만 아니라 오프라인으로 국제결혼 이주여성들이 연계되어 서로 정서적 지원을 해 줌으로써 국제결혼 이주여성뿐만 아니라 그들의 남편과 가족에게도 매우 유용하고 중요한 정보를 제공한다.

국제결혼은 초혼 이외에 재혼도 높은 비율로 증가하고 있다. 일반적으로 재혼가족은 가족구조, 관계, 역할의 변화, 이전 배우자와의 관계, 자녀양육의 문제 등으로 초혼가족보다 복잡한 문제가 야기될 소지가 높다. 뿐만 아니라 이혼 후 자녀양육문제, 위장결혼 등으로 인한 남편의 심리적 상처 및 후유증, 단독가구가 된 국제결혼 이주여성의 빈곤문제 등도 해결되어야 할 문제이다.

(4) 경제적 측면

국제결혼 이주여성이 국제결혼을 선택하는 가장 큰 이유 중의 하나가 경제적 부분인 경우가 많다. 자신과 가족이 경제적 어려움을 극복하기 위해서 경제적으로 더 나은 생활을 찾아 국제결혼을 선택하는 것이다. 그러나 모순되게도 이들 중 대다수는 한국생활의 어려움으로 경제적 어려움을 들고 있으며, 실제로 국제결혼 이주여성 가구의 52.9%가 최저생계비 이하의 가구소득을 가지고 있는 것으로 나타났다(설동훈 외, 2005).

이러한 다문화가족의 경제적 취약성은 가족형성 이후에도 지속적인 생활고, 자녀양육의 어려움, 노년기 준비의 제약으로 이어지며, 생활의 안정을 기대하고 국제결혼을 결심한 이주여성에게는 심리적 건강을 위협하는 문제가 되므로(조석주·박지영, 2012), 경제적으로 안정적 삶을 살도록 지원하는 것은 장기적 안목에서 볼 때 매우 중요한 사안이다.

특히 한국말이 서투르고, 일자리를 찾지 못해서 취업을 하지 못하고 있는 국제결혼 이주여성의 경우 생계유지에 도움이 될 수 있도록 자녀보육, 기술교육, 취업알선 등을 제공하고, 이들의 적성과 능력을 고려한 자활교육이나 프로그램도 지원되어야 한다.

더 나아가 다문화가족의 빈곤이란 곧 다문화가족 '아동'의 빈곤화, 국제결혼 이주 '여성'의 빈곤화, 빈곤의 '대물림', 나아가 '가족의 해체'라는 또 다른 사회문제로 누적되고 전이될 수 있으므로, 가족체계적 관점에서 빈곤에 대처하는 더욱 적극적인 정책수립과 프로그램의 구성이 요구된다.

2) 다문화가족을 위한 서비스

2006년 다문화정책이 주요 국정의제로 채택됨에 따라, 다문화가족에 대한 정책실행의 일환으로 2007년 '결혼이민자가족지원센터'가 개원하였으며, 2008년 3월에는 다문화가족구성원이 한국 사회에서 생활하고 적응해 나가는 데 필요한 지원을 내용으로 한「다문화가족지원법」을 제정, 2008년 9월부터 시행에 들어갔다. 구체적으로 결혼이민자가족지원센터가 '다문화가족지원센터'로 명칭을 변경하면서 2012년 현재 전국 153개소에 이르며, 2008년 2월 중앙다문화교육센터를 지정하여 본격적인 다문화가족지원사업들이 건강가족지원센터와의 연계하에 시행되고 있다. 2008년 3월「초·중등교육법 시행령」제19조를 통해 다문화가족 자녀의 초등학교 입학절차를 간소화하도록 했으며, 2007년 제정된 '재한 외국인 처우 기본법'은 우리나라가 외국인정책을 종합적으로 시행할 수 있는 구체적인 법체계의 근간이 되었다(문무경 · 조혜주, 2008).

다문화가족을 위한 지원사업과 서비스 내용들을 살펴보면, 빈곤층을 위한 생계비 지원과 영유아보육, 경찰의 가정폭력 보호, 여성긴급전화 서비스, 보건소의 임신 · 출산 지원, 고용노동부의 취업훈련 및 취업알선, 지자체의 생활정보제공 등이 있다. 각 부처별 다문화가족 관련 정책연구 및 핵심 주요 정책 내용은 다음 〈표 10-5〉와 같다.

| 표 10-5 | 다문화가족 관련 정책연구 요약

지원부처 및 기관	연구(연도)	연구목적 및 내용
보건복지부	설동훈 외(2005) 국제결혼 이주여성 실태조사 및 보건복지 지원 정책 방안	한국인 남성과 결혼한 외국인 여성의 생활 실태 및 복지와 보건 · 의료 요구 파악 지원정책 제시
	전혜정(2008) 국제결혼 가정 자녀 실태조사 및 성장지원 방안 연구	다문화가족 영유아 발달 상태 측정, 성장 지원 방안 제시
교육부	조영달 · 윤희원 · 박상철 · 최영인(2006) 다문화가족의 자녀교육 실태조사	다문화가족 자녀의 교육 실태조사를 통한 교육 격차 해소를 위한 기초자료 제공
농림축산식품부	이순형 · 문무경 · 최연실(2006) 농촌 국제결혼 이주여성 정착 지원 방안 연구	농촌지역 국제결혼 현황 및 요구 파악을 토대로 정책적 시사점 도출
여성가족부	설동훈 외(2006) 결혼이민자 가족 실태조사 및 중장기 지원정책 방안 연구	국제결혼 현상에 대한 체계적 분석 통해 이민자 욕구 파악, 지원책 마련
경제인문사회연구회	김이선 외(2007) (1차년도 협동연구)	다민족 · 다문화사회로의 이행을 위한 정책패러다임 구축 및 정책적 시사점 도출
	장미혜 외(2008) (2차년도 협동연구)	다문화사회를 향한 전망과 정책적 대응

출처: 문무경(2009).

(1) 보건복지부의 지원정책사업

보건복지부는 중앙건강가정지원센터와 152개의 시·군·구 건강가정지원센터를 위탁·운영하면서 다문화가족의 사회문화적 적응을 위한 종합적 가족지원 전달체계를 구축하고 있다. 또한 시·군·구와 협력하여 중앙건강가정지원센터의 관리를 받는 다문화가족지원센터를 운영하고 있다. 보건복지부의 다문화관리체계는 [그림 10-2]와 같다.

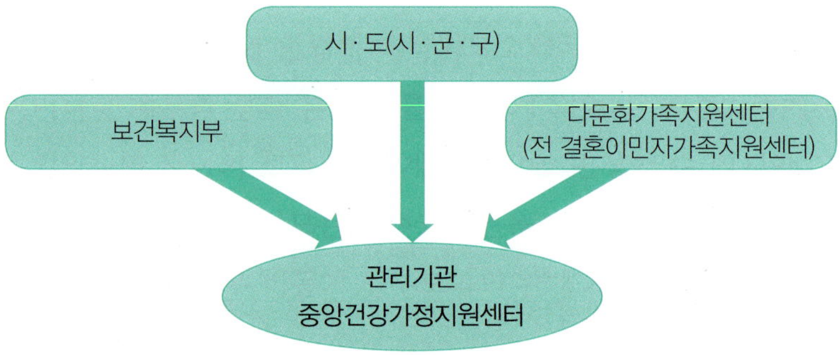

| 그림 10-2 | 보건복지부와 관련 기관의 다문화가족 지원체계

출처: 성정현 외(2004).

먼저 아동양육지원사업의 대표적 예로 임신 및 출산 관련 산전·산후 돌봄서비스와 영유아 보육료 지원사업을 들 수 있는데, 지원 대상은 2010년 저소득 다문화출산가정에서 시작하여 단계적으로 확대, 추진되어 왔다. 장기적으로는 어린이집 전반에 다문화 프로그램을 실시하는 보편적 개념의 다문화복지 서비스로 확대할 계획을 가지고 있다.

건강가정지원센터와 다문화가족지원센터가 대표적인 다문화가족 서비스 전달 매체로, 이곳을 통해 전국 공통사업인 한국어교육과 상호문화이해교육, 그리고 문제가족 상담을 수행하고 있다. 특화사업으로는 문화정서지원사업, 결혼이민자가족 역량강화사업, 다문화 인식 개선, 그리고 결혼이민자가족 아동양육지원사업과 한국어교육, 쉼터 운영 등을 하고 있다.

| 표 10-6 | 광역시·도별 건강가정지원센터와 다문화가족지원센터 설치 현황 비교

구분	건강가정 지원센터 (2019년 기준)	다문화가족 지원센터 (2019년 기준)	건강가정지원센터에서 다문화가족지원센터 사업시행 중인 곳	
서울	27	24	25	동대문구, 영등포구, 동작구
경기도	32	30	24	남양주, 의정부시, 용인시
대구	7	7	7	달서구
인천	9	9	8	
부산	9	9	5	
광주	5	4	5	
울산	2	5	2	울산시(남구)
대전	1	5	1	대전시(중구)
강원도	7	18	7	
경상남도	12	20	10	김해시, 경상남도
경상북도	9	23	8	
전라남도	9	21	8	익산시
전라북도	6	14	4	
충청남도	10	15	8	
충청북도	4	12	4	
제주도	2	2	–	
세종	1	1	1	
계	152	219	127	

출처: 여성가족부(2019).

보건복지부는 〈다문화가족 생애주기별 지원 대책〉을 확대·보완하여 향후 추진할 정책들을 발표하였다. 주요내용은 다문화가족센터의 통역요원 파견 서비스를 통한 의사소통 지원, 언어습득기 아동을 위한 언어치료사 어린이집 파견 서비스, 다문화가족 자녀를 위한 언어별 교육강사 파견 등이다. 무엇보다도 이 대책은 서비스 등록·제공 시스템 정립, 다문화가족지원센터를 핵심전달체계로 확대 설치, 다양한 기관 간의 연계·협력 체계 구축 등을 통해 서비스 사각지대해소와 중복을 방지해 사업 효율화와 수요자 체감도 제고에 주안점을 두고 있다(문무경, 2009).

| 표 10-7 | 가족 생애주기별 7대 과제

주기별	정책과제	세부추진과제
결혼준비기	결혼중개 탈법 방지 및 결혼예정자 사전준비 지원	• 국제결혼 탈법 방지 및 결혼당사자 인권보호 • 결혼이민예정자 사전정보 제공 • 한국인 예비배우자 사전교육
가족형성기	결혼이민자 조기적용 및 다문화가족의 안정적 생활지원	• 결혼이민자 의사소통 지원 • 다양한 생활정보 제공 • 다문화가족 생활보장 • 가족관계 증진 및 가족위기 예방
자녀양육기	다문화가족 자녀 임신·출산·양육지원	• 임신·출산 지원 • 부모의 자녀양육 능력 배양 • 영유아 보육·교육 강화 • 부모의 자녀 건강관리
자녀교육기	다문화 아동·청소년 학습발달 및 역량 개발 강화	• 아동 언어·학습·정서 발달 지원 • 아동·청소년 역량 개발 지원 • 빈곤·위기아동·청소년 지원 • 부모의 자녀 교육 역량 강화
가족역량강화기	결혼이민자 경제·사회적 자립역량 강화	• 결혼이민자 경제적 자립 역량 강화 • 결혼이민자 사회연계 강화
가족해체 시	해체 다문화가족 자녀 및 한부모가족 보호·지원	• 한부모가족 지원 • 요보호 아동 지원
전(全)단계	다문화사회 이행을 위한 기반 구축	• 사업추진체계 정비 • 대국민 다문화 인식 제고

출처: 보건복지부(2008).

| 표 10-8 | 보건복지부의 다문화가족 '자녀양육기' 지원 사업 내용

실시시기	주요 내용
2008. 3~	결혼이민여성의 양육능력 향상을 위한 아동양육지원 방문교육 실시
2008. 5~	다문화가족 아동보육지원 프로그램 개발 및 모니터링
2009. 3~	다문화가족 밀집지역에 다문화 특성화 어린이집 매년 5개소 지정 및 특별활동 프로그램 지원
2009. 7~	시설 미이용 다문화가족 영유아 대상 보육교사 파견

이 가운데 아동양육지원 방문교육 서비스는 경제적 어려움과 지리적 접근성의 문제로 집합교육에 참석하기 어려운 결혼이민자 및 그 가족을 대상으로 아동양육 전문지도사를 양성하여 맞춤형 서비스를 제공하고자 한다. '찾아가는 아동양육지원' 서비스의 목적은 한국생활에 적응하지 못한 12세 미만의 아동을 양육하는 결혼이민자의 가정을 아동양육 전문지도사가 직접 방문하여, 자녀의 발달 특성과 가정환경에 부합하는 아동양육 전반에 걸친 교육 및 상담서비스를 통해 자녀양육능력을 향상시키는 데 있다.

(2) 교육부의 지원정책사업

교육부는 첫째, 저소득층에 해당하는 다문화가족 아동에게 교육비 지원을 하고 있다. 다문화가족 자녀 중 저소득층에 해당하는 아동을 대상으로 해당 계층에 따라 교육비의 혜택을 주고 있다. 둘째, 2008년 9월부터 어린이집에 다니지 않는 아동을 위하여 희망교육사가 가정으로 파견된다. 다문화가족이 많은 9개 시·도(서울, 부산, 경기, 충북, 충남, 전북, 전남, 경북, 경남)를 중심으로 실시하고 있다. 또한 희망교육사제도는 유치원 및 어린이집에 다니고 있지 않은 아동을 대상으로 부모의 희망에 따라 방문하는 서비스이다. 다문화가족 아동 중 발달이 늦거나 학습이 더뎌 어려움을 겪고 있는 아동을 선별하여 실시하며, 각 가정 파견은 물론 그 지역의 유치원이나 다문화가족센터 등을 활용하여 실시하고 있다.

취학 전 아동 대상의 대표적인 지원 사업은 생애초기 학습능력개발 지원 사업의 일환인 한글교육 지원 프로그램 개발과 다문화교육 교수자료 개발을 들 수 있다. 특히 한국어교육은 방문형 또는 거점형으로 제공되고 있으며, 그 밖에 다문화이해 교육, 한국 생활문화정보제공 및 한국요리강습과 같은 한국문화 관련 지도, 상담 및 치료, 소그룹활동 지원 등 다양한 교육 내용이 구축되고 있다. 또한 학령기 자녀들의 학교생활을 위해 집단따돌림 예방 프로그램 운영, 학교 일반교육과정으로서의 다문화교육과 다문화가족 자녀를 위한 지원기능 강화, 학업성취도 향상을 위한 방과 후 학교 프로그램, 학교를 통한 복지 및 상담서비스 등이 시도되고 있으며, 다문화가족 부모들을 대상으로 한 부모교육 프로그램도 부분적으로 시행되고 있다.

(3) 여성가족부의 지원정책사업

여성가족부는 국제결혼 이주여성 긴급전화를 통한 가정폭력과 성폭력으로부터의 국제결혼 이주여성 보호에 중점을 두고 있다. 국제결혼 이주여성을 위한 긴급전화 '1577-1366'은 베트남어, 중국어, 영어, 태국어, 몽골어, 러시아어 등이 가능한 상담원이 배치되어 운영되고 있다.

(4) 법무부의 지원정책사업

법무부는 재한 외국인 대상의 고충상담서비스를 실시하고자 계획하고 있다. 여성전문가를 배치하여 외국인 근로여성의 노동현장에서의 부당한 처우 등에 관한 고충상담을 실시하고 있다. 또한 유학생 학교생활상담, 보건 및 의료상담 등 맞춤형 고충상담도 실시하고 있다. 또한 다문화 이해 증진 및 이민자 사회통합을 위하여 지역적 특성을 가미하고 학문적 기반을 제공하는 학계의 협력을 필요로 하여 ABT(Active Brain Tower) 대학을 지정하였다. ABT 대학은 다문화사회 시민교육제도 도입을 위한 전문가 및 상담원 양성, 정부에서 개발한 이민자의 사회적응 지원을 위한 각종 교육 프로그램 등 사회 프로그램을 운영하고, 이를 통해 ABT 대학교 간의 협력체계구축과 전문가 집단을 확보하고자 한다.

(5) 기타

문화체육관광부에서는 주로 한국어교육을 중점적으로 추진해 왔는데, 결혼이민자를 위한 한국어교육 교재를 개발하고 방송교육 프로그램 제작을 지원하며 결혼이민자 한국어 교사 연수를 실시하는 한편, 기관·단체를 통해 결혼이민자들의 문화체험을 지원하고 축제도 개최하고 있다. 또한 문화체육관광부에서는 이주자를 특수소외계층으로 설정하여 문화체험 기회를 제공하고 있는데, 2005년부터 문화소외계층을 대상으로 한 사회문화예술교육과 지방문화원 문화체험 사업을 지원해 왔으며, 2007년에는 사회취약계층 사회문화예술교육 지원사업에서 노인, 장애인, 취약계층과 함께 이주여성(여성결혼이민자)을 주요 사업대상으로 선정해 문화체험 기회를 제공하였다.

농림축산식품부에서는 서비스 환경이 상대적으로 열악한 농촌지역 여성결혼이민자의 서비스 접근권 확보를 위해 2007년 처음으로 전국의 30개 시·군을 대상으로 농촌 여성결혼이민자가족 지원 사업을 실시하였다. 이 사업은 교육도우미가 농촌지역에 거주하는 여성결혼이민자를 직접 방문하여 한국어와 그 밖의 다양한 분야에 대한 교육을 실시하고 문화 활동 등도 추진하는 방식으로 이루어졌다(강혜경·계선자·김연화, 2009).

한편 다문화가족을 지원하는 부서는 농림축산식품부, 여성가족부, 보건복지부, 교육부, 법무부 등으로 이들이 제공하는 많은 예산과 중복된 서비스는 예산의 낭비뿐만 아니라 상호연계성의 부족으로 다문화가족의 자생능력을 약화시킬 수 있는 요인으로도 작용할 수 있다. 즉, 부처 간의 개별화된 다문화정책수립이 종합적인 시스템으로 통합되어 해당사업의 운용이 일회성이거나 산발적으로 진행되지 않고 상호유기성과 중·장기적 효율성을 확보할 수 있도록 체계화할 필요성이 있다.

|표 10-9| 주요 부처별 다문화가족 자녀 지원사업 비교

부처		내용
교육부	명칭	다문화가족 교육지원
	추진목적	다문화가족 자녀에 대한 교육지원 강화 및 다문화교육 환경조성
	사업대상	다문화가족 자녀(국제결혼가정 자녀 및 외국인 근로자 자녀)
	주요내용	• 시·도 단위 다문화가족 자녀 교육 활성화 – KSL반 및 특별학급 운영 – 연구학교 운영 – 교사역량 강화 – 프로그램 및 교재 개발·보급 • 다문화교육센터 설치
여성가족부	명칭	결혼이민자가족지원센터 지정·운영
	추진목적	한국어·한국문화 이해 교육 및 자녀양육법 지도 등을 통해 자녀들의 학교생활 적응 유도
	사업대상	결혼이민자 가족 및 자녀
	주요내용	• 결혼이민자 가족지원센터 지정 – 한국어교육, 가족교육, 문화교육, 정보화교육, 상담, 정보제공 – 결혼이민자 가족 통합교육프로그램 개발·보급
농림축산식품부	명칭	농촌 여성결혼이민자 가족지원
	추진목적	농촌지역의 여성 결혼이민자 가족의 안정적 농촌 정착
	사업대상	농촌지역의 여성 결혼이민자 및 가족
	주요내용	• 농촌지역 결혼이민자 가정을 방문·지도할 교육도우미 운영 – 언어교육, 문화교육, 가족관계 증진교육 등 • 부부교실, 가족캠프 실시
문화체육관광부	명칭	국제결혼 이주여성 가족 한국어 교육지원
	추진목적	국제결혼 이주여성 가족 한국어·한국문화 교육실시
	사업대상	국제결혼 이주여성 가족 및 자녀
	주요내용	• 한국어강좌 개설·운영 • '사회문화예술교육지원사업'을 통해 문화예술교육 지원 • 이주여성 자녀를 위한 한국문화 체험행사

아울러 우리나라 상황에 맞는 고유한 다문화정책의 기조와 가치체계가 우선적으로 구상되어야 할 것이며, 우리나라가 처한 역사적 배경과 사회경제적 환경에 적합한 토착화된 다문화 정책과 지원서비스의 마련이 요구된다.

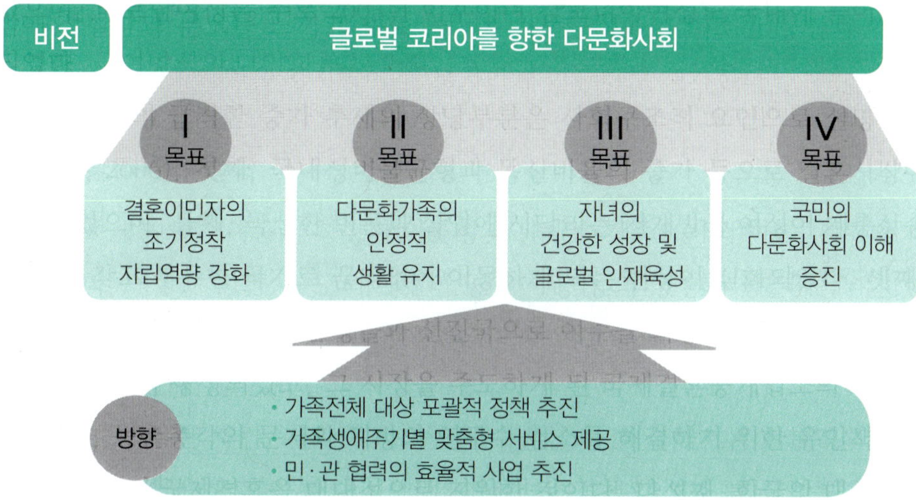

| 그림 10-3 | 정책비전 및 추진방향

출처: 박숙자(2009).

이외에 민간 차원의 서비스가 있다. 우선 국제결혼 이주여성을 지원하는 대표적 시민단체로는 '아시아 이주여성센터', '아시아의 친구들', '한국이주여성 인권센터' 등이 있다. 이들은 특히 국제결혼 이주여성의 가정 및 성폭력의 보호에 중점을 두고 있으며, 더 나아가 인권과 사회참여 등에 기여하고 있다. 또한 기업의 다문화가족을 지원하는 서비스도 점차 확대되고 다양화되어 국제결혼 이주여성과 자녀에 대한 교육 및 직업교육을 제공함으로써 지역사회와 기업, 대학과의 연계를 통한 지원을 모색하고 있다.

3) 다문화가족을 위한 프로그램

한국 사회에 새로이 정착하고 있는 여러 다문화 집단들은 한국의 가족에 문화적 다양성이란 점에서 큰 변화를 가져오고 있고, 한국 사회에 새로운 성원으로서 이들의 정착과 적응을 돕는 문화적인 역량을 갖춘 가족복지 서비스의 필요성이 점차 증대하고 있다. 다문화가족이 집중되어 있는 일부 지역의 종합사회복지관이나 지방자치단체에서 이들을 지원하기 위한 다양한 프로그램들을 개발하고 시행하여 왔다. 다문화가족이 급속도로 증가하여 왔으나 이들 서비스들을 파행적으로 또는 소규모로 제공되어 온 서비스들을 제시하고 있으므로, 이 프로그램들은 다문화가족들을 위해 더욱 체계적이고 안정된 지지서비스체계로 발전되어야 한다.

| 표 10-10 | 다문화가족을 위한 프로그램

프로그램	특성
한국문화적응 프로그램	한국 사회에 새로이 유입되는 모든 집단은 언어, 문화에 익숙하지 않아 생활에 많은 장애를 경험한다. 한국의 문화와 역사, 생활예절, 한국어교육, 식습관, 문화유적 탐방, 지역주민과의 친교의 시간 등이 이들 새로운 한국인들에게 제공될 수 있는 서비스 프로그램이다.
가족보존 프로그램	문화와 언어의 차이와 빈곤, 인종차별 등은 한국 사회에 새로이 정착하는 많은 가정들의 안녕과 안정을 위협하는 중대한 스트레스 요인들이다. 자녀교육이나 부부관계와 같은 가족관계에 관한 집단 교육프로그램뿐만 아니라 가정의 문제가 있을 경우 이를 위한 개별적 개입서비스 등이 있을 수 있다.
법률상담 프로그램	외국인 이주가정들은 복잡한 한국의 국적법에 관한 지식과 이해가 필요하며 많은 경우 전문인을 통한 법률상담과 법적 권익보호서비스는 매우 중요하다.
상담 및 치료 서비스	이주와 새로운 사회에 적응하는 과정에 따르는 스트레스는 심리정서적 문제를 가져올 수 있다. 이러한 문제에 대한 교육과 문화적·언어적으로 적절한 서비스의 필요성이 많다.
아동 및 청소년 교육지원 프로그램	학습지원 서비스는 이주자 가정의 많은 아동과 청소년들의 학교에서의 적응을 돕고 청소년기의 비행, 가족관계의 갈등, 부적응과 장기적인 실업 등을 예방한다.
사회정책 프로그램	이주한 사회에서 경제적·사회적 안정을 위해서는 취업이 매우 중요하므로 취업과 관련한 기술훈련, 사회기술훈련, 창업지원서비스 등이 필요하다.

출처: 한국여성복지연구회(2005).

다문화가족을 지원하는 기관과 서비스는 증가하는 데 비해, 다문화가족을 지원할 수 있는 전문인력은 턱없이 부족하다. 다문화가족을 지원하기 위해서는 이들에 대한 전문적 지식과 차별화된 개입기술, 문화적 역량을 갖춘 인력양성이 우선되어야 하며, 이를 위해 전문인력을 양성하기 위한 프로그램이 제공되어야 한다. 또한 국제결혼 이주여성을 의료, 사회복지기관, 공공기관 등의 통역사로 활용할 뿐만 아니라 전문가로 양성함으로써 이들의 자립생활과 역량강화에도 기여할 수 있을 것이다. 특히 정책 실행의 주체가 중앙정부 주도에만 국한되지 않고 지역자치단체, 비정부 민간사회단체와 종교단체, 국제기구와의 공조를 통한 다문화정책 실행으로 발전해 나가야 한다.

CHAPTER 11

아동학대가족과 가족복지

20세기 후반 들어 눈에 띄게 증가한 가족해체의 증가, 빈곤, 지역사회 기능의 후퇴 및 도시화, 가족구성원의 스트레스 증가, 전통적인 지역사회의 와해에 따른 가족의 사회적 소외 현상, 그리고 가족의 실질적 해체 등이 아동학대와 방임의 범위와 정도를 심화시키고 있다. 이에 본 장에서는 아동학대가족의 개념, 현황, 문제 그리고 복지대책을 자세하게 살펴보고자 한다.

1. 학대의 개념

아동기 가족 내에서의 경험과 적응은 이후 아동의 신체적·정서적·사회적 행동발달에 있어 지속적인 영향을 미친다. 특히 부모는 자녀와 다양한 상호작용을 통해 자녀의 발달에 영향을 주게 되며, 부모로부터 학대를 경험하는 아동은 긍정적인 상호작용의 경험과 적응의 기회를 갖지 못하게 되어 발달에 심각한 장애를 겪게 된다.

아동학대를 어떻게 정의하는가는 그 사회가 아동학대라는 사회현상에 대해 어떻게 접근할 것인가를 규정하는 것으로, 아동학대에 대한 가장 고전적인 정의는 '부모나 돌보는 사람에 의해 가해지는 심각한 손상'이다. 우리나라에서는 아동학대를 '신체적 구타(폭력), 부적절한 취급(양육), 유기, 신체적·성적 착취 또는 그 이상에서 아동의 건강이나 복지를 위협하는 것'으로 보고 있다.

「아동복지법」에 의하면, 아동학대란 '부모를 포함한 성인에 의하여 아동의 건강·복지를 해치거나 정상적 발달을 저해할 수 있는 신체적·정신적·성적 폭력 또는 가혹행위 및 아동의 보호자에 의하여 이루어지는 유기와 방임'을 말한다. 즉, 학대란 시대와 사회의 문화적 환경에 따라 다양하게 정의되고 있으나 일반적으로 부모 또는 보호자가 아동의 신체적·정서적·지적·사회적 발달을 저해하는 인위적인 행동을 일컫는다.

일반적인 아동학대의 유형은 다음과 같다(〈표 11-1〉).

| 표 11-1 | 아동학대 유형

유형	내용
신체적 학대	발로 차기, 물기, 흔들기, 주먹으로 치기, 찌르기 등 신체적 상처를 유발하는 학대 행위
정서적 학대	사회적 고립, 불합리한 요구의 반복, 모멸, 비난, 협박 등 아동의 정신장애 및 행동장애를 유발할 수 있는 행위
방임	의식주 및 교육, 보건의료 등 아동의 기본적 욕구를 충족시키기 위한 최소한의 의무 소홀
성적 학대	성적 접촉 또는 삽입행위, 노출, 음란물의 생산 및 방영, 성적 착취 행위

구체적으로 아동학대는 학대의 내용에 따라 신체적 학대, 정서적 학대, 성적 학대와 방임으로 유형화할 수 있다. 신체적 학대는 가해자가 자기 신체의 일부나 혁대, 막대기 등의 도구나 화학물질 등으로 아동에게 타박상, 골절, 화상, 열상, 장기파열 등의 신체적 손상을 고의로 입히는 경우를 말하며, 부모 또는 보호자가 이후의 결과를 고려하지 않은 자기의 심리적 갈등의 발산행위를 의미한다. 정서적 학대란 아동의 인격이나 존재의미를 언어와 행동으로 폄하하거나 거부하고 경멸적·위협적 언동을 사용하는 것, 감금행위, 아동을 상업적으로 부당하게 이용하는 행위 등을 말하며, 심리적으로 불안, 우울, 공포심을 갖게 하여 정서적으로 고립을 가져오는 경우를 말한다. 성적 학대란 성인이 자기 신체나 도구를 사용하여 성적 충족을 목적으로 아동에게 성적 행동을 강요하는 행위로서 성추행에서 성폭행과 성착취까지를 모두 포함한다. 방임은 다시 신체적 방임, 정서적 방임, 교육적 방임, 의료적 방임, 성적 방임 등으로 나눌 수 있으며, 보호자가 고의적이고 반복적으로 아동양육과 보호의 책임을 소홀히 하여 아동의 건

강이나 복지를 해치거나 정상적인 발달을 저해하는 행위를 말한다. 그러나 이러한 네 가지 구분이 상호배타적인 것이 아니고 아동학대가 발생할 때 어느 한 유형에 국한하여 일어나는 것이 아니어서 중복적인 학대유형이 더 많이 발견된다.

이외에 사회적 학대는 부모보다는 지역사회가 아동에게 적절한 관심과 복지대책을 제공하지 못한 것으로 주거환경의 부적당, 오락 및 문화시설의 결여, 교육환경의 부적당, 혼잡한 교통질서, 유해식품, 유해매체 및 기타 불량한 사회 환경이 포함된다. 법적 학대는 학대의 내용이 명백히 법을 어기는 경우로서 노동력의 착취, 인신매매, 약취, 유기, 폭행 등이 포함된다.

2. 학대 현황

2000년의 「아동복지법」 개정에 따라 아동학대에 국가가 개입할 수 있는 법적 근거가 성립되고 주무기관으로 아동학대예방센터가 지정된 이후 우리나라의 아동학대 현황을 파악할 수 있는 통계자료가 생산되기 시작하였다.

우리나라에서도 아동학대는 이미 사회적인 문제가 될 정도로 상당히 빈번하게 이루어지고 있다(〈표 11-2〉). 〈2018 아동학대 주요통계〉에 따르면, 한 해 동안 전국 아동 보호 전문기관에 접수된 신고 건수는 36,417건으로 해마다 증가했으며, 학대유형 가운데 중복학대 11,792(47.9%)건으로 가장 높은 비중을 보였으며, 다음으로 정서학대(23.8%), 신체학대(14.0%), 방임(10.6%), 성학대(3.7%) 순이었다(〈표 11-3〉, [그림 11-1]). 그러나 대부분의 피학대아동은 단일 유형의 학대가 아니라 복합 유형의 학대로부터 고통 받으며, 대부분의 아동학대 사례가 신고·접수되지 못하고 있는 실정을 고려하면, 학대 피해는 이상보다 훨씬 클 것으로 판단된다.

최근 통계(보건복지부, 2019)에서 아동인구 천 명을 기준으로 했을 때 2.98명의 아동학대 발생률을 보여 주었다. 피해아동의 특성은 남아가 48.2%, 여아가

51.8%로(성별에 따른 차이는 없으며), 아동학대의 23.3%가 거의 매일, 12.7%가 2~3일에 한 번, 12.1%가 일주일에 한 번인 경우로 나타났다. 아동학대의 연령별 비율을 보면 11세~15세 사이의 사춘기 아동을 대상으로 한 아동학대가 전체 아동학대의 과반수 가량을 차지하고 있으며, 3세 미만의 영아에 대한 아동학대도 10% 이상의 적지 않은 비율을 보이고 있다([그림 11-2]). 또한 이봉주와 이호균(2004)의 연구에 의하면, 학대 대상 아동은 초등학생이 가장 많아 학대사례 5,872건 중 50.2%가 7~12세에 집중되고 있지만, 말을 하지 못하는 0~2세 영아나 3~6세 유아에 대한 학대도 각각 8.3%, 16.1%로 보도되고 있다. 이러한 결과들은 아동학대가 보호자의 우발적 실수나 일회적 사건이 아니며, 지속적이고 반복적으로 발생하고 있을 뿐만 아니라 아동 양육 및 자녀 교육의 한 방편으로 아동학대가 광범위하게 이루어지고 있을 수 있음을 보여 주는 것이다.

| 표 11-2 | 연도별 아동학대 상담신고 건수

(단위: %)

구분	2002년	2004년	2006년	2008년	2010년	2012년	2014년	2016년	2018년
아동학대 의심사례 건수	2,946 (71.7)	4,880 (69.7)	6,542 (72.5)	7,219 (75.4)	7,406 (80.5)	8,979 (82.1)	15,025 (84.9)	25,878 (87.8)	33,532 (92.1)
일반상담 건수	1,165 (28.3)	2,118 (30.3)	2,451 (27.5)	2,351 (24.6)	1,704 (18.5)	1,930 (17.6)	2,664 (15.1)	3,604 (12.2)	2,464 (6.8)
계	4,111 (100.0)	6,998 (100.0)	8,903 (100.0)	9,570 (100.0)	9,199 (100.0)	10,943 (100.0)	17,689 (100.0)	29,482 (100.0)	36,417 (100.0)

출처: 보건복지부(2019).

| 표 11-3 | 연도별 아동학대 사례유형

(단위: %)

구분	2002년	2004년	2006년	2008년	2010년	2012년	2014년	2016년	2018년
신체학대	254 (10.3)	364 (9.4)	439 (8.4)	422 (7.6)	348 (6.1)	467 (7.2)	1,453 (14.5)	2,715 (14.5)	3,436 (14.0)
정서학대	184 (7.4)	350 (9.0)	604 (11.6)	683 (12.2)	773 (13.7)	936 (14.6)	1,582 (15.8)	3,588 (19.2)	5,862 (23.8)
성학대	65 (2.6)	177 (4.5)	249 (4.8)	284 (5.1)	25.8 (4.6)	278 (4.3)	308 (3.1)	493 (2.6)	910 (3.6)
방임 (유기포함)	1,026 (41.4)	1,492 (38.3)	2,111 (40.6)	2,794 (41.0)	1,884 (33.3)	1,713 (26.8)	1,870 (18.6)	2,924 (15.7)	2,604 (10.6)
중복학대	949 (38.3)	1,508 (38.8)	1,799 (34.6)	1,895 (34.1)	2,394 (42.3)	3,015 (47.1)	4,814 (48.0)	8,980 (48.0)	11,792 (48.0)
계	2,478 (100)	3,891 (100)	5,202 (100)	5,578 (100)	5,657 (100)	6,403 (100)	10,027 (100)	18,700 (100)	24,604 (100)

보건복지부(2019). 2018 아동학대 주요통계. 보건복지부.

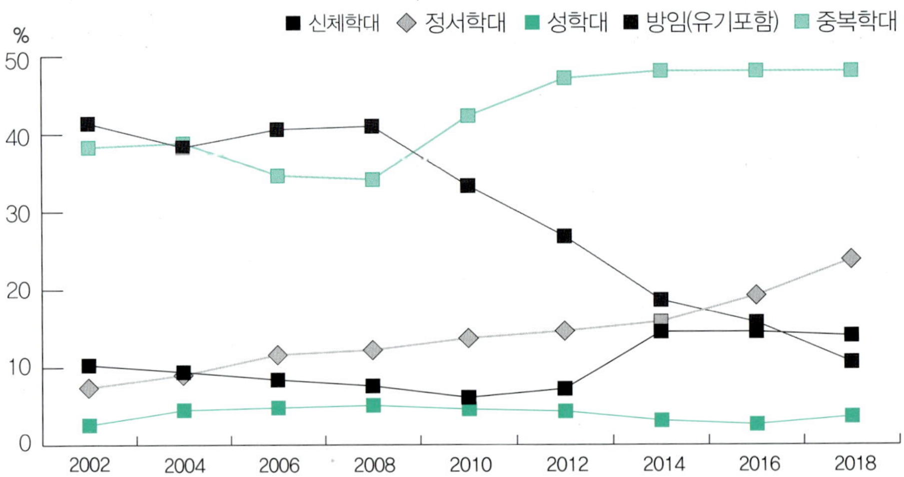

| 그림 11-1 | 아동학대 유형별 발생 비율

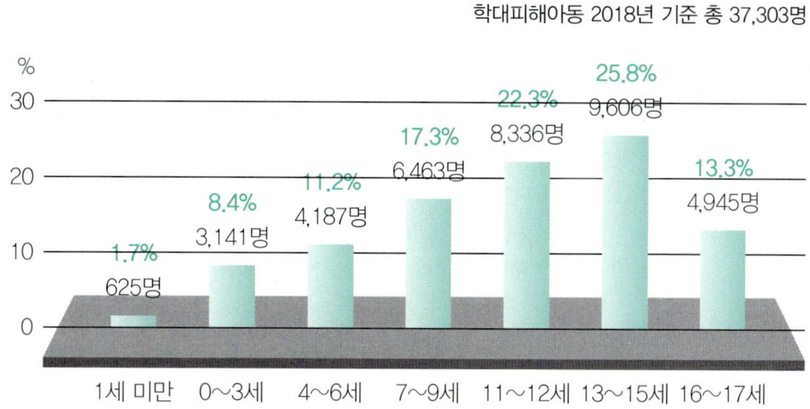

| 그림 11-2 | 연령에 따른 학대아동의 비율

출처: 보건복지부(2019).

아동학대 현상을 잘 이해하고 효과적으로 개입하기 위해서는 학대아동에 대한 지식과 함께 학대행위자와 가족에 대한 지식이 필요하다. 피해아동 가족 유형을 분석한 결과, 일반가정 55.1%에 이어 한부모가정에서 학대가 발생한 경우가 23.8%로, 단일 가족 유형으로는 큰 비중을 차지하고 있어 해체가정의 아동이 심각한 수준의 학대를 경험하고 있는 것을 알 수 있다(〈표 11-4〉).

| 표 11-4 | 연도별 피해아동 가족 유형

(단위: %)

<table>
<tr><th>구분</th><th>2002년</th><th>2004년</th><th>2006년</th><th>2008년</th><th>2010년</th><th>2012년</th><th>2014년</th><th>2016년</th><th>2018년</th></tr>
<tr><td>일반가정</td><td>619
(25.0)</td><td>950
(24.4)</td><td>1,380
(25.3)</td><td>1,515
(27.2)</td><td>1,654
(29.2)</td><td>2,415
(37.7)</td><td>4,458
(44.5)</td><td>9,931
(53.1)</td><td>13,546
(55.1)</td></tr>
<tr><td>부자가정</td><td>885
(35.7)</td><td>1,285
(33.0)</td><td>1,656
(31.8)</td><td>1,687
(30.2)</td><td>1,684
(29.8)</td><td>1,480
(23.1)</td><td>1,887
(18.8)</td><td>2,623
(14.0)</td><td>2,997
(12.2)</td></tr>
<tr><td>모자가정</td><td>299
(12.1)</td><td>502
(12.9)</td><td>799
(15.4)</td><td>999
(17.9)</td><td>881
(15.6)</td><td>935
(14.6)</td><td>1,414
(14.1)</td><td>2,203
(11.8)</td><td>2,865
(11.6)</td></tr>
<tr><td>미혼부모가정</td><td>30
(1.2)</td><td>70
(1.8)</td><td>109
(2.1)</td><td>97
(1.7)</td><td>150
(2.6)</td><td>131
(2.0)</td><td>208
(2.1)</td><td>347
(1.9)</td><td>404
(1.6)</td></tr>
<tr><td>재혼가정</td><td>228
(9.2)</td><td>322
(8.3)</td><td>389
(7.5)</td><td>395
(7.1)</td><td>380
(6.7)</td><td>475
(7.4)</td><td>750
(7.5)</td><td>1,366
(7.3)</td><td>1,435
(5.8)</td></tr>
<tr><td>친인척가정</td><td>142
(5.7)</td><td>235
(6.0)</td><td>284
(5.5)</td><td>358
(6.4)</td><td>303
(5.3)</td><td>303
(4.7)</td><td>297
(3.0)</td><td>444
(2.4)</td><td>483
(2.0)</td></tr>
<tr><td>동거</td><td>94
(3.8)</td><td>200
(5.2)</td><td>242
(4.6)</td><td>198
(3.6)</td><td>294
(4.9)</td><td>220
(3.4)</td><td>353
(3.5)</td><td>688
(3.7)</td><td>490
(2.0)</td></tr>
<tr><td>가정위탁</td><td>5
(0.2)</td><td>20
(0.5)</td><td>14
(0.3)</td><td>26
(0.5)</td><td>15
(0.3)</td><td>13
(0.6)</td><td>24
(0.2)</td><td>28
(0.1)</td><td>27
(0.1)</td></tr>
<tr><td>입양가정</td><td>5
(0.2)</td><td>13
(0.3)</td><td>26
(0.5)</td><td>25
(0.4)</td><td>25
(0.4)</td><td>37
(0.6)</td><td>39
(0.4)</td><td>79
(0.4)</td><td>44
(0.2)</td></tr>
<tr><td>시설보호</td><td>10
(0.4)</td><td>90
(2.3)</td><td>102
(2.0)</td><td>104
(1.9)</td><td>196
(13.5)</td><td>127
(2.0)</td><td>208
(2.1)</td><td>227
(1.2)</td><td>187
(0.8)</td></tr>
<tr><td>소년소녀가정</td><td>14
(0.6)</td><td>9
(0.2)</td><td>49
(0.9)</td><td>35
(0.6)</td><td>28
(0.5)</td><td>22
(0.3)</td><td>10
(0.1)</td><td>10
(0.1)</td><td>8
(0.0)</td></tr>
<tr><td>파악 안 됨</td><td>107
(4.3)</td><td>119
(3.1)</td><td>92
(1.8)</td><td>37
(0.7)</td><td>21
(0.4)</td><td>175
(2.7)</td><td>336
(3.4)</td><td>668
(3.6)</td><td rowspan="2">2,118
(8.6)</td></tr>
<tr><td>기타</td><td>40
(1.6)</td><td>76
(2.0)</td><td>60
(1.1)</td><td>102
(1.8)</td><td>68
(1.2)</td><td>70
(1.1)</td><td>43
(0.4)</td><td>86
(0.5)</td></tr>
<tr><td>계</td><td>2,478
(100)</td><td>3,891
(100)</td><td>5,202
(100)</td><td>5,578
(100)</td><td>5.687
(100)</td><td>6,403
(100)</td><td>10,027
(100.0)</td><td>18,700
(100.0)</td><td>24,604
(100.0)</td></tr>
</table>

출처: 보건복지부(2019).

학대행위자와 피해아동과의 관계를 살펴보면, 부모가 83.9%로 대부분을 차지하였으며, 그중에서도 친부에 의한 경우가 47.1%, 친모에 의한 경우가 32.6%로 친부모에 의한 학대가 약 79%를 차지함을 알 수 있다. 다만 성학대는 타인이 가해자인 경우가 더 많은 것으로 나타났으며, 모의 경우에는 방임을, 부의 경우에는 성적 학대를 더 많이 하는 것으로 알려졌다. 자녀의 연령에 따라서는 신생아 및 영아기 자녀의 경우 방임 형태의 학대 위험성이 상대적으로 높고, 유아기 또는 학령기 아동은 신체적·정서적·성적 학대에 더 빈번하게 노출되고 있다. 특히 말을 하지 못하고 체력이 약한 영아나 유아에 대한 부모의 방임이나 유기, 신체적·정서적 학대는 그 심각성이 더욱 커서 이에 대한 특별한 관심이 요구되고 있다.

3. 학대의 원인 및 문제

1) 아동학대 원인에 대한 이론적 접근

아동학대는 여러 요인들이 상호작용한 결과로 나타나는 다차원적인 현상이다. 즉, 부모와 자녀의 특성, 가족의 상호작용 과정, 가족의 사회환경적 스트레스 그리고 좀 더 광범위한 지역사회와 사회적 맥락 등 여러 요소들이 상호작용하여 아동학대가 일어난다(아산사회복지재단, 1997). 아동학대의 원인을 연구해온 많은 학자들은 아동학대의 발생요인이 매우 다양하기 때문에 어느 한 가지 이론으로 이를 설명하기는 어렵다는 데 의견의 일치를 보이고 있다.

각각의 이론들을 살펴보면, 첫째, 정신의학적 관점은 학대부모들의 심리적 특성 및 성격구조상의 결함에 초점을 두어 학대부모들의 성격문제, 알코올 중독 등을 학대원인으로 본다. 둘째, 발달적 관점은 학대부모에 초점을 두기보다 아동 개인의 기질적·성격적 특징과 신체질환 등 아동의 부정적인 특성이 양육자의 아동학대를 유발한다고 보는 입장이다. 셋째, 사회심리학적 접근은 부모의 아동기 학대 피해 경험이 이후 성인기에 자신의 자녀를 학대하게 된다는 세대 간 전승이론으로 설명되고, 넷째, 사회구조적 접근인 사회체계이론은 아동의 형제 수, 가족의 크기, 결손가족 여부, 가족의 경제적 상황 등 구조적 불평등의 요인으로 학대가 발생한다고 보는 것이다. 다섯째, 자아정체감과 통제이론은 실패한 자아를 가진 사람은 사람마다 생각과 관점과 감정이 다르다는 것을 이해하지 못하고 자신의 기대에 어긋나면 강압적인 힘을 사용하여 다른 사람을 통제하고자 시도하는 것이다. 여섯째, 가족체계이론에서 아동학대는 부부관계에 문제가 있으나 부부의 문제와 관련이 없는 아동을 희생양으로 선택하여 마치 아동에게 문제가 있는 것처럼 투사하거나 부부간에 문제가 없다 할지라도, 자녀의 독립과 자율을 인정하지 않으려는 부모로부터 자녀들이 학대를 당하는 경우이다. 일곱째, 스트레스이론에서 아동학대는 스트레스를 주는 사회적 환경에 그 원인이 있다고 보고 부모가 수행해야 할 과제는 많은 데 반해, 능력과 자원이 결핍되어 아동학대가 발생한다고 본다. 즉, 스트레스를 주는 요인들이 자녀양육의 태도, 가치, 역할, 방법 등에 직접적인 영향을 줄 수 있다는 것이다. 여덟째, 생태학적 관점은 학대가 개인과 가족의 특성, 이웃, 지역사회와의 부조화 등 아동의 다양한 양육체계에 속한 각각의 변인과 관련하여 발생한다고 보는 것으로 아동학대는 아동이 가진 여러 특성과 아동을 둘러싸고 있는 부모, 가족, 사회 등의 주변환경과의 역동적 관계를 고려하여 포괄적으로 접근할 필요가 있다고 본다. 이외에 사회구조적 요인으로 폭력을 허용하고, 남녀 간의 불평등을 당연시하는 사회문화적 규범과 태도는 아동들에 대해서도 독립적 개체로 인정하기보다는 부모의 소유물로 간주하여 부모 마음대로 다루는 가운데 쉽게 학대가 유발된다고 보는 것이다.

2) 아동학대가족 관련 변인

학대하는 부모들의 특성을 분석해 보면, 첫째, 학대부모의 대다수는 정신 또는 심리적 장애로 고생하고 있는 것도 아니며 성격적인 결함이 있는 것도 아니다. 학대부모는 자신의 양육경험에 불충족된 욕구와 의존성을 갖고 있거나 자신의 정서적 욕구를 충족시킬 수 있는 능력과 기술의 부족으로 분노, 갈등, 공포를 통제하지 못한다. 둘째, 자존감이나 기대수준이 낮고 아동양육능력과 기술이 부족하며 아동에 대한 비현실적인 기대를 하고 있는 경우가 많으며, 아동이 기질적으로 너무 까다롭다든지, 오늘은 너무 피곤하다든지 자신의 통제 밖에 있는 요소들을 탓하는 경향이 있다. 셋째, 정신착란, 우울증, 정신분열증, 정신지체 등 부모들이 갖고 있는 질병과 어린 시절의 경험, 사회적 격리 등이 원인이 된다.

아동학대를 유발하는 개인적 특성으로는 아동을 둘러싼 수많은 요인들도 지적되고 있는데, 다루기 힘든 충동성, 잦은 울음과 같은 기질적인 특징, 우울증과 공격성 같은 정서적 이상을 가지고 있으면 학대에 노출될 가능성이 크다고 한다. 다루기 힘든 기질의 아동을 가진 부모들은 아동양육에 부담감을 느끼고, 그런 문제들은 부모들의 인내력을 감소시키며, 일관성 없는 양육을 하여 아동에게 학대를 가할 수 있다. 또한 어린 시절의 의학적 · 지적 및 발달적 이상은 아동을 학대 상황이라는 위험에 놓이게 한다. 특히 조산아나 저체중아는 의학적인 문제가 많으며 정상아보다 신경이 과민하므로 화를 잘 내어 이런 특성이 학대받게 되는 위험을 증가시키는 증거들이 될 수 있다는 것이다(Ammerman, 1990).

아동이 신체적 또는 정신적인 장애를 가지고 있을 때 부모의 양육태도는 부정적일 수 있다. 장애아동의 부모들은 정상아동의 부모들보다 스트레스를 더 많이 받고, 양육역할에 큰 부담감을 안고 생활하고 있기 때문에 자녀를 양육할 때 일관성이 없고 거부적이며 적대적인 태도를 보일 수 있다. 아울러 아동의 발달지체도 학대의 원인으로 작용하는데, 아동의 지능과 언어능력 및 기억력이 낮고 운동발달능력도 지체되어 전반적으로 사회적 성취도가 낮은 아동도 학대받기 쉽다. 이외에 아동의 문제행동은 양육자로 하여금 혐오감을 갖게 하기 때문에 문제행동을 자주 표출하는 아동은 학대의 표적이 되기 쉽다.

더 나아가 학대의 변인들로 사회계층, 인종, 성별, 고용상태, 연령, 사회경제적 상태, 직업의 만족, 부모의 결혼갈등, 사회적 고립과 가족의 상호작용 형태, 가정 및 이를 둘러싸고 있는 사회의 구조 및 문화적인 여러 교육 수준, 부모가 받았던 양육방식, 체벌에 대한 태도가 있다. 특히 아동학대의 사회심리적 요인으로 좌절과 스트레스를 주요한 아동학대의 변인으로 보며, 만성적인 스트레스원의 가장 보편적인 형태라고 볼 수 있는 빈곤은 아동학대와 매우 밀접한 관계를 가진다. 예를 들면, 아버지의 실직에 따른 경제적 결핍과 좌절과 무력감으로 인한 정신적 스트레스는 자녀에게 투사되어 폭력을 자극하고 학대와 방임을 초래한다.

아동학대 관련 변인을 정리하면 다음과 같다(〈표 11-5〉).

| 표 11-5 | 아동학대 관련 변인

변인	특성
부모 특성	심리적 불안, 알코올 및 약물 중독, 피학대 경험, 엄격한 체벌에 대한 신념, 자녀를 통한 본인의 미충족 욕구의 만족에 대한 기대, 자녀행동에 관한 불합리한 기대, 저연령(대체로 30세 이하), 낮은 교육수준 등
아동 특성	미숙아 또는 환아, 다루기 어려운 기질, 과잉행동 및 부주의, 기타 발달상의 문제 등
가족 특성	저소득, 빈곤, 노숙, 결혼 불안정성, 사회적 고립, 가정폭력, 빈번한 이주, 협소한 주거환경, 무질서한 가정환경, 불안정한 취업상태, 높은 가족 스트레스 등
지역사회 특성	폭력, 사회적 고립, 공원·도서관·어린이집·종교시설 등 가족에 대한 사회적 지원이 가능한 자원의 결핍 등
문화적 특성	신체적 강압에 대한 묵인, 문제 해결을 위한 폭력사용에 대한 허용적 문화 등

출처: Berk(2006).

3) 학대피해아동의 문제

학대는 아동의 전반적인 발달에 있어 부정적인 영향을 미친다. 어떤 아동은 영구적인 신체적 손상으로 고생하며, 신체적 손상이 없을 때조차도 아동의 사회·정서 발달에 문제가 발생한다. 또한 때로 너무 공격적이기 때문에 또래와 관계를 잘 맺지 못하는 경향이 있으며, 인지 발달과 학업 성취에도 치명적이다. 즉, 학대받은 아동은 학교 성적이 낮고 표준화된 학업 성취에서 낮은 점수를 받으며 학교생활의 중도탈락과 유급하는 경향이 있으며, 정서적으로 통제를 잘 하지 못하기 때문에 학교 관련 행동문제가 일상적으로 발생한다([그림 11-3]).

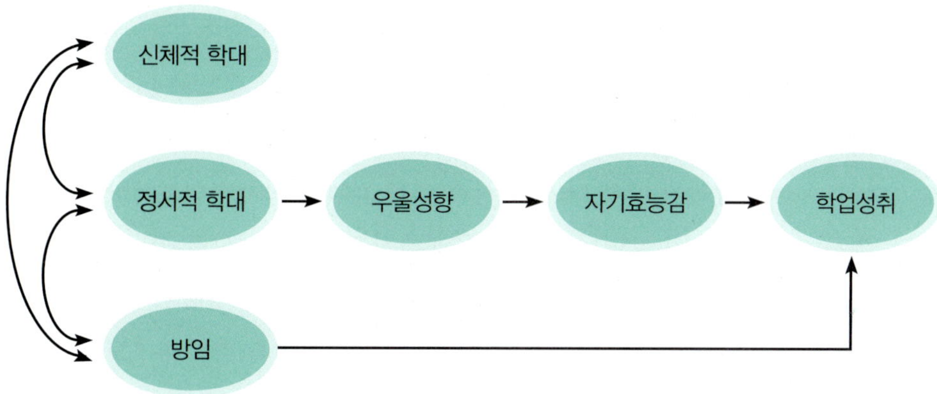

| 그림 11-3 | 아동학대가 학업성취에 영향을 미치는 경로모형

출처: 나은숙·정익중(2007).

특히 학대에 반복적으로 노출된 경우 중앙 신경체계에 손상이 발생하면서 두뇌발달에 치명적 손상을 입게 된다([그림 11-4]). 이외에도 우울과 불안은 흡연과 알코올 남용, 약물복용 혹은 과식을 유발할 수도 있으며, 가출, 비행, 자신의 자녀와 배우자를 학대하는 경향이 있고 최악의 경우에는 자살을 시도하기도 한다. 이처럼 학대의 부정적인 영향은 복합적이며 순환적이다.

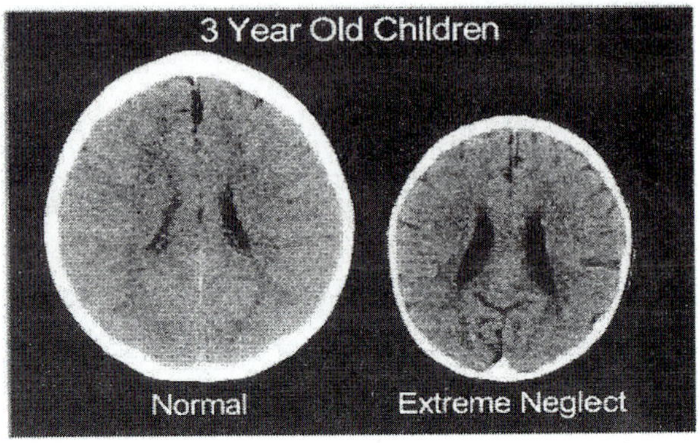

| 그림 11-4 | 일반아동과 방임아동의 전후두부둘레

출처: Perry(2002).

학대받은 아동의 특징은 신체적인 손상과 정신병리적인 것으로 나누어 볼 수 있다. 신체손상은 피부의 멍에서부터 화상, 자상, 골절 및 치아골절, 기타 내부 장기파열, 두뇌손상까지 매우 다양하다. 학대의 결과는 신체적인 손상에 그치지 않고 일부는 심각한 뇌손상이나 사망을 초래하기도 한다. 정신지체와 언어장애, 또는 심각한 정서적·심리적 후유증으로서 위축감, 공격적 행동이나 가변적인 기분상태, 낮은 자긍심, 우울과 불안을 보인다. 발달지연을 나타내기도 하고 때로는 또래관계의 곤란, 자해 및 자살행동이 나타나기도 한다.

신체적으로 학대받는 아동의 특징은 〈표 11-6〉과 같다.

| 표 11-6 | 신체적으로 학대받는 아동의 특징

행동범주	5세 이하	6~12세
표현과 자아개념	• 감동하지 않는다. 울지 않고 웃지 않는다. • 호기심이 없다. 탐구심이 없다. • 다른 아이가 때려도 반응이 없다. • 어두움, 혼자 있는 것, 상처받는 것을 두려워한다. • 복잡하고 성가신 활동을 싫어한다.	• 의견이 거의 없다. 특히 싫고 좋은 것이 없다. • 충동적이거나 억압적이고 자발적이지 못하다. • 자아존중감이 낮다. • 공격적이거나 위축되어 있다. • 정서발달이 초기단계에 머무른 것처럼 보인다.
좌절이나 불운에 대한 반응언어와 학습	• 기가 죽거나 짜증을 낸다. • 어휘가 부족하다. 언어발달이 늦다. • 운동발달이 늦다. • 주의집중 시간이 짧다.	• 참을성이 없으며, 즉각적인 만족을 요구한다. • 학습 불능이 보인다. • 말을 더듬는다. • 기억력이 부족하다. • 학습능력이 쇠퇴한다.
또래관계	• 다른 사람의 물건을 무조건 빼앗는다. • 또래와의 관계를 기피하거나 공격적이다. • 순서를 지키거나 기다리지 못한다.	• 또래에게 무관심하며 친구를 사귈 줄 모른다. • 다른 아이가 울면 걱정한다. • 친구를 조종하고, 통제하거나 물건을 빼앗는다. • 일이 잘못되면 남의 탓으로 돌린다.
부모와의 관계	• 편안한 것을 기대하지 않는다. 부모와 떨어져도 슬퍼하지 않는다. • 위험에 민첩하게 대처한다. • 부모의 요구를 두려워한다. • 부모의 반응을 끊임없이 살핀다. • 부모의 명령에 반항하기도 한다. • 대·소변 훈련이 어렵다.	• 부모에 대한 의심이 많고 남을 믿지 못하는 행동이 그대로 나타난다. • 부모와 가정에 대해 거짓말로 말한다. • 부모의 요구를 두려워한다. • 부모에게서 편안함을 얻으려 하지 않는다.
신체적 외형	• 체격이 왜소하다. • 쉽게 피로해진다. • 늘 감기에 걸려 있다. • 몸이나 옷이 더럽다. • 늘 배고파한다. • 의료적인 문제나 감염된 상처가 방치된 채 있다.	• 설사가 잦다. • 코를 흘린다. • 날씨에 맞지 않은 옷차림을 한다. • 음식을 구걸하거나 훔친다. • 쓰레기통을 뒤진다.

출처: 김익균·박은미·이정남(2009).

정서적으로 학대받는 아동의 특징은 〈표 11-7〉과 같다.

| 표 11-7 | 정서적으로 학대받는 아동의 특징

행동범주	5세 이하	6~12세
표현과 분명한 자아감	• 몸을 흔들거나 손가락을 빨아 스스로를 위로한다. • 놀지 않는다. • 깊이 잠들지 못한다. • 수동적이고 순종적이다. • 공격적이고 도전적이다. • 거의 웃지 않는다.	• 몸을 흔들거나 손가락을 빨아 자신을 위로한다. • 자아존중감이 매우 낮다. 즉, 자신을 가치 없고 사랑스럽지 않다고 믿는다. • 분노·적대적이다. • 수동적이고 기가 죽어 있다. • 정서적인 문제가 있을 수도 있다.

출처: 김익균 외(2009).

정서적으로 방임받은 아동의 특징은 〈표 11-8〉과 같다.

| 표 11-8 | 정서적으로 방임받은 아동의 특징

행동범주	특징
영아	마구 먹는다, 토한다, 울지 않는다, 빨고 물어뜯고, 잡아당기고, 기대고, 머리를 이리저리 움직여 부딪쳐서 스스로에게 자극을 준다.
유아	누구에게든지 무분별하게 관심을 깃거나, 과다행동을 하거나 목적 없는 행동을 보인다, 다쳐도 울지 않는다.

출처: 김익균 외(2009).

성학대를 받은 아동은 초기에는 수면장애와 가해자에 대한 공포심 등의 불안 증세가 두드러지며 발달과업의 실패가 수반되는 가식적 성숙, 낮은 자기 존중감, 성행동의 이상, 자기파괴적 행동 등이 나타날 수 있다. 성학대 피해에 따른 영향은 아동의 연령과 성별에 따라 차이를 보이기도 하는데 아동이 점차 나이가 들어 청소년기에 진입하면 여자 청소년은 가출, 매춘 등 자기파괴적 행동을, 남자청소년은 가출, 폭력가담, 약물 중독 등 좀 더 공격적인 증상을 보이기도 한다. 학대받은 아동들이 흔히 보여 주는 여러 가지 증후와 후유증을 표로 정리하면 <표 11-9>와 같다.

| 표 11-9 | 성학대의 징후와 후유증

구분	신체적 징후	행동적 징후
성학대	• 걷거나 앉는 데 어려움 • 찢어지고 피로 얼룩진 속옷 • 회음부의 동통과 가려움증 • 회음부, 질, 항문부위의 출혈이나 멍 • 십대 이전의 성병감염 • 임신 • 지속적인 구토나 복통	• 수면장애 • 위축, 환상, 유아적 행동 • 기괴하고 미묘한 성적 행동과 지식 • 친한 친구가 없고 갑작스런 위축행동 • 비행, 가출 • 체육시간 기피 • 자해행동 또는 자살시도

출처: 보건복지부(1999).

4. 학대가족을 위한 복지대책

1) 아동학대 관련법 현황

우리나라에는 아동학대 관련 단독법은 없고 「아동복지법」이나 「청소년보호법」 같은 관계법에 아동학대 관련 조항이 포함되어 있다. 2000년 1월의 아동복지법 전면 개정에 따라 아동학대와 방임에 대한 개입의 법률적 기반이 마련되었다. 개정 아동복지법은 첫째, 아동학대의 개념을 규정하고 법 제17조에서 금지행위를 구체적으로 명기하였으며, 둘째, 학대받는 아동의 발견, 보호, 치료 의뢰의 의무를 지는 전담기관으로서 아동보호전문기관과 학대받는 아동을 위한 긴급전화 1391을 명기하여 아동보호에 있어서의 국가와 지방자치단체의 역할을 분명히 하였다. 셋째, 아동학대에 대한 서비스가 이루어질 수 있는 과정으로 신고제도, 현장조사, 아동에 대한 일시보호, 응급조처 등을 명기하고 있다(한국여성복지연구회, 2005).

「아동복지법」 제26조는 아동학대 신고의무에 관한 것인데, 아동학대의 경우 피해자인 아동이 미성숙하고 자기보호능력이 없는 경우가 많아 누구든지 아동학대를 알게 되면 아동보호전문기관 또는 수사기관에 즉시 신고하도록 되어 있다.

신고의무자

교원, 의료인, 아동복지시설의 종사자 및 시설장, 장애인 복지시설에서 장애아동에 대한 상담, 치료, 훈련 또는 요양을 행하는 자, 어린이집의 교직원, 복지시설 종사자 및 여성복지상담소의 상담원, 모자복지상담소의 상담원 및 모자복지시설 종사자, 가정폭력 관련 상담소의 상담원 및 가정폭력 피해자 보호시설의 종사자, 아동복지지도원 및 사회복지전담공무원 등

2) 학대피해아동을 위한 서비스 현황

우리나라의 아동학대 예방사업은 보건복지부 산하기관인 중앙 아동보호 전문기관이 중심이 되어 이루어지고 있다. 지역별 아동보호 전문기관과 함께 운영하고 있는 아동학대 예방사업 내용을 살펴보면, 아동학대 신고접수 및 현장조사 실시, 전문적인 서비스 제공 및 연계, 아동보호전문기관 전산시스템 체계 확립, 아동학대 예방을 위한 교육, 아동학대 예방을 위한 홍보 및 관계 기관 협력체계 구축 등이 포함되어 있다.

2000년 7월부터 시 · 도별로 각 1개소씩 아동학대예방센터가 개소하고 2005년부터는 기존의 예방센터가 다양한 전문적 치료서비스와 단기간의 보호를 제공할 수 있는 종합아동보호센터로 기능전환사업을 진행하고 있다. 아동학대예방센터의 주요업무는 첫째, 아동학대 신고접수 · 현장조사 및 응급보호조치 둘째, 피학대 아동 및 학대행위자에 대한 서비스 제공 셋째, 지역사회주민과 신고의무자 등을 대상으로 한 예방교육으로 규정되어 있어 아동학대의 판정, 치료 · 예방 활동 모두를 담당하도록 기대되고 있다(한국여성복지연구회, 2005).

학대사례는 다음과 같은 절차로 처리된다([그림 11-5]). 우선 센터의 상담원은

가정방문을 통하여 아동의 상황이 학대인지 아닌지를 판정하기 위해 아동을 포함한 주변인을 면접한다. 이때 아동이 처한 위험의 정도를 아동요인 · 부모 및 행위자요인 · 가족요인과 생활환경요인의 영역별로 나누어 측정하며, '일반사례(아동학대 아님)', '아동학대사례 – 원가정보호'와 '아동학대사례 – 격리보호'의 개입방향을 결정하게 된다. 아동학대사례에 대해서는 개별적으로 개입이 시작되며, 위험의 정도에 따라 응급사례는 의료기관을 걸쳐 격리보호가 추진되고 개입내용은 정기적으로 전문가들의 상의를 거쳐 최종조치를 결정하게 된다. 아동이 원가정으로 돌아가더라도 담당 상담원은 일정 기간 사후관리를 하게 된다.

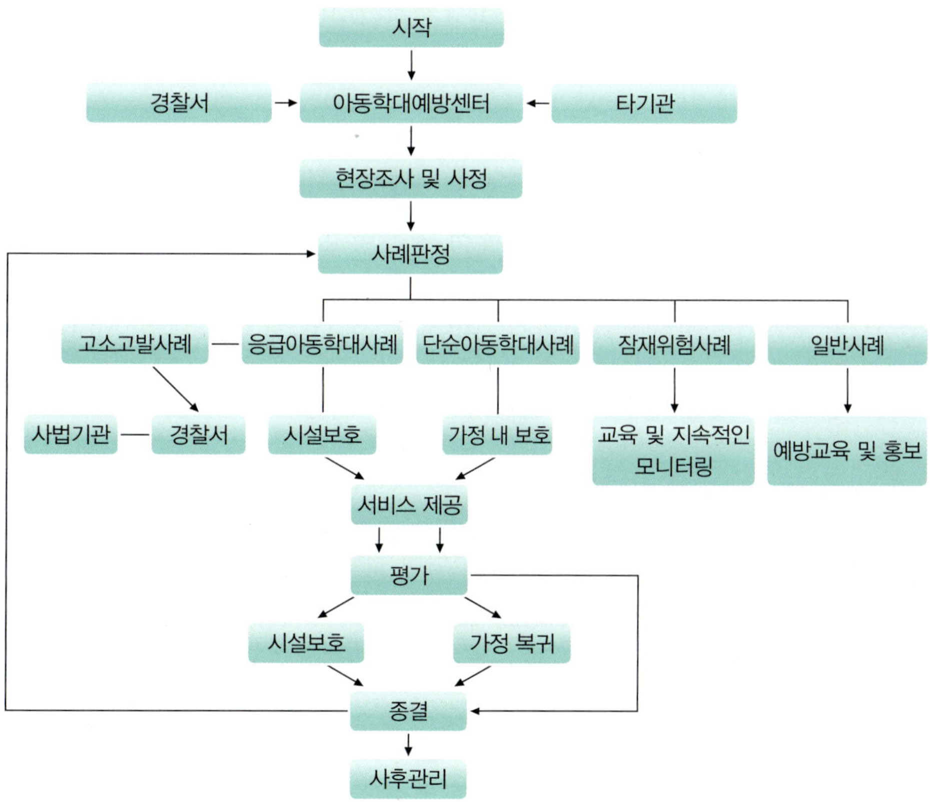

| 그림 11-5 | 학대사례절차

출처: 한국여성복지연구회(2005).

피해아동, 학대행위자, 부모 및 가족에 대한 서비스 제공은 각각의 모든 사례에서 해결되어야 하는 문제를 중심으로 이루어지며, 개인, 가족, 환경에 대한 개입이 학대유발 상황을 변화시킬 수 있도록 진행되어야 한다. 피해아동보호서비스의 내용과 가족지원서비스의 내용을 살펴보면 다음과 같다(한국여성복지연구회, 2005).

(1) 학대피해아동 치료와 보호

아동학대로 인한 후유증은 매우 크고 지속적이기 때문에 피해아동에 대한 적절한 서비스 제공은 아동학대의 발견 및 조치만큼이나 중요하다. 피해아동 보호서비스에는 개별상담, 집단상담, 가족치료, 가정지원 서비스와 재학대예방교육 등이 있다.

부모로부터 격리보호가 필요한 아동에 대해서는 가정위탁보호와 쉼터 등 일시보호기관 및 비교적 장기적으로 치료와 보호가 필요한 아동을 위한 보호시설 연계 등이 이루어지고 있으나 피해아동이 학대로 상처받은 신체 및 심리를 제대로 치료하고 다시 건강하게 성장하고 발달할 수 있도록 지속적인 상담 및 의료지원, 지지서비스가 반드시 제공되어야 한다.

(2) 가족지원 서비스

아동학대사례로 판정되어 상황이 검토되면 피해아동뿐만 아니라 아동학대를 유발하게 한 요인의 분석에 따라 가족에게도 적절한 서비스가 제공되어야 한다. 현재로서는 대부분 빈곤문제가 가정의 가장 큰 위험요인이어서 해당 가정을 국민기초생활보장대상으로 지정하여 즉각적인 도움을 준다.

가족의 다른 특징으로는 한부모가정으로 가정봉사원 파견이나 다양한 자원봉사자 파견을 통해 가사를 돕고, 병자가 있는 경우 지역보건소의 방문간호사업 등과 연계하여 서비스를 제공하며, 아동의 학교, 어린이집 등 교육과 보호에 관련된 서비스를 제공한다.

(3) 학대행위자 서비스

아동학대예방사업의 궁극적인 목적은 피해아동의 원가정 복귀이며, 건강한 가족 안에서 성장하고 발달할 수 있도록 하는 것이다. 즉, 피해아동이 치료를 끝내고 가정으로 복귀하더라도 근본적인 학대 상황이 변화되지 않으면 학대의 재발을 피하기 어렵다. 따라서 앞으로는 학대행위자에 대한 서비스 제공에도 많은 관심과 주의를 기울여야 할 것이다. 특히 학대행위자의 특성에서 많은 부분을 차지하였던 부적절한 양육태도, 자녀양육지식 및 기술부족과 관련하여 부모교육 및 재학대예방교육을 더욱 빈번하게 실시하여야 한다.

3) 아동학대 대책 및 방향

(1) 아동학대 예방적 차원의 대책

아동학대의 경우에 일단 사례가 발생하면 아무리 훌륭한 서비스를 제공한다 하더라도 그 영향과 후유증으로부터 완전히 자유로울 수 없다. 즉, 아동학대와 방임이 발생한 후의 아동보호서비스 개발도 중요하지만 아동학대의 발생을 줄이기 위해서는 아동학대 위험요인을 줄이고 보호요인을 강화하는 예방교육이나 예방사업을 대상별로 다양하게 실시해야 한다(윤혜미, 2003; 정윤수 · 이정희, 2003). 아동학대 예방 서비스는 예방 목적, 주요 교육대상, 서비스 전달시기에 따라 각기 다른 다양한 프로그램이 제공되어야 한다.

아동학대 예방은 1차 예방과 2차 예방으로 나누어 볼 수 있다. 1차 예방이란 아동학대가 발생하기 전에 아동의 안전과 건강 및 복지를 지원하고 일반인들의 아동학대 심각성에 대한 인식을 제고하려는 목적으로 인식제고 교육과 홍보 및 정보제공 등이 포함된다. 2차 예방 프로그램은 아동학대의 위험요인이 많은 고

위험집단을 조기 발견하고 집중적인 서비스를 제공하여 학대를 최소화하도록 하는 활동을 의미한다. 3차 예방사업으로는 아동학대 가해자 및 피해자에 대한 재발이나 가족해체를 막기 위한 서비스 제공이 있으며, 아동학대를 근절시키기 위한 가족기능의 회복과 강화라는 측면에서 매우 중요하다.

1차 예방 프로그램

〈정보제공사업〉

- 정보게시판 설치: 각 지역의 사회복지기관, 관공서, 병원, 보건소, 은행 등 사람들이 많이 다니는 장소에 아동학대와 관련된 정보게시판을 설치하여 아동학대의 정의, 증상, 영향, 신고방법, 예방의 중요성 등 내용이 담긴 리플릿이나 팸플릿 자료를 배치한다.
- 사이버 상담실 운영: 인터넷 홈페이지를 통해 아동학대와 관련된 여러 가지 정보를 제공하여 필요한 경우 상담을 실시한다.

〈교육훈련사업〉

- 신고의무자 교육 정례화: 아동복지법에 의한 신고의무자들에 대한 교육을 정례화하고 이수시간을 부여하여 아동학대신고가 잘 이루어지도록 한다.
- 초 · 중 · 고교에 폭력에 관한 교육과정을 도입: 가족생활과 관련된 폭력(아동학대, 아내학대, 학교폭력)에 대한 교육과정을 개발하여 인식을 개선한다.
- 어린이집 · 학교에서 부모교육 실시: 부모를 대상으로 아동학대 예방과 신고 교육을 실시하여 인식을 증진시키고 태도를 개선한다.
- 병원, 보건소의 임신부 산전관리교육 실시: 출산을 앞둔 부모들을 대상으로 산전관리교육내용에 아동발달과 양육정보 및 학대 관련 정보를 제공하여 근본적인 예방을 도모한다.

〈인식변화사업〉

- 아동학대예방 캠페인: 파급효과가 크고 빠른 대중매체 및 거리 캠페인, 사진전 등을 이용하여 일반인들의 아동학대에 대한 인식을 증진시킨다.
- 공익광고방송
- 홍보포스터 및 비디오 자료 등의 배포
- 아동지킴이 등 자원봉사단 개발: 지역사회 아동보호와 학대아동 발견을 위한 자원봉사단을 개발한다.

2차 예방 프로그램

- 인식증진을 위한 부모교육 프로그램: 십대 예비 부모, 미혼모, 스트레스가 많은 가족, 아내학대가 있는 가족 등 고위험 집단의 부모를 대상으로 부모교육을 실시한다.
- 행동 및 태도 개선 프로그램: 분노조절 훈련, 부모역할 훈련, 효과적인 의사소통방법 훈련 등을 통해 부모로서 효과적인 역할을 수행할 수 있는 행동을 습득하고 개선하도록 한다. 또한 학교사회복지를 통한 집단상담 프로그램이 필요하다. 이외에 사회적응 기술훈련, 자긍심 강화, 소속감 강화 훈련을 제공하고 아동양육에 어려움을 가지고 있는 부모를 대상으로 구체적인 상담 및 교육을 실시한다.
- 환경개선프로그램: 아동학대 고위험 가정을 대상으로 다양한 가정지원 서비스를 제공하여 환경을 개선함으로써 아동학대를 예방한다. 구체적인 가정지원 서비스로는 국민기초생활보장제도와의 연계와 후원자 발굴을 통한 소득지원 서비스, 직업훈련과 취업연계 서비스, 보육 및 방과후 보육 서비스 연계, 가정봉사원 파견, 자조집단 구성을 통한 사회적 지지체계의 확보 및 의료체계와의 연결 등을 제공한다.
- 가정방문서비스: 아동보호전문인력이 고위험 가정을 직접 방문하여 가정의 상황을 사정하고 가정 내 아동과 가족의 역학관계를 파악하며, 가정이 필요로 하는 보건과 복지서비스 양면을 연결, 지속적인 서비스를 제공한다.

출처: 한국여성복지연구회(2005).

(2) 아동학대가족을 위한 대책

아동학대가 발생한 가족에 대해서는 매우 조심스런 접근과 장기적 안목의 개입계획이 필요하며, 이미 아동학대 문제를 가진 것으로 밝혀진 가족을 대상으로는 아동과 가족에 대한 치료와 재활 및 재발방지 프로그램이 요구된다.

아동학대의 심각성은 학대의 경험이 즉각적인 상처와 스트레스뿐만 아니라 그 후유증이 평생에 걸쳐 나타날 수 있다는 데 있으므로, 아동학대 치료서비스는 피학대 아동과 가해자인 부모와 가족 모두에게 제공되어야 한다. 이에 학대아동에 대한 치료가 위기 개입수준에 머물러서는 안 되고, 개인 심리치료와 집단치료 및 가족치료 등을 통하여 아동의 심리 정서적 상처를 회복시키고 잠재적인 아동학대의 상황에 능동적으로 대처할 수 있을 때까지 도와주어야 한다.

(3) 아동학대에 대한 인식변화와 신고의 의무화

아동학대를 예방하고 보호를 확대하기 위해서는 아동학대에 대한 인식변화가 필수적이다. 우리나라의 경우 다른 나라에 비해 아동학대 행위를 심각한 범죄로 생각하는 경향이 낮아 학대행위자에 대한 재교육이나 상담의 법적 의무화는 반드시 요구되며, 아동학대와 폭력을 자녀교육의 방편으로 정당화하지 않도록 부모와 교사를 비롯한 사회의 인식을 전환시킬 필요가 있다.

효과적인 아동학대 개입을 위한 개선책

- 아동학대사례 발견을 위한 신고의무자의 신고의무조항 강화: 교사, 의료인, 사회복지사 등은 아동학대를 가장 잘 발견할 수 있는 신뢰성 있는 집단이다. 이들의 신고의무를 강화하여 학대아동에 대해 조기 개입할 수 있도록 신고의무자 교육과 신고의무를 게을리했을 경우의 벌금, 금고 등 적절한 단계적 처벌 조항의 도입이 필요하다.
- 전문인력 개발과 양성: 아동학대는 매우 구체적이고 전문적인 분야이나 이들을 교육 양성할 수 있는 전문 교육기관과 프로그램이 매우 한정되어 있다. 아동학대전문가의 양성을 위한 교육프로그램 개발과 실시기관 지정 및 현임 훈련 등이 강화되어야 한다.
- 아동의 격리보호를 위한 법원의 조기개입 강화: 현행법에 따르면, 아동학대가정에서 아동의 안전을 위해 격리보호가 필요한 경우에는 학대자인 보호자의 동의를 얻도록 되어 있어 제때에 알맞은 보호를 제공하기 어려운 경우가 많다. 미국을 비롯한 선진국처럼 가정법원이나 소년법원이 조기 개입하여 격리보호를 명령할 수 있도록 제도가 개선되어야 한다. 현행법을 개선하여 가해자의 아동 접촉이 담당상담원의 결정권한이 되도록 하고, 법원이 필요하다면 접촉 금지 명령을 내려 줄 수 있어야 한다.
- 아동의 위탁가정 및 일시 · 장기보호시설 확충: 실제로 1/3이 넘는 일시보호대상 아동이 종국적으로는 가정으로 돌아가지 못하고 보호시설에 머무르게 되는데, 이들이 다양한 행동문제와 정서장애, 또는 의료적 욕구를 가지고 있는 경우 기존 생활시설이 아동의 보호를 거절하는 경우가 많으며 또 입소한다 하더라도 적절한 서비스가 주어지기 어렵다. 학대피해 아동이 필요한 기간 동안 안전하게 머무를 수 있는 시설의 확충과 위탁가정 개발이 시급하다.
- 가해자 상담명령치료제의 도입: 아동학대에서 아동은 피해자이고 가해자는 부모를 포함한 보호자이다. 현재의 제도는 피해아동에 대한 서비스에 치중하고 가해자에 대해서는 개입할 수 있는 법적 근거의 부족으로 접근이 거의 이루어지지 않는다. 그러나 아동이 궁극적으로 가정으로 복귀하여 학대재발이 없으려면 가해자의 근본적인 변화가 필요하다. 따라서 법 개정을 통한 가해자 상담명령치료제 도입이 매우 심각한 사안이라 할 수 있다.
- 가정지원의 내용과 수준 강화: 아동학대가 발생한 가정의 사회경제적 상황을 변화시킴으로써 학대재발을 막으려면 현재보다는 훨씬 더 현실적인 수준의 실질적 가정지원서비스 프로그램의 개발과 수준강화가 필요하다.

출처: 한국여성복지연구회(2005).

이외에 아동학대 예방은 지역사회 구성원의 공동 책임 의식에서 출발하여 사회적 감시망을 발동시키고 성인들을 대상으로 한, 특히 신고의무자에 대한 교육을 활성화하고, 학대아동의 발견, 대처에 대한 체계적인 교육을 의무화하여야 한다.

(4) 아동학대 관련 서비스 제공 전담기관의 육성 및 연계

아동학대는 다양한 원인과 이유에 의하여 발생하고 이를 예방하기 위한 서비스도 의료적, 사법적, 교육적, 행정적, 사회복지적, 그리고 민간자원의 활용에 이르기까지 매우 다양하기 때문에 아동학대의 예방과 신고, 조사, 치료 과정에서 상이한 특성을 가진 다양한 영역의 기간과 전문가 집단의 연계를 통한 효율적인 서비스체계 구축이 매우 중요한 과제이다. 이러한 문제를 해결할 수 있는 전담기구 또는 단체가 활성화되어야 하며, 아동학대 발생 시 신속한 위기개입으로 피학대아동의 피해를 최소화시키고 관련 기관들 간의 업무상 협조가 유기적으로 잘 이루어질 수 있는 법적 · 제도적 개선이 시급하다.

이상의 내용을 요약하면, 아동학대는 학대받는 아동이나 학대행위자 개인만의 문제가 아님을 인식하고 접근해야 함을 알 수 있다. 아동학대는 사회구조, 경제적 문제, 양육 관련 문화적 관점과 태도 등과 관련되며, 거시적이고 체적인 관점에서 학대 가능성을 미리 파악하고 예방하는 것이 중요하다.

12 CHAPTER

빈곤가족과 가족복지

우리나라의 경우 1997년 IMF경제 위기를 계기로 빈곤은 사회적 관심의 대상이 되었다. 특히 빈곤가족의 아동은 사회심리적·교육문화적 박탈을 경험하고 심리적으로 상대적 빈곤감을 경험함으로써 낮은 자존감, 불안, 우울, 그리고 학교 중단 등의 적응문제를 갖게 될 가능성이 높다. 가족해체와 경제위기 및 부모의 가출·질병 및 사망 등으로 빈곤가족이 증가하고 있지만 빈곤상황을 탈피할 수 있는 지원책은 여전히 미비하다. 이에 본 장에서는 빈곤의 개념, 빈곤가족의 현황 및 빈곤의 영향을 살펴보고 빈곤가족에 대한 정책과 서비스를 분석하여 이의 개선 방안을 모색한다.

1. 빈곤의 개념

빈곤은 개인의 생물학적 생존을 유지하는 데 필요한 최소한의 물질적 자원이 결핍된 상태이며 나아가 문화적 생활에 대한 요구를 충족할 수 없는 상태를 포함한다. 물질적 자원의 부족뿐만 아니라 교육기회, 의료서비스 기회 등 여러 가지 사회적 가치의 분배에 있어서 불평등을 포함하는 동시에 개인의 성취동기, 열망수준, 자아실현 등의 심리적 차원에 있어서의 박탈과 문화적 가치로부터의 소외 등을 의미하기도 한다.

빈곤에 대한 개념 정의는 국가와 시대 또는 연구자에 따라 다양하며 빈곤은 경제 및 사회문화적 상황이 함께 고려되어 정의되어 왔다. 빈곤을 어떻게 정의하느냐에 따라 빈곤의 규모나 접근방식이 달라진다.

1) 절대적 빈곤

절대적 빈곤(absolute poverty)은 인간이 살아가는 데 절대적으로 필요한 최소한의 자원을 충족시키지 못하는 상태를 말하며, 가장 오래된 빈곤의 정의이다. 절대 빈곤의 관점에서 빈곤은 '한 가구의 소득(또는 지출)이 최저생활을 유지하는 데 필요한 생계비에 미달하였을 경우'를 말한다. 절대적 빈곤은 생활필수 자원이 절대적인 기준인 빈곤선 또는 최저생계비에 도달하지 못할 때의 상태이며, 수치나 지수로 계량화하여 빈곤을 측정한다. 여기서 빈곤선은 최저생활에 필요한 기본 수요를 추정하는 것으로 정의할 수 있는데, 첫째, 최저생존을 위한 방식 둘째, 질병보호와 의식주 시설을 포함한 계속적 생존에 필요한 수요 셋째, 생산적 수요에 필요한 재화나 용역 기본수요 넷째, 사회에서 상대적·경제적 위치 및 사회참여도 등을 고려한 기본수요 등의 단계로 구분한다(공계순·박현선·오승환·이상균·이현주, 2013).

절대적 빈곤은 가족의 수입이 다른 가족의 수입 아래로 떨어졌을 때, 이것이 추가로 기회의 불평등 및 사회적 배제 등의 부정적 결과를 가져온다는 것을 인정한다. 이 지표는 최빈곤층 가족이 자신의 소득이 실질적으로 상승하였는지를 파악할 수 있다. 절대적 빈곤가족은 인플레이션을 적용해서 특정 기준선 이하의 수입을 가진 가족의 수이다. 영국의 경우 2003년 기준으로 한 명의 자녀를 두고 있는 양부모 가족이 주당 210파운드 이하로 생활하고 있는 가족이 절대 빈곤가족의 기준선이다. 210파운드라는 액수는 현 물가를 기준으로 산정된다. 수입이 가족규모에 의해 조정됨에 따라 실제 현금 기준선은 한부모가족의 경우 더 적을 것이고 확대가족의 경우 더 많아질 것이다.

절대 빈곤가족을 측정하는 방식 하나만으로 영국의 아동청소년 빈곤을 측정하는 것은 충분하지 않다. 그러나 절대 빈곤은 빈곤지표의 하나로서 환경적 결핍 및 상대적 빈곤 지표와 동시에 고려하면 자녀를 양육하고 있는 가구가 가구소득 내에서 어떤 경험을 하고 있을지를 충분히 예측할 수 있다.

2) 상대적 빈곤

상대적 빈곤(relative poverty)은 다른 사람들과 비교했을 때 중위소득 60% 이하로 생활하는 상태를 의미한다. 상대적 빈곤은 평균소득보다 중위소득의 비율이 기준선이 되기 때문에 평균소득에 해당되는 일정한 비율을 빈곤층으로 정의하는 상대적 빈곤 측정방식보다 좀 더 명확하게 상대적 빈곤층을 분류할 수 있다. 평균 빈곤선의 비율은 가장 높은 소득수준의 영향을 받기 때문에 자칫 잘못 해석될 수 있다. 예를 들면, 소수 부자들의 이민으로 인해 마치 아동·청소년이 빈곤 상황에 처하게 된 것처럼 보이게 할 수 있다. 이와 달리 빈곤선의 중앙값 비율은 고소득의 영향을 받지 않는다.

선진 국가들은 상대적 빈곤을 중시한다. Lisbon(2000)과 Laeken(2002)에서 채택된 유럽연합 협정을 보면, 상대적 빈곤이 사회적 응집력을 증가시킬 수 있는 동인이 되고 성과를 측정할 수 있다는 점에서 빈곤측정의 중심 잣대라고 표현한다. 영국을 비롯한 유럽국가들은 상대적 빈곤을 측정하는 데 OECD 가구균등화 지수를 사용한다. 이 측정 기준은 유럽연합 국가들의 빈곤가족 측정에서 가장 널리 사용되고 있는 지표이다. OECD 국가들은 중위가구소득의 40~60%, EU 국가들은 평균가구소득의 40~60% 미만을 상대적 빈곤으로 규정하고 있다.

3) 물적 결핍과 상대적 빈곤의 결합

물적 결핍과 상대적 빈곤의 결합에 의한 빈곤은 특정 재화와 서비스가 부족한 물질적인 결핍상태와 동시대 중위소득 가구 수입의 70% 이하 가계소득 상태인 가족으로 정의된다.

영국정부는 2004년도에 가족자원조사(Family Resource Survey)에서 환경적 결핍의 측정 자료를 취합하였다. 조사결과, 중위소득 60%를 약간 웃도는 가구들은 대부분 환경적·물질적인 결핍상태에 있음을 발견하였다. 이후 영국정부는 빈곤계층을 측정할 때 환경적·물질적 결핍과 중위소득 기준선의 70%를 사용하고 있다. 이러한 빈곤측정기준은 정확하게 아동들의 빈곤상태를 파악할 수 있다(황옥경, 2009).

〈절대적 빈곤〉
- 절대적 빈곤(absolute poverty)은 인간이 살아가는 데 절대적으로 필요한 최소한의 자원을 충족시키지 못하는 상태를 말한다.
- '한 가구의 소득(또는 지출)이 최저생활을 유지하는 데 필요한 생계비에 미달하였을 경우'를 말한다.

〈상대적 빈곤〉
- 이 지표는 중위소득 60% 이하인 가구.
- 상대적 빈곤은 평균소득보다 중위소득의 비율이 기준선이 되기 때문에 평균소득에 해당되는 일정한 비율을 빈곤층으로 정의하는 상대적 빈곤 측정방식보다 상세함.

〈환경적 결핍과 빈곤의 결합〉
- 이 지표는 사람들의 생활수준에 대한 더 포괄적인 측정방법임.
- 이 지표는 환경적 결핍 및 중위소득 70% 이하인 가구를 측정함.

모든 가구들의 결핍상태를 측정할 수 있는 표준화된 방식은 없다. 어떤 방식을 취하는가에 따라 빈곤가족의 수가 달라질 수 있다. 영국에서 빈곤아동 측정방식에 대한 논의는 빈곤의 개념에 대한 논의를 점화시켰다. 즉, 빈곤의 개념을 주거비용을 포함한 가계소득을 기준으로 하던 기존의 방식과 달리 주거비용을 제외하고 정의해야 한다는 것이다. 이는 2001년 재무장관이었던 고든브라운(Gordon Brown)이 빈곤아동의 수를 120만 명 감소시켰다고 발표한 데 대한 의구심에서 촉발되었다. 특히 런던과 같이 주거비용이 높은 지역에서 거주하는 사람들에게 주거비용을 포함한 총액으로 빈곤율을 계산하게 되면 이들의 실제 빈곤율을 과소평가하게 된다는 것이다. 결국 이러한 새로운 개념을 적용한 결과 2000년 영국의 아동빈곤율은 32%로 유럽국가 중 가장 높은 비율을 나타냈다(박순우·최영, 2007).

현재 우리나라의 빈곤 측정방식에 대해서도 합의된 기준이 없다. 우리나라에서 절대 빈곤층은 최저생계비 이하의 가구와 최저생계비 120% 이하에 속하는 차상위계층 정도를 의미하고 있어, 절대적 빈곤의 개념으로 빈곤가족을 정의하고 있다. 이런 방식을 채택할 경우 빈곤율을 과소평가하게 될 가능성이 매우 높다. 우리나라는 매년 물가상승률을 감안하여 최저생계비(빈곤선)를 책정하고 있는데, 2009년도에 4인가구를 중심으로 132만 3,091원이 최저생계비로 책정되었다. 이 금액은 도시근로자 평균소득 354만 원이나 중위소득의 약 1/3 정도로 낮은 수준이다.

2. 빈곤의 원인 및 빈곤가족의 문제

1) 빈곤의 원인

(1) 불안정한 일자리 및 실직

빈곤층의 상당수는 저학력, 저연령이어서 진입장벽이 낮은 하층 노동부문에서 경제활동을 시작한다. 이들의 직업선택은 비교적 진입장벽이 낮은 판매직, 영세 자영업, 미숙련 생산직, 노무직, 하층 사무직 등의 직종에 한정되는 특성이 있다. 이러한 직업선택으로 생애전반에 걸쳐 제한적인 일자리만을 불안정하게 전전하는 경향이 강하다(장세훈, 2006). 구인회(2002)는 빈곤의 원인을 노동시장에서의 일자리 부족으로 보고 있다. 그는 빈곤가구의 과반수는 노동시장에서 자신의 인적자본 수준에 맞는 일자리를 찾는 데 어려움을 겪어서 장기화된 실업과 빈곤을 경험하고 있다고 지적하였다. 비교적 안정된 직업에 종사하던 비빈곤가족이 경기악화로 실직을 하고 재취업이 어려워지면서 실업이 장기화되고 빈곤층으로 전락할 수 있다.

(2) 가장의 실직과 사고, 질병, 이혼 등의 요인

가장의 소득에 의존하여 생계가 유지되는 전통적인 가족의 경우 가장이 질병이나 사고로 노동력을 상실해 소득이 중단되거나 이혼으로 인해 남성 가장이 없는 경우 급속하게 빈곤화 과정을 밟게 된다(남춘호·이성호·이상목, 2006). 이혼, 사별 등으로 인한 한부모가구의 경우, 경제적인 수입원의 감소로 경제적으로 궁핍할 가능성이 커져서 빈곤에 처할 가능성이 크다.

비교적 안정된 직업을 가졌던 계층에서도 가족구성원들의 건강 상실은 경제적 어려움을 초래한다. 특히 가장의 사고나 질병의 후유증으로 근로능력을 상실하는 경우에 생계와 값비싼 의료비 부담으로 외부 지원 없이는 생계유지마저 곤란한 상태에 빠지게 된다(이혜숙·임은이, 2009). 한부모가정의 아동 빈곤율은 2005년 15.4%, 2007년 16.9%로 매년 증가하고 있다.

(3) 사회관계망의 부족

우리사회는 가족의 사회관계망 부족으로 가족 내에서 발생하는 위기 상황을 가족이 전적으로 책임져야 하는 상황이 많은데, 빈곤가족의 경우 가까운 가족과의 관계가 소원하거나 단절된 경우가 대부분이다. 특히 빈곤이 장기화될수록 가족 간의 관계의 소원함이나 단절이 두드러진다. 이처럼 사회관계망의 부족은 빈곤가족이 빈곤에 개별적으로 대응하지 않으면 안 되는 상황을 초래하여 빈곤의 요인으로 작용한다(이혜숙·임은이, 2009).

(4) 중독

빈곤의 원인으로 술, 도박, 게임 중독이 있다. 알코올 중독으로 재산을 탕진하고 경제활동을 하지 못해 극심한 빈곤에 빠지기도 한다. 노름, 경륜으로 인한 가산탕진의 경우도 있다. 인터넷게임 중독으로 직장생활이 어려워 경제적 어려움에 빠질 뿐만 아니라 가정불화로 그리고 가정해체로 이어지기도 한다.

아울러 빈곤층은 저학력, 많은 가족 수, 6세 미만 아동에 의한 기혼여성 취업의 어려움을 나타내고 있었다. 황덕순(2002)에 따르면, 빈곤가구는 고연령인 특성이 있고, 대부분이 여성가구주이며, 학력은 중·고졸인 경우가 많고, 배우자와 동거 시는 가구주가 무직이거나 분류할 수 없는 직종에 종사하고 있을 경우, 판매서비스직이나 기능직보다는 단순노무직인 경우, 그리고 가구규모가 클수록, 가구 내의 취업자 수가 적을수록 빈곤한 가구가 많았다.

2) 빈곤가족의 문제

빈곤가족의 문제를 다음의 몇 가지로 정리할 수 있다.

(1) 빈곤의 대물림

빈곤의 대표적인 특징은 만성화, 즉 세대 간 대물림이다. 우리나라에서 절대빈곤층이 차상위계층 이상으로 소득수준이 상승하여 실질적으로 빈곤을 벗어나는 비율을 나타내는 '빈곤탈출률'은 불과 6%이다(김대일, 2004). 빈곤층으로 추락한 사람들이 빈곤에서 탈출하지 못하여 빈곤이 만성화되고 있다. 빈곤 유입기간이 1년인 경우 빈곤탈출 확률이 86.4%, 2년인 경우는 53.7%, 3년은 47.0%, 4년은 24.3%로 빈곤이 장기화될수록 빈곤 탈출 가능성이 낮아진다(김아래미, 2006). 가족형태도 빈곤탈출의 주요 변수가 되는데, 빈곤기간이 1년일 때 양부모가구, 노인가구, 부자가구, 모자가구 순으로 빈곤탈출률이 94.1%, 42.3%, 44.7%, 52.5%이었다.

만성적인 빈곤이 지속되면 사회계층의 양극화가 심각해진다. 빈곤의 대물림 현상은 빈곤부모에게는 자녀에 대한 희망을 버리게 하고, 빈곤아동에게는 미래에 대한 희망을 버리게 함으로써 사회통합을 어렵게 한다.

(2) 가족의 불안정성 증가

가족의 경제적 역량은 가족생활을 유지할 수 있는 기반으로 가족의 생존뿐만 아니라 가족관계의 유지 등 가족생활의 기반이 된다. 가족의 빈곤은 가족의 생존자체에 위협이 될 수 있는 것으로 다양한 문제를 초래할 수 있다. 가족의 빈곤은 이혼, 주거지의 불안정성 증가, 가족 간의 불화 등을 유발하는 것으로 알려져 있다.

(3) 건강한 삶의 위협

빈곤은 가족이 유해하고 불결한 환경에서 생활하도록 한다. 특히 부적절한 영양상태와 의료혜택의 부재로 건강한 삶을 유지할 수도 없게 한다.

빈곤은 기본적인 생활을 제한하기 때문에 빈곤가족들은 물질주의가 만연한 사회에서 굴욕과 열등감을 갖고 대인관계를 유지할 수밖에 없으며, 심한 경우 사회의 도덕과 규범에 위배되는 행동을 할 수밖에 없는 상황에 놓이게도 된다. 빈곤은 비행, 범죄, 알코올 중독 등과 같은 수많은 병리현상의 원인이 될 수 있다(김혜란 · 박은미 · 오정수 · 정익중 · 허남순 · 홍순혜, 2005).

3. 빈곤가족 및 빈곤가정 아동의 현황

1) 빈곤가족의 실태

(1) 빈곤가족의 수

우리나라의 경우 빈곤은 급속한 경제성장의 과정에서 사회적 주목을 받지 못했다. 그러나 1997년 말 IMF 경제 위기뿐만 아니라 2008년 초에는 유가급등으로, 2008년 말에는 세계 금융위기라는 세계 경제의 침체를 계기로 빈곤은 중요한 사회적 관심의 대상이 되었고 빈곤가족과 그 가정 아동들의 심각한 실태가 알려지기 시작하였다.

빈곤통계는 빈곤의 기준, 이용자료 등에 따라 많은 차이가 있다. 2011년 빈곤통계연보(보건사회연구원, 2012)에 따르면, 우리나라 가구의 최저생계비기준 빈곤율은 도시근로자의 경우 시장소득을 기준으로 할 때, 1999년 이후 6.4%에서 2002년 2.6%로 감소하다 2003년부터 2005년까지 3.4%에서 3.6% 그리고 2008년에는 다시 4.6%, 2009년 5.2%에서 2011년 4.4%가 되었다.

중위소득 기준 가구빈곤율은 시장소득을 기준으로 하였을 때, 2008년도에는 중위소득 40% 이하는 12.3%, 50% 이하는 16.9%, 중위소득 60% 이하는 22.0%이었다(보건사회연구원, 2012). 시장소득을 기준의 중위 소득 50%미만 적용시 2018년 2분기 상대적 빈곤율은 20.3%로 2017년 2분기 19.3%보다 1%포인트 증가하였다. 가처분소득 기준 2018년 2분기 상대적 빈곤율은 15.7%로 2017년 2분기 대비 0.8%포인트 증가하였다(보건사회연구원, 2018).

2) 빈곤가정의 아동·청소년의 실태

(1) 빈곤가정의 아동·청소년의 수

빈곤가정 아동·청소년의 인구는 1996년에 3.55%이던 것이 2000년에는 7.68%, 2004년에는 9.3%로 증가하였다. 한국보건사회연구원(2012)의 분석에 의하면, 2003년 이후 아동·청소년 빈곤율은 증가하다가 2010년 이후 소폭의 감소세를 보이고 있다. 아동빈곤율은 2003년 시장소득을 기준으로 6.6%이었고 2008년도에도 비슷한 수준인 8.0%, 2011년 7.2%이었다. 중위소득 기준 아동빈곤율은 시장소득을 기준으로 하였을 때 2008년도에는 중위소득 40% 이하는 7.6%, 50% 이하는 12.0%, 중위소득 60% 이하는 17.3%이었다(보건사회연구원, 2012). 중위소득 50% 이하 상대적 빈곤 아동은 시장소득을 기준으로 하였을 때, 2016년 7.6%, 2017년 9.1% 2018년 1분기 현재 9.2%이다(보건사회연구원, 2018).

2011년 상대적 빈곤율인 중위소득 40% 미만 아동·청소년이 7.2%, 50% 미만의 경우는 11.1%이며 중위소득 60% 미만 기준으로는 전체 아동·청소년의 약 16.8%가 상대적으로 빈곤한 가구에 속해 있는 것으로 나타났다. 이와 같은 빈곤율의 차이는 산출방식의 차이와 측정 시점의 차이에 기인한 것으로 보인다.

우리나라는 빈곤 산출에 대한 합의된 기준이 없고, 관련 이용 자료에 따라 빈곤율의 차이가 나타나고 있다. 빈곤가족 및 아동·청소년의 규모를 확인하고 이들에 대한 지원서비스 등을 계획하기 위해서는 무엇보다도 빈곤에 대한 합의된 정의 및 산출방식이 마련되어야 한다.

(2) 빈곤가정 아동·청소년의 발달적 특성

빈곤은 경험하는 모든 사람에게 악영향을 미칠 수 있지만 아동기의 빈곤경험은 특히 그 해악이 크다. 가정의 빈곤은 아동의 거의 모든 발달영역에 막대한 영향을 미친다. 빈곤이 아동에게 미치는 영향은 발육부진, 발달지체 등과 같은 신체발달의 문제에서 저지능, 학업부진, 학교 중퇴 등과 같은 인지발달의 문제, 우울과 불안 등과 같은 내면화된 문제 및 공격성, 주의력 결핍, 과잉행동장애, 반사회적 행동 등과 같은 외형화된 문제 등을 포함한 심리·사회발달 문제에 이르기가지 광범위한 것으로 밝혀지고 있다.

① 영양불균형

빈곤가정의 아동은 경제적 어려움으로 식생활에 어려움을 겪는 것으로 나타났다. 특히 '먹을 게 떨어져도 살 돈이 없음', '균형 잡힌 식사' 문항에서 상위 이상층과 나머지 집단 간 차이가 10%에서 최고 50%에 이르기까지 큰 차이를 보였다. 또한 빈곤층과 차상위층에서 이 두 문항의 어려움을 겪었다는 응답비율이 높게 나타났다(보건복지부, 2006).

② 신체건강발달의 위험

빈곤가족의 아동들은 신체적 건강 면에서 비빈곤가족의 아동들보다 부정적인 결과를 보이고 있다. 미국의 1988년 국민보건조사에 따르면, 비빈곤가족 아동의 경우 유아사망률이 100명당 0.8명인 데 비해, 빈곤가족 아동은 1.4명으로 1.7배 높은 것으로 나타났다. 또한 부모가 아동의 건강상태가 아주 좋다고 평가한 비율을 보면, 빈곤가족은 37.4%인데, 비빈곤가족은 55.2%로 빈곤아동의 신체적 발달이 저하되어 있음을 알 수 있다. 한편 지난 1년간 병원에 입원한 기간을 살펴보면, 비빈곤가족 아동의 경우 3.8일이지만, 빈곤가족 아동의 경우 5.3일로 나타나 빈곤아동의 건강상태가 열악하다고 볼 수 있다(공계순 외, 2013).

③ 학교생활

빈곤이 아동에게 미치는 영향은 저지능, 학업부진, 학교 중퇴 등과 같은 인지발달의 문제를 초래하는 것으로 보고되고 있다. 빈곤가족은 아동을 위한 학습공간 부족이나 부모의 낮은 교육수준과 잘못된 자녀양육 방법 등으로 아동의 학업성취 능력 및 학교생활의 질을 저하시킨다. 그리고 빈곤아동의 부모들은 상대적으로 아동과 함께 보낼 수 있는 시간이 부족하고 교사와 아동에 대해 이야기할 수 있는 기회도 부족하여 아동의 학교부적응 문제나 학력 저하 등을 초래한다(한국여성복지연구회, 2005). 미국의 1988년 국민보건조사결과를 비교해 볼 때, 5~17세까지 아동들의 학년유급에서 비빈곤가족 아동은 14.1%, 빈곤가족 아동은 28.8%로 2배 이상 높은 것으로 나타났으며, 정학이나 퇴학과 같은 학교징계 비율도 비빈곤가족 아동은 6.1%인데, 빈곤가족 아동은 11.9%로 거의 2배가 되었다(공계순 외, 2013).

④ 정서, 사회성 발달의 어려움

우울과 불안 등과 같은 내면화된 문제 및 공격성, 주의력 결핍 과잉행동장애, 반사회적 행동 등과 같은 외형화된 문제 등을 포함한 심리·사회발달 문제를 야기할 수 있다.

⑤ 아동학대의 위험 증가

가족의 빈곤은 아동의 신체적 학대에 직접적인 영향을 미치기도 하고, 다른 변수들과의 상호작용을 통해 아동학대에 영향을 미친다. 또한 가족의 빈곤 상황, 즉 자원의 결핍이 열악한 아동양육과 학대를 가져올 수 있음을 지적하였다(Berger, 2004, 2005; Berger & Brooks-Gunn, 2005; Plotnik, 2000). 즉, 저소득 가족의 부모는 자녀에 대한 좋은 의도에도 불구하고 경제적 궁핍으로 아동에게 적합한 양육을 제공하지 못할 가능성이 클 뿐만 아니라, 위험요소가 많은 저소득 밀집지역에 거주하기 쉽다. 따라서 안전한 양육과 발달환경을 제공하지 못할 가능성이 높아 아동을 학대하거나 방임하는 결과를 가져올 수 있다(Plotnik, 2000).

특히 한부모가족이 빈곤할 경우 경제적 스트레스 및 양육 부담으로 아동학대가 발생할 수 있다. 경제활동과 자녀양육의 이중 역할에 대한 부모의 부담은 아동의 양육에 일관성을 잃기 쉽고, 아동의 신체학대를 유발할 가능성을 높이고, 절대적 양육 시간의 부족으로 부적절한 양육을 제공하기 쉽다(김광혁, 2006).

⑥ 비행

빈곤아동은 환경적·물리적 위험에 쉽게 노출될 수 있으므로 비행과 연결될 가능성이 높다. 그러나 빈곤은 아동비행을 유발하는 간접적 요인이며, 특히 부모환경 요인과 밀접하게 상호작용하고 있다. 즉, 빈곤은 빈곤아동 부모의 아동양육 방식과 아동의 행동통제 등에 부정적 영향을 미치며 이에 따라 아동의 비행행동이 표출된다는 것이다. 빈곤가정의 부모들은 아동에 대한 훈육이 일관적이지 않거나 위협적·강압적이며, 부모-자녀 간 애착이 약하고, 자녀 행동에 대한 지도 감독 수준이 낮고, 신체적 체벌을 더 자주 사용하며, 정서적 지지를 덜 하는 경향이 있다(한국여성복지연구회, 2005).

(3) 아동빈곤의 영향 경로

인적자본투자이론과 가족과정모델은 주로 가족 내 사회적 자본과 가족과정에 중점을 두어 빈곤이 아동에게 미치는 과정을 분석하고 있다. 인적자본투자이론(Human Capital Investment Theory)은 아동의 인적자본 형성에 기여하는 물질적 재화, 경험, 서비스를 구매할 수 있는 가족의 경제적 능력에 따라 아동의 발달정도가 달라질 수 있다는 점을 강조한다. 부모의 경제적 자원의 결핍은 아동의 발달기회를 제한한다고 설명한다. 부모는 아동의 인적자본 향상을 위해 시간과 비용을 투자하며 이러한 투자는 주로 교육, 건강, 주거, 음식 등의 형태로 아동의 미래기회에 영향을 미칠 수 있다(Becker & Tomes, 1986).

가족과정 모델(Family Process Model)은 부모에게 초점을 두고 빈곤의 영향을 분석한다. 빈곤이 부모의 스트레스를 증가시키며, 아동에 대한 지원과 관심을 갖는 부모의 능력을 감소시킨다고 말한다. 부모의 능력감소는 아동에 대한 부적절한 양육을 유발하고 아동에 대한 교육적·사회적 기회를 제한하게 된다. 가족과정 모델은 부모의 스트레스나 부부갈등, 양육태도나 훈육 등의 변수의 영향력을 설명한다.

아동빈곤에 영향을 미치는 영향 경로는 [그림 12-1]과 같다.

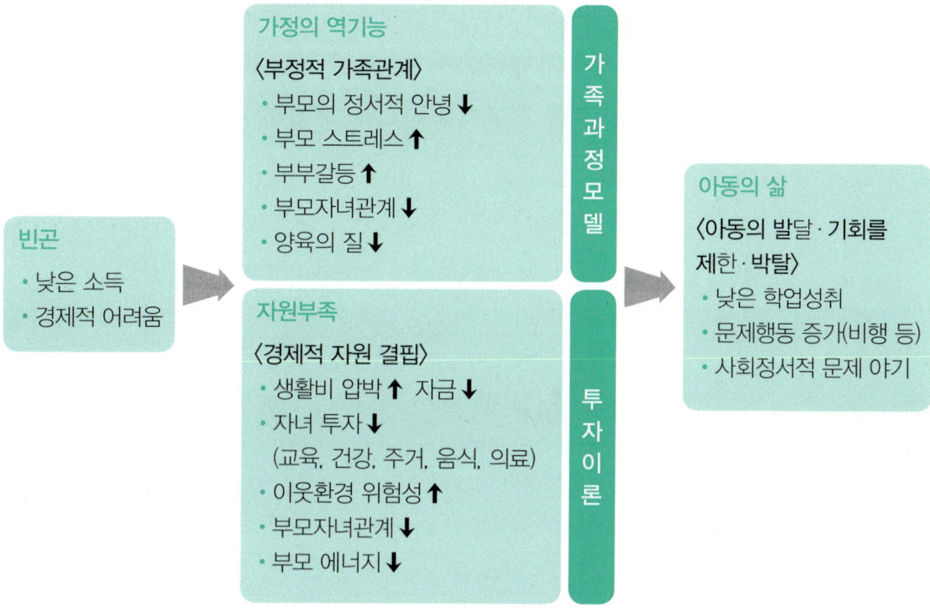

| 그림 12-1 | 아동빈곤의 영향경로

4. 빈곤가족 지원 현황

1) 국민기초생활보장 제도의 주요 내용

「국민기초생활보장법」은 빈곤가족을 지원하는 우리나라의 대표적인 법으로 1961년 제정되어 40여 년간 시행되어 왔던 생활보호법을 대체한 법률로 2000년도부터 시행되고 있다. 국민기초생활보장법은 수급권자 전체에 대한 생계급여의 지급과 긴급급여의 신설 및 빈곤층의 주거안정을 위한 주거급여 신설, 빈곤 탈피를 위한 자활급여의 강화로 특징지을 수 있다.

국민기초생활보장법에 규정된 급여의 종류는 〈표 12-1〉과 같고, 급여의 종류가 최저생활을 보장하기 위한 의식주 전반에 걸친 포괄적인 것임을 알 수 있다.

국민기초생활보장법은 절대 빈곤층의 기초생활을 보장하고 자립자활 서비스를 제공해 줌으로써 생산적 복지를 구현하고자 한다. 수급권자의 근로능력, 생활여건, 자활욕구 등을 고려한 가구별 자활지원계획을 수립하여 체계적으로 자활지원을 할 수 있도록 하였다.

| 표 12-1 | 국민기초생활보장법에 의한 급여의 종류

급여종류	급여내용
생계급여	• 수급자에게 의복, 음식물 및 연료비, 기타 일상생활에 기본적으로 필요한 금품지급 • 조건부 생계급여: 조건부수급자로 결정된 자에게는 자활지원계획에 따라 자활에 필요한 사업에 참가할 것을 조건으로 생계급여 실시
주거급여	• 수급자에게 주거안정에 필요한 임차료, 유지수선비 등을 주거급여로 지급
교육급여	• 학비, 교과서대, 부교재비, 학용품비
해산급여	• 조산 및 분만 전과 분만 후의 필요한 조치와 보호
장제급여	• 수급자가 사망한 경우 사체 검안, 운반, 화장 또는 매장 기타 장제조치를 행하는 데 필요한 금품을 지급
의료급여	• 의료보호법에 의한 의료서비스 제공
자활급여	• 자활에 필요한 금품의 지급 또는 대여 • 자활에 필요한 기능 습득의 지원 • 취업알선 등 정보의 제공 • 공공근로 등 자활을 위한 근로기회의 제공 • 자활에 필요한 시설 및 장비의 대여 • 기타 대통령령이 정하는 자활조성을 위한 각종 지원 제공 • 자활 후견기관 지원 • 자활 공동체 설립운영

(1) 급여의 원칙

- 최저생활보장의 원칙: 생활이 어려운 자에게 생계 · 주거 · 의료 · 교육 · 자활 등 필요한 급여를 행하여 이들의 최저생활을 보장함.
- 보충급여의 원칙: 급여수준을 생계 · 주거 · 의료 · 교육 급여액과 수급자의 소득인정액을 포함한 총금액이 최저생계비 이상이 되도록 지원함. 즉, 가구별 최저생계비와 소득인정액의 차액을 지급함.

- 자립지원의 원칙: 보장기관은 근로능력이 있는 수급자에게 자활사업에 참여할 것을 조건으로 생계급여를 지급함.
- 개별성의 원칙: 급여수준을 정함에 있어서 수급권자의 개별적 특수 상황을 최대한 반영함.
- 가족부양 우선의 원칙: 급여신청자가 부양의무자에 의하여 부양될 수 있는 경우에는 기초생활보장급여에 우선하여 부양의무자에 의한 보호가 먼저 행해져야 함.
- 타급여 우선의 원칙: 급여신청자가 다른 법령에 의하여 보호를 받을 수 있는 경우에는 기초생활보장 급여에 우선하여 다른 법령에 의한 보호가 먼저 행해져야 함(TV시청료, 주민세, 건강보험료 등).

(2) 급여지원

① 생계급여

급여대상자는 의료·교육·자활급여의 특례자, 에이즈쉼터거주자, 노숙자 쉼터 또는 한국갱생보호공단시설 거주자 등 정부로부터 생계를 제공받는 자를 제외한 모든 수급자이다. 생계급여는 주거급여 제외 대상자를 제외한 모든 수급자에 대하여 최저생계비 중 최저주거비를 분리하여 지급한다. 급여액은 현금급여기준에서 가구의 소득인정액과 주거급여액을 차감하여 산정, 십 원 단위로 지급한다.

가구별생계급여액 = 현금급여기준액 − 가구의 소득인정액 − 주거급여액

② 교육급여

수급자 중 중·고등학교에 입학 또는 재학하는 자 및 동등학력이 인정되는 각종 학교, 평생교육법에 의한 평생교육시설의 학습에 참가하는 자에게 입학금, 수업료, 교과서대(부교재비), 학용품비를 지원해 준다.

③ 주거급여

주거급여의 원칙은 수급자에게 주거안정에 필요한 임차료, 유지수선비 등을 주거급여로 지급하여 주거와 생계급여에 포함된 주거비로써 최저주거를 보장해 주는 것이다. 단 의료, 교육, 자활급여 특례수급자, 보장시설에 거주하는 노숙자, 국가 및 지방자치단체가 운영비를 지원하는 '노숙인쉼터' 및 법무부 산하 '한국갱생보호공단시설'에 거주하는 수급자, 의료기관에 3개월 이상 입원한 1인가구로서 무료임차자 또는 주거가 없는 자, 기타 에이즈 쉼터 거주 수급자는 주거급여 수급대상에서 제외된다.

④ 해산급여

분만 전과 후의 필요한 조치와 보호를 위해 수급자가 출산한 경우 해산비를 지급해 준다. 출산여성에게 1인당 50만 원을 현금을 지급하며 쌍둥이를 출산하였을 경우에는 영아 1인당 25만 원을 추가 지급한다.

⑤ 장제급여

수급자가 사망한 경우 사체의 검안, 운반, 화장 또는 매장 기타 장제조치를 행하는 데 필요한 금품을 지급한다. 근로능력이 없는 자로만 구성된 가구는 구당 50만 원, 근로능력이 있는 가구구성원이 있는 경우는 구당 40만 원을 현금으로 지급한다. 다만 금전지급이 적당하지 아니하다고 인정되는 경우는 물품지급이 가능하다.

⑥ 의료급여

의료수급권자의 질병, 부상, 출산 등에 대한 의료급여 지원을 한다. 급여일수 상한제가 시행되어 수급권자 1인당 연간급여를 받을 수 있는 급여일수를 365일로 제한하되, 의료급여일수 연장승인제도를 통해 필요시 급여일수를 연장할 수 있다.

⑦ 자활급여

다음과 같은 수급자의 자활지원을 돕는 프로그램이 있다.

- 자활에 필요한 금품의 지급 및 대여
- 자활에 필요한 기능 습득의 지원
- 취업알선 등 정보의 제공
- 공공근로 등 자활을 위한 근로기회의 제공
- 자활에 필요한 시설 및 장비의 대여
- 기타 자활조성을 위한 가족 지원 등

5. 빈곤가족의 아동청소년을 위한 지원

1) 보육료 지원

정부는 보육료를 가구소득별로 차등해서 지원해 주던 것에서 2013년부터 모든 0~5세 아동에 대하여 보육료의 일부를 지원하는 무상보육정책을 전면 실시하였다. 이에 따라서 국민기초생활보장제도의 수급자 가정과 가계의 소득인정액이 법정 최저생계비의 120% 미만인 차상위계층의 0~5세 아동은 보육료를 전액 지원받고 있다.

2) 급식지원

보건복지부의 아동급식의 목적은 저소득가정의 아동들이 건강하고 행복하게 자라날 수 있도록 민·관이 협조체계를 구축하여 지역 실정과 아동의 가정환경과 욕구에 맞는 급식을 효율적으로 제공하기 위한 것이다. 아동급식의 개념은 아동이 가정빈곤, 가족해체, 가정위탁, 소년소녀가정, 부모(보호자)의 실직·질병·가출 및 직업적 특성, 아동학대·방임·유기·부양기피 및 거부, 그 밖에 여러 가지 가정 사정으로 제대로 보살핌을 받지 못해 끼니를 거르거나, 먹는다 해도 필요한 영양을 충분히 공급받지 못하는 경우에 아동의 건강한 성장과 발달을 위하여 식사를 직접 제공하거나 식사할 수 있도록 관련 식품 등을 지원하는 일체의 행위를 말한다.

급식대상 지원연령은 「아동복지법」 제2조에서 정한 18세 미만의 취학 및 미취학 아동이며, 18세 이상인 경우에도 고등학교에 재학 중인 아동을 포함한다. 지원대상은 국민기초생활보장 수급자 및 차상위 저소득계층 중 가정사정 등으로 급식지원이 필요한 아동이며, 지역아동센터 및 사회복지관 등의 아동복지 프로그램을 이용하는 아동 모두에게 급식을 지원한다. 그리고 학기 중의 학교급식비 지원대상자 중(각 지역 교육청이 지방자체체로 명단 통보) 가정사정 등으로 급식지원이 필요한 아동, 학교교사와 민간 사회복지사, 이장·통장·반장 등 아동 관련 민간관계자가 추천하는 자 중 가정사정 등으로 급식지원이 필요한 아동, 그 밖에 이에 준하는 자로 시장·군수·구청장이 급식지원이 필요하다고 판단한 아동이 포함된다.

지원방법은 아동(가정)의 취사능력 유무, 지역사회의 식사제공 가능시설 등을 고려하여 아동에게 맞는 방법으로 지원하지만 현금지급은 하지 않는다. 아동 개인별 급식방법, 급식장소, 담당공무원 및 자원봉사자 전화번호 등을 포함한 급식지원 계획을 수립하여 시행하고 있다(이재연 외, 2008).

3) 드림스타트

빈곤아동을 포함한 모든 아동의 인적자본 개발을 통해 사회통합과 지속 성장을 담보하기 위해 정부는 2007년 시범사업을 시작으로 2008년부터 드림스타트를 본격적으로 실행하고 있다. 드림스타트는 현재 「아동복지법」 제37조 취약계층 아동에 대한 통합 서비스 지원 조항에 근거하고 있다. 전국 모든 시·군·구·읍·면·동에 드림스타트가 설치·운영되고 있다.

드림스타트는 빈곤의 대물림을 차단하고 모든 아동에게 공평한 출발기회를 보장하고, 수요자 중심의 예방적 통합서비스를 제공함으로써 빈곤가정 아동의 건강한 발달을 도모한다. 지방자치제가 중심이 되어 지역사회 보건복지 파트너십을 구축하고 이를 통해 빈곤아동의 실제 욕구에 부응하는 맞춤형 통합서비스를 제공하고 있다.

드림스타트 추진 방향은 첫째, 건강·영양·안전의 증진과 학대·방임아동의 보호, 둘째, 아동양육과 인지능력을 향상시키는 포괄적 돌봄서비스 제공, 셋째, 학습능력 증진과 정서적·문화적 지원이다.

드림스타트 서비스 대상은 0세(임산부)에서 만 12세 저소득 가정 및 그 아동이며, 기초생활수급자 및 차상위계층 가정에 대한 우선 지원을 원칙으로 한다. 드림스타트는 국민기초수급 및 차상위 계층 가정, 법정 한부모가정(조손 가정 포함), 학대 및 성폭력피해아동 등에 대한 우선 지원을 원칙으로 한다. 지원 내용은 〈표 12-2〉와 같다.

| 표 12-2 | 드림스타트 지원 내용

서비스 구분	서비스 내용	프로그램(예시)
신체·건강	• 아동의 건강한 성장과 신체발달 증진 • 건강한 생활을 위한 건강검진 및 예방, 치료 • 아동 발달에 필요한 신체/건강 정보 제공	• 건강검진, 예방접종, 건강교육, 영양교육 등
인지·언어	• 아동의 의사소통 및 기초학습 능력 강화 • 맞춤형 인지/언어 서비스를 통한 아동의 강점 개발	• 기초학력검사, 기초학력배양, 경제교육, 독서지도 등
정서·행동	• 자아존중감 및 긍정적 성격 형성을 위한 정서발달 서비스 제공 • 사회성 발달 및 아동권리 신장을 위한 교육	• 사회성발달프로그램, 아동학대예방, 심리상담 및 치료, 돌봄기관 연계
부모·가족	• 부모자녀 상호작용 및 적합한 교육환경을 위한 부모 역량 강화 • 부모의 유능감 및 자존감 강화 • 부모의 양육기술 지원 • 임산부의 건강한 출산 및 양육 지원	• 부모교육, 가족상담 및 치료, 부모취업지원, 산전산후관리 등

4) 아동발달지원계좌 지원

사회계층의 양극화 현상이 심화됨에 따라 빈곤층이 증가하며, 가정해체의 영향으로 아동빈곤율이 늘어나는 추세다. 빈곤계층의 아동은 심리적 또는 물리적 박탈감으로 부정적 영향을 받는 것뿐만 아니라, 성인기 초기에 사회 진출 시 필요한 학자금이나 기타 부대비용 등 경제활동에 소요되는 초기비용 마련을 위한 기초자산 부족으로 여러 가지 문제를 경험할 수 있다. 이에 이들의 초기자산 형성을 적극적이고 장기적으로 지원할 필요성이 사회적으로 요구되었으며, 빈곤의 대물림을 방지하고 건전한 사회인 육성을 위해 아동발달지원계좌(CDA)를 도입하여 2007년 4월부터 사업을 시행하였다.

5) 지역아동센터

지역아동센터는 「아동복지법」 제52조에 의건하여 방과후 돌봄이 필요한 지역사회 아동의 건전육성을 위하여 보호 · 교육, 건전한 놀이와 오락의 제공, 보호자와 지역사회의 연계등 종합적인 복지서비스를 제공하고 있다.

| 표 12-3 | 지역아동센터의 기본개념

취약계층 아동의 지역 내 보호 개념	지역사회 안에서 아동의 권리보장과 안전한 보호 및 급식 지원으로 결식의 예방
교육적 기능	아동의 학습능력 제고, 학교부적응 해소, 일상생활지도, 학교생활의 유지 및 적응력 강화
정서 지원	아동의 심리적·정서적 안정 및 건강한 신체발달 기능 강화
보호	생활(일상생활관리, 위생관리, 급식지도), 안전(생활안전, 안전귀가 5대 안전의무교육) 분야의 보호서비스 제공
문화서비스 제공	문화적으로 소외된 아동에 대해 문화체험 및 다양한 문화경험의 장을 제공
지역사회 연계	지역사회 자원 확보, 발굴 및 지원 강화. 지역사회 내 아동문제에 대한 예방적 기능 및 사후 연계

출처: 아동권리보장원 홈페이지 http://www.ncrc.or.kr/ncrc/cm/cntnts/cntntsView.do?mi=1104&cntntsId=1050

지역아동센터는 가정의 빈곤이나 부모의 이혼, 별거, 가출 등에 따른 가족해체가정, 맞벌이, 한부모 등으로 가정 내에서 적절한 보호와 양육이 어려운 만 18세 미만의 아동을 대상으로 사회복지 통합서비스를 제공하는 시설이다. 지역아동센터는 아동에게 급식, 기본생활교육, 아동상담, 학습지도, 문화생활 등의 다양한 프로그램을 제공하고 있다. 이외에도 가족기능 강화를 위한 생계지원, 사례관리, 부모교육, 부모상담, 지역사회 연계 및 옹호활동, 자원봉사자 관리 등의 통합적 서비스 기능을 수행하고 있다.

이외에도 방과 후 학교 활성화과정에서 기초생활수급대상자 자녀 등 도시 저소득층 학생 30만 명에게 방과 후 학교 자유수강권(바우처)을 제공하여, 연간 30

만 원 범위 내에서 다양한 방과 후 프로그램에 참여할 수 있도록 하였다.

6. 빈곤가족 정책의 문제점 및 발전 방안

빈곤에 진입한 가족은 공식적 자원과 지역사회 자원에서 지급대상의 차이가 있다. 사후대처식 빈곤정책으로 빈곤 초기에 지원되는 공식적 자원이 부재했고 수급기준의 현실성 부족으로 빈곤지원의 사각지대에 놓인 가정들이 존재했다. 빈곤가정의 상황이 고려되지 못한 일률적·경제적 지원 위주로 빈곤가정들의 다양한 빈곤문제를 해결하는 데는 한계가 많다(이혜숙·임은이, 2009).

1) 고용 증가와 수입 증대 정책

가족 빈곤은 대부분 일자리 부족에서 기인한다. 가정의 생계를 책임져야 하는 부모는 안정적인 일자리에서 가족들이 일상생활을 해 나가는 데 부족함이 없는 임금을 받을 수 있어야 한다. 선진국의 빈곤해소책도 일자리 창출 및 안정적인 일자리 공급에 초점이 맞추어져 있다. 영국은 가족에 대한 기본소득을 보장하기 위해서 최저임금제를 도입하고 있다. 이 제도는 가족의 안정적인 소득보장에 기여하는 것으로 평가되고 있다.

고용증가를 위해 영유아 보육에 대한 국가의 지원을 확대해 나가고, 안정적인 취업을 유지할 수 있도록 취업에 필요한 다양한 정보제공 및 기술 습득의 기회를 제공하는 것도 필요하다.

2) 재정적·물리적 환경 개선을 위한 지원 정책

가족의 빈곤문제를 해결하기 위해서 모든 사람들에게 세제혜택이 주어져야 하고 필요한 사람들에게는 추가지원도 뒤따라야 한다. 혁신적인 세제개혁안은 가정의 빈곤뿐만 아니라 아동빈곤 상태를 완화시키는 해결책이 될 수 있다(황옥경, 2009). 가정의 재정적 환경을 개선하기 위해서 모든 가구 및 아동을 대상으로 아동수당제도, 근로세금공제, 아동세금공제, 주거비 및 주거공간 지원, 출산으로 인한 비용 지원, 양육비지원, 영유아보육 및 교육 수당 등을 시행할 수 있을 것이다.

3) 지역사회 발전과 가족지원

지역사회 혁신정책은 실업, 범죄, 학습부진, 건강발달의 위험, 그리고 주택 및 물리적 환경 등의 위험을 감소시킬 수 있다. 지역사회개발 정책은 지역사회 주민의 참여를 높이고 주인의식을 고양시킬 것으로 기대되고 주요 기관들 간의 파트너십을 형성하는 데 도움이 된다(황옥경, 2009). 범죄발생률을 감소시키고 반사회적 행동에 대처하기 위해 지역 곳곳을 순찰하는 지역경찰 사무소(Police Community Support Officers)를 개설하고, 모든 지역이 지역협약(The Local Area Agreement, LAA)을 맺어 지역현안에 우선적으로 함께 대응해 나가는 영국의 지역사회 발전 모델은 시사하는 바가 있다.

4) 빈곤아동에 대한 기회 확대 정책

빈곤가족 아동이 다른 아동들과 동등한 기회를 제공받으며 자신의 역량을 최대한 발휘하도록 다양한 경험을 제공할 수 있는 사회조직망이 구성되어야 한다. 아동에 대한 빈곤의 영향을 최소화하기 위해서 정부는 빈곤한 가정의 아동이 동일한 기회를 제공받도록 하는 데 정책을 집중할 수 있어야 한다. 영국정부의 'The Every Child Matters'는 개혁적인 정책안으로 아동에게 제공되는 서비스의 통합을 추진하고 있으며 저소득층 아동의 발달기회와 발달결과를 향상시키는데 초점을 두고 있다. 조기교육과 학교기준을 향상시키려는 정책 또한 빈곤아동과 다른 아동과의 학업성적의 격차를 감소시킨다. 영국정부는 아동에게 제공되는 서비스가 아동과 청소년의 발달성과를 높일 수 있다고 전제하고, 인적자본투자이론에 근거하여 아동의 발달에 조기 개입하도록 하고 있다.

참고문헌

강윤중 · 박미하(2019). 한부모 가정을 위한 재혼준비교육 프로그램의 효과. 한국상담심리교육복지학회지, 6(3), 35-46.

강혜경 · 계선자 · 김연화(2009). 다문화가정을 위한 가족자원경영학 교과목 개발. 대한가정학회 · 한국몽골학회 · 한국가족자원경영학회 공동학술대회 자료집.

고용노동부(2017). 2017년 모성보호 일가정 양립 지원 업무편람. http://www.moel.go.kr/policy/policydata/view.do?bbs_seq=1505181616290

고용노동부(2018). 제6차 남녀고용평등과 일 · 가정양립 기본계획(2018~2022). http://www.moel.go.kr/policy/policydata/view.do?bbs_seq=20180700648

고용노동부(2020). 여성, 경력단절 예방 및 재취업 지원. http://www.moel.go.kr/policy/policyinfo/woman/list9.do

공계순 · 박현선 · 오승환 · 이상균 · 이현주(2013). 아동복지론(4판). 서울: 학지사.

공세권(1987). 한국가족구조의 변화. 한국인구보건연구원.

교육부(2013). 다문화가정 자녀현황. 교육부.

교육인적자원부(2006). 다문화가정의 자녀교육 실태조사. 교육인적자원부.

구인회(2002). 빈곤층의 사회경제적 특성과 빈곤 이행: 경제위기 이후의 시기를 중심으로. 한국사회복지학, 제48호, 82-112.

국가법령정보센터(2020). http://www.law.go.kr.

국립국어원 표준국어대사전. https://stdict.korean.go.kr.

김경자(2008). 다문화가정 아동의 심리사회적 문제와 학교적응. 진주교육대학교 교육대학원 석사학위 청구논문.

김광혁(2006). 가족배경이 아동의 신체적 학대에 미치는 영향-빈곤과 가족소득, 가족구조를 중심으로-. 한국영유아보육학, 45(1), 53-74.

김대일(2004). 경제개방이 우리나라 노동시장에 미친 효과. 서울: 서울대학교 출판부.

김두섭(2006). 한국인 국제결혼의 설명 틀과 혼인 및 이혼 신고 자료의 분석. 한국인구학, 29(1), 25-56.

김두헌(1969). 한국가족제도연구. 서울대학교 출판부.

김수환(2009). 가족복지론. 공동체.

김승권(2000). 한국 가족의 변화와 대응방안. 연구보고서 2000-07. 한국보건사회연구원.

김승권 · 전광희 · 김민자 · 이연주 · 김유경 · 서문희 · 조애(2005). 인구 전환기의 한국사회 가치관 및 가족변화와 대응방안. 연구보고서 2005-12. 한국보건사회연구원.

김아래미(2006). 빈곤지속기간과 그 결정요인에 관한 연구: 가구유형을 중심으로. 서울시립대학교 석사학위 청구논문.

김연옥(2007). 해체된 재혼의 특성에 관한 연구: 재혼모를 대상으로. 한국사회복지학, 59(2), 171-195.

김영애 역(2004). 가족치료: 핵심개념과 실제적용. 서울: 시그마프레스.
김유숙(2003). 가족치료이론과 실제. 학지사.
김은영 · 임승희 · 박소영(2009). 가족복지론. 학현사.
김이선 · 김민정 · 한건수(2006). 여성결혼이민자의 문화적 갈등 경험과 소통증진을 위한 정책과제. 서울: 한국여성개발원.
김이선 · 황정미 · 이진영(2007). 다민족 · 다문화사회로의 이행을 위한 정책패러다임 구축(I): 한국사회의 수용현실과 정책과제. 서울: 한국여성정책연구원.
김익균 · 박은미 · 이정남(2009). 가족복지론. 동문사.
김인숙(2003). 가족지원기본법(안) 제정의 배경과 내용. 건강가정기본법 관련 사회복지계의 공청회 자료집.
김인숙(2008). 평가인증 여부에 따른 어머니의 보육서비스 만족도. 계명대학교 교육대학원 석사학위 청구논문.
김태현 · 전길양 · 이영자 · 임선영(2004). 현대가족복지. 하우.
김현미(2007). The State and migrant women: Diverging hopes in the making of "Multicultural families" in contemporary families. Korea Journal, 47(4), 100-122.
김혜경 · 도미향 · 문혜숙 · 박충선 · 손홍숙 · 오정옥 · 홍달아기(2008). 가족복지론(2판). 공동체.
김혜란 · 박은미 · 오정수 · 정익중 · 허남순 · 홍순혜(2005). 가족형태에 따른 빈곤아동의 실태에 관한 연구. 한국복지재단 연구보고 자료집.
김혜란 · 홍선미 · 공계순(2001). 사회복지실천기술론. 나남출판.
김혜숙(2003). 가족치료이론과 기법. 학지사.
나은숙 · 정익중(2007). 아동학대 유형별 우우성향, 자기효능감, 학업성취간의 관계. 아동학회지, 28(4), 35-49.
남춘호 · 이성호 · 이상목(2006). 노동 빈곤층의 사회적 배제와 빈곤화 유형분석: 전주시 사례에 대한 생애가 분석을 중심으로. 산업노동연구, 12(1), 259-303.
도미향 · 이기숙 · 강기정 · 이무영 · 박경애(2009). 가족정책론. 서울: 신정.
문무경(2009). 다문화가정 육아지원 정책의 방향과 과제. 2009년도 한국아동학회 추계학술대회 자료집.
문무경 · 조혜주(2008). 다문화가정 육아지원 방안연구. 육아정책개발센터 연구보고. 서울: 육아정책개발센터.
미추홀가족관계연구소(2013). 재혼가족. http://ksfs.tistory.com.
박숙자(2009). 보건복지가족부 다문화가족정책. 대한가정학회 · 한국몽골학회 · 한국가족자원경영학회 공동학술대회자료집.
박순우 · 최영(2007). 영국복지개혁의 사회투자전략에 관한 연구. 사회복지정책, 제30집,

187-218.
박진주(2013). 모성보호 및 일·가정 양립을 위한 제도. 노동법률, 5, 90-93.
보건복지가족부(2009a). 아이사랑플랜 2009-2012 및 2009년 시행계획. 서울: 보건복지가족부.
보건복지가족부(2009b). 2009년 보육사업안내. 서울: 자격관리사무국.
보건복지가족부(2009. 4. 30.). 보도자료.
보건복지가족부(2011. 12. 18.). 보도자료.
보건복지가족부(2011. 12. 21.). 보도자료.
보건복지가족부(2011. 9. 5.). 보도자료.
보건복지부(1999). 아동학대 대처방안 안내서.
보건복지부(2005). 국제결혼 이주여성 실태조사. 보건복지 지원정책방안 보고서.
보건복지부(2006). 한국아동정책 및 아동백서 연구. 보건복지부와 서울대 사회복지연구소.
보건복지부(2008). 다문화가족 생애주기별 맞춤형 지원강화대책.
보건복지부(2008. 3. 25.). '일자리, 기회, 배려'를 위한 능동적 복지 2008년 실천계획. 보도자료.
보건복지부(2009). 2008년 국민기초행활보장 수급자현황.
보건복지부(2010. 2. 25.). 2009년 출생아수 감소세 지속. 보도참고자료.
보건복지부(2010). 2010년도 한부모가족지원사업안내. 보건복지부.
보건복지부(2010). 아동·청소년 사업안내 지침.
보건복지부(2013). 2012년 전국보육실태조사.
보건복지부(2013). 2012년 전국어린이집실태 조사보고서.
보건복지부 홈페이지. http://www.mohw.go.kr.
보건사회연구원(2012). 빈곤통계연보.
서영숙·황은숙(2004). 한부모가정과 이혼 이해교육프로그램 개발. 유아교육·보육행정연구, 8(1), 199-219.
설동훈·김윤태·김현미·윤홍식·이혜경·임경택·정기선·주영수·한건수(2005). 국제결혼 이주여성 실태조사 및 보건복지 지원정책 방안. 서울 보건복지 지원정책 방안. 서울: 보건복지부.
설동훈·이혜경·조성남(2006). 결혼이민자 가족실태조사 및 중장기지원정책방안 연구. 보건복지부.
성정현·여지영·우국희·최승희(2004). 가족복지론. 양서원.
성정현·여지영·우국희·최승희(2009). 가족복지론(개정판). 양서원.
송다영(2007). 한부모가족을 위한 사회권에 대한 고찰, 한국사회복지학회 춘계학술대회 발표논문. 327-333.

송성자(1995). 가족과 가족치료(2판). 법문사.
송성자(2001). 한국문화와 가족치료. 법문사.
송정애 · 정해은(2008). 가족복지론. 양서원.
신윤정(2008). 스웨덴의 양육 지원 정책 현황. 국제사회동향. 2008년 여름호(2008년 6월), pp. 2-17. 서울: 한국보건사회연구원.
신윤정(2009). 프랑스 저출산 정책의 주요 현황: 가족 지원 정책을 중심으로. 보건복지포럼, 통권 제153호(2009년 7월), pp. 97-107.
신혜령 · 정재훈 · 김성경(2006). 한부모가족지원법안에 관한 연구. 여성가족부.
아산복지재단(1997). 아동복지편람.
여성가족부(2013). www.mogef.go.kr.
여성가족부(2013). 여성인력개발종합계획('11~'15) 및 저출산 · 고령사회 기본계획('11~'15) 수립. http://www.index.go.kr.
여성가족부(2013). 한부모가족 실태조사. 여성가족부.
여성가족부(2018). 일 · 가정 양립 지원제도 운영실태. http://www.mogef.go.kr/mp/pcd/mp_pcd_s001d.do?mid=plc505
여성가족부(2020). 2020년 가족사업안내.
여성가족부(2020. 04. 09.). 가족돌봄휴가 활용 기업, 가족친화인증 심사에서 가점 받는다. 보도자료.
여성가족부(2020). 가족친화기업(관) 현황. http://www.mogef.go.kr/io/stt/io_stt_s006.do
오성배(2005). 코시안의 아동의 성장과 환경에 대한 사례연구. 한국교육, 32(3), 61-83.
오성배(2007). 국제결혼가정 자녀의 교육실태와 대안모색. 인간연구, 12, 1-15.
우연희(2007). 보육시설 평가인증 여부가 보육교사의 교사효능감에 미치는 영향. 대구가톨릭대학교 교육대학원 석사학위 청구논문.
유계숙 · 장혜경 · 전혜정 · 김윤정 · 민성혜(2007). 가족정책론. 시그마프레스.
유영주 · 김순옥 · 김경신(2008). 가족관계학(2판). 교문사.
윤혜미(2003). 우리나라 아동학대예방센터 활동분석과 아동보호서비스 개선을 위한 논의. 한국아동복지학, 15, 7-38.
은기수(2006). 결혼 · 출산 관련 가치관의 변화와 대응. 저출산고령화사회 가족계획의 이해. 연구보고서 2006-22-7. 한국보건사회연구원.
이광규(1992). 가족과 친족. 일호각.
이금연(2003). 국내 국제결혼과 그 이해: 실태와 문제점을 중심으로. 국제결혼과 여성폭력에 관한 정책제안을 위한 원탁토론회 자료집, 23-48.
이병진(1996). 사회지원망이 소년소녀가장의 정서적 안정에 미치는 영향. 숭실대학교

대학원 박사학위 청구논문.
이성희, 한은주, 왕석순, 임선영(2019). 가족복지론. 서울: 창지사.
이수정 · 전영주(2009). 재혼연구 동향분석: 1996년~2007년 발간된 국내 논문을 중심으로. 한국가족관계학회지, 13(4), 173-195.
이순형 · 문무경 · 최연실(2006). 농촌 여성결혼이민자 정착지원방안. 농림부.
이영분 · 김유숙(2001). 사회복지실천론. 서울: 동인.
이영분 · 김유숙 역(1992). 가족분석 가계도.
이영분 · 양심영(1999). 가족의 변화에 따른 가족복지서비스의 대응. 한국가족복지학, 3, 117 -147.
이영숙 · 박경란 · 전귀연(2008). 가족문제와 복지(2판). 신정.
이원선(2008). 보육시설 평가시스템의 정착과 과제. "신정부의 보육정책 방향과 과제" 한국영유아보육학회 2008 춘계학술대회 자료집, pp. 7-20.
이원숙(2009). 가족복지론. 학지사.
이은해 · 유희정 · 김온기(2006). 보육시설 평가인증 시범사업 및 사후관리. 육아정책개발센터.
이재연 · 박은미 · 황옥경 · 김형모 · 이은주 · 강현아(2008). 아동복지론. 학지사.
이혜경(1996). 한국 가족정책 대안의 선택과 정부 · 민간의 관계.
이혜경(2005). 혼인이주와 혼인이주 가정의 문제와 대응. 한국인구학, 28(1), 73-106.
이혜숙 · 임은이(2009). 빈곤가정의 빈곤화 과정 연구. 한국가족복지학, 26, 255-294.
임춘희 · 정옥분(1997). 초혼계모의 재혼가족생활 스트레스와 적응에 관한 경험적 연구. 대한가정학회지, 35(5), 73-102.
장경미(1995). 취업모의 취업경험과 자녀의 행동간의 관계. 연세대학교 대학원 석사학위 청구논문.
장미혜 · 김혜영 · 정승화(2008). 다문화 역량 증진을 위한 정책 · 사회적 실천 현황과 발전 방향. 서울: 한국여성정책연구원.
장세훈(2006). 빈곤층의 내부구성과 빈곤화 과정. 경제와 사회, 71(가을), 179-281.
장영식 · 고경환 · 이승욱 · 이정우 · 고혜연 · 진재현(2012). 한국의 보건복지동향 2012. 연구보고서 2012-44. 한국보건사회연구원.
장진경(2005). 미혼남여의 결혼관과 출산 및 자녀관에 따른 출산정책 선호도 분석. 대한가정학회지, 43(11), 165-183.
전준우(1988). 가족복지론. 홍익출판사.
전혜정(2008). 국제결혼 가정 자녀 실태조사 및 성장지원 방안 연구. 보건복지부.
정경희(2001). 인구고령화와 정책과제. 보건복지포럼, 제62호, 31-40.
정문자(2007). 사티어 경험적 가족치료. 서울: 학지사.
정윤수 · 이정희(2003). 아동학대 예방 및 보호 네트워크 분석. 2003년 하계 행정학회

발표논문집(한국 행정학회).

정은 · 은선경(2009). 여성복지론(개정판). 창지사.

정하성 · 우룡(2007). 다문화가정 청소년의 사회적응 실태 및 사회적응 프로그램 개발 방안. 연구보고서 요약집, 91-93.

정하성 · 유진이 · 이장현(2007). 다문화청소년이해론. 서울: 양서원.

정현숙 · 유계숙(2001). 가족관계. 신정.

정현숙 · 유계숙 · 임춘희 · 전춘애 · 천혜정(2000). 재혼준비교육프로그램 개발 및 평가. 대한가정학회지, 38(5), 1-13.

조석주 · 박지영(2012). 다문화사회 정착을 위한 지방자치단체의 이주민정책 개선 방안. 서울: 한국지방행정연구원.

조영달 · 윤희원 · 박상철 · 최영인(2006). 다문화가정의 자녀교육 실태조사. 서울: 교육인적자원부.

조흥식 · 김인숙 · 김혜란 · 김혜련 · 신은주(2002). 가족복지학. 학지사.

조흥식 · 김인숙 · 김혜란 · 김혜련 · 신은주(2006). 가족복지학(3판). 학지사.

조흥식 · 김인숙 · 김혜란 · 김혜련 · 신은주(2009). 가족복지학. 학지사.

중앙건강가정지원센터 홈페이지. http://www.familynet.or.kr.

지성애(2009). 보육시설장의 자격 강화와 전문성 확장을 위한 방안 모색. 한국영유아보육학회 2009 추계학술대회자료집.

최경석 · 김양희 · 김성천 · 김진희 · 박정윤 · 윤정향(2003). 한국 가족복지의 이해(2판). 인간과 복지.

최재석(1982). 현대가족연구. 일지사.

통계청(2006). 2005 인구 · 주택 총조사.

통계청(2008). 2008 사회조사보고서.

통계청(2008). 2008 사회통계조사.

통계청(2009). 2009 사회통계조사. 통계청 사회통계국 사회복지통계과.

통계청(2009). 사회통계조사.

통계청(2009). 인구동태통계.

통계청(2009). 통계연보.

통계청(2010). 2009년 한국의 사회지표.

통계청(2010). 국내통계.

통계청(2011). 2010 인구주택총조사.

통계청(2011). 사회조사.

통계청(2012). 2012 고령자통계.

통계청(2012). 2012 사회조사.

통계청(2012). 인구동태통계.

통계청(2013). 2012 혼인·이혼통계.

통계청(2013a). 경제활동인구조사.

통계청(2013b). 가계동향조사.

통계청(2013c). 인구동향조사.

통계청(2017). 2017년 사회조사 결과. http://www.kostat.go.kr/portal/korea/kor_nw/1/1/index.board?bmode=read&aSeq=364361

통계청(2019). 2019년 고령자 통계.

통계청(2019). 경제활동인구조사.

통계청(2020a). 경제활동인구조사.

통계청(2020b). 2019년 혼인·이혼 통계. http://kostat.go.kr/portal/korea/kor_nw/1/1/index.board?bmode=read&aSeq=381203

한건수(2006). 농촌지역 결혼이민자 여성의 가족생활과 갈등 및 적응. 한국문화인류학회지, 39(1), 198-243.

한경혜·이정화·진미정(2009). 한국 가족의 변화와 아동 삶의 질. 아동학회지, 30(6), 1-14.

한국보건사회연구원(2020). 전국출산력및가족보건복지실태조사(2015~2018). http://kosis.kr/statHtml/statHtml.do?orgId=331&tblId=DT_33101N815&conn_path=I3

한국보육진흥원(2013). www.kcpi.or.kr

한국보육진흥원(2020). http://chrd.childcare.go.kr/ctis/main.jsp

한국여성복지연구회(2005). 가족복지론. 청목출판사.

한국여성정책연구원(2009). 저출산대응을 위한 정책방안. http://www.kwdi.re.kr.

행정안전자치부(2008). 국내거주 외국인 실태조사.

현은민(2003). 재혼가족의 아동: 가족적·사회적 측면에서 경험하는 문제와 대책 고찰. 한국가족관계학회지, 8(2), 101-126.

홍승아·이미화·김영란·유계숙(2009). 일가족양립정책의 국제비교 연구: 정책이용 실태와 일가족양립 현실. 2009 연구성과 공개발표회자료집(pp. 56-82). http://www.kwdi.re.kr.

황덕순(2002). 근로연계 복지의 내실화 방안. 정책포럼, 제31호, 226-264.

황옥경(2009). 사회속의 아동-영국아동관련법과 정책에 나타난 변화와 도전. 창지사.

황은숙(2005). 이혼가정 부모교육 프로그램의 개발과 활성화 방안. 숙명여자대학교 대학원 박사학위 청구논문.

황은숙(2006). 서울시 한부모가정 실태조사와 정부지원 개선방안. 한국한부모가정연구소.

황은숙(2007). 모자가정과 부자가정의 고충 비교연구. *한부모가정연구*, 2(1), 1-20.

강욱모(2004). 한부모 가족과 빈곤: 영국에서의 정책변화. *한국사회복지학*, 56(1), 127-153.

Amato, P. R.(2000). The consequences of divorce for adults and children. *Journal of Marriage and the Family, 62* (November), 1269-1287.

Amato, P. R., & Keith, B.(1991). Parental divorce and the well- being of children: A meta-analysis. *Psychological Bullentin*, *110*, 26-46.

Ammerman, R. T.(1990). Behavior modification and child abuse and neglect: Current status and future directions. *Behavior Modification*, *14*, 227-229.

Babad, E. Y., & Inbar, J.(1982). Pygmalion, Galatea and the Golem: Investigations of biased and unbiased teacher. *Journal of Educational Psychology*, *74*(4), 459- 474.

Ball, D., Newman, J. M., & Scheuren, W. G.(1984). Teacher's generalized expectations of children of divorce. *Psychological Reports*, *54*, 347-353.

Barbaro, F.(1979). The case against family policy. *Social Work*, *24*, 455-457.

Beavers, W. R., & Hampson, R. B.(1990). *Successful families: Assessment and intervention*. New York: Norton.

Becker, G. S., & Tomes, N.(1986). Human capital and the rise and fall of families. *Journal of Labor Economics*, *4*(3), 1-39.

Berger, L. M.(2004). Income, family structure, and child maltreatment risk. *Children and Youth Services Review*, *26*, 725-748.

Berger, L. M.(2005). Income, family characteristics, and physical violence toward children. *Child Abuse Neglect*, *29*(2), 107-33.

Berger, L. M., & Brooks-Gunn, J.(2005). Socioeconomic status, parenting knowledge and behaviors, and perceived maltreatment of young low-birth-weight children. *Social Service Review*, *79*, 237-267.

Berk, L. E.(2006). *Development through the lifespan*(4th ed.). Allyn & Bacon.

Bowen, M.(1978). *Family therapy in clinical practice*. Rowman & Littlefield Publishers.

Bradshaw, J.(2003), *Lone parents*. Alcock, Pete u.a.

Brooks-Gunn, D., & Ducan(1997). The effects of poverty on children. *The Future of Children*, *7*(2), 58.

Carter, B., & McGoldrick, M.(1989). Overview: The changing family life cycle: A framework for family therapy. In B. Carter & M. McGoldrick(eds.), *The changing family life cycle: A framework for family therapy*(2nd ed.) (pp. 3-28). Boston: Allyn & Bacon.

Castles F. G.(2003). The world turned upside down: Below replacement fertility, changing preferences and family-friendly public policy in 21 OECD countries. *Journal of European Social Policy, 13*(3), 209-227.

Clingempeel, W. G., Brand, E., & Segal, S.(1987). A multilevel-multivariable- developmental perspective for future research on stepfamilies. In K. Pasley & M. Ihinger-Tallman(eds.), *Remarriage and step-parenting: Current research and theory*(pp. 65-93). New York: Guilford.

Cohen, N.(1982). Same or different? A problem of identity in cross-cultural marriage. *Journal of Family Therapy, 4*, 177-199.

Crosbie-Burnett, M.(1989). Application of family stress theory to remarriage: A model for assessing and helping stepfamilies. *Family Relations, 38*, 323-331.

Duncan, S., & Edwards R.(eds.)(1997). *Single mothers in an international Context: Mothers or Workers?*. London: UCL Press.

Emery, R., & Forehand, R.(1994). Parental divorce and children's well-being a focus on resilience. In R. Haggery, L. Sherrod, N, Garmezy & M. Ruttera(eds.), *Stress, risk, and resilience in children and adolescents: Processes, mechannisms, and interventions*. London, Cambridge University Press.

Eshleman, J. R., & Bulcroft, R. A.(2010). *The family*. Boston, MA: Allyn & Bacon.

Esping-Andersen, G.(1990). *The three worlds of welfare capitalism*. NJ: Princeton University Press.

Ganong, L. H., & Coleman, M.(1994). *Remarried family relationships*. CA: Sage Publications.

Glick, P. C.(1989). Remarried families, stepfamilies and stepchildren: A brief demographic profile. *Family Relations, 38*, 24-27.

Guttmann, J.(1993). *Divorce in psychosocial perspective: Theory and research*. New Jersey: Hillsdale.

Hartman, A.(1995). Diagrammatic assessment of family relationships. *Families in Society, 76*(2), 111-122.

Hetherington, E., Cox, M., & Cox, R.(1978). Long-term effects of divorce and remarriage on the adjustment of children. *Journal of the American Academy of Child Psychiatry, 24*, 518-530.

Judson, J.(1995). *Life event as stressors in childhood and adolescence*. Beverly Hills: Sage.

Kahn, A., & Kamerman, S.(1978). Families and the idea of family policy. In S. B. Kamerman & A. Kahn(eds.), *Family policy: Government and families in fourteen countries*(pp. 1-16). New York: Columbia University Press.

Kaplan, L., & Girard, J.(1994). *Strengthening high righ families*. New York: Lexington Books.

Kerr, M. E., & Bowen, M.(1988). *Family evaluation*. New York: Norton.

Kirst-Ashman, K., & Hull, G. H.(1999). *Understanding generalist practice*(2nd ed.). CA: Wadsworth Publishing Co.

Kitson, G. C., & Morgan, L. A.(1990). The multiple consequences of divorce; A decade review. *Journal of Marriage and the family*, *52*(4), 913-924.

McLanahan, S., & Booth, K.(1989). Mother-only families: problems, prospects and Politics. *Journal of Marriage and Family*, *51*(2), 557-580.

Miley, K. K., O'Melia, M., & DuBois, B.(1998). *Generalist social work practice: An empowering approach*(2nd ed.). Boston: Allyn & Bacon.

Moroney, R.(1980). *Families, social services and social policy: The issue of shared responsibility*. Rockville, MD: National Institute of Mental Health.

Murdock, G. P.(1949). *Social structure*. New York, NY: Macmillian.

Nichols, M. P., & Schwartz, R. C.(2001). *Family therapy: Concepts and methods* (5th ed.). Boston: Allyn & Bacon.

OECD(2008). Annual report 2008. OECD.

Olson, D. H.(1991). Commentary: Three dimentional(3-D) circumplex model and revised scoring of FACES III. *Family Process*, *30*, 74-79.

Olson, D. H., Russell, C. S., & Sprenkle, D. H.(1983). circumplex model of marital and family systems: VI. Theoretical update, *Family Process*, *22*, 69-83.

Papernow, P. L. (1993). Becoming a stepfamily patterns of development in remarried families. San Francisco, CA: Jossey-Bass.

Perry, B. D.(2002). Childhood experience and the expression of genetic potential: What childhood neglect tells us about nature and nurture. *Brain and Mind*, *3*, 79-100.

Plotnik, R. D.(2000). Economic security for families with children. In P. J. Pecora, J. K. Whittaker, A. N. Maluccio, & R. P. Barth(eds.), *The child welfare challenge: Policy, practice, and research*(pp. 95-127). New York: Aldine de Gruyter.

Richard, L. N., & Schmiege, C. J.(1993). Problems and strengths of single-parent families, *Family Relations*, *42*(3), 277-285.

Scarf, M 지음, 나선숙 옮김(2014). 다시 결혼할 수 있을까?. 서울: 지식너머 출판사.

Skinner, D.(1980). Dual-career family stress and coping: A literature review. *Family Relations*, *29*, 473-480.

Skinner, D.(1980). Dual-career family stress and coping: A literature review. Family Relations, 29, 473-480.

Smilansky, S., & Weissman, T.(1981). Social, scholastic and emotional adjustment of children of divorced parents. *Studies in Education, 41*. Haifa University, Israel.

U.S. Census Bureau(2010). The United States' Census 2010.

UNDP(2005). Human Development Report.

Visher, F. B., & Visher, J. S.(1988). *Old loyalties, new ties: Therapeutic strategies with stepfamilies*. NY: Brunner/Mazel.

Visher, F. B., & Visher, J. S.(1996). *Therapy with stepfamilies*. NY: Brunner/ Mazel.

Visher, F. B., & Visher, J. S.(1997). *Stepping together: Creating strong stepfamilies*. NY: Brunner/Mazel.

Wallerstein, J. S., & Blakeslee, S.(1990). *Second chances: Men·women, and children a decade after divorce*. New York: Ticknor & fields.

Wallerstein, J. S., & Kelly, J. B.(1980). *Surviving the break up; How children cope with divorce*. New York: Basic Books.

Walsh, J., & Harrigan, M.(2003), The termination phase in structural family intervention, *Family Therapy, 30*(1), 13-26.

Walton, E., Roby, J., Frandsen, A., & Davidson, R.(2003). Strengthening at-risk families by involving the extended family. *Journal of Family Social Work, 7*(4), 1-21.

http://kosis.kr/statHtml/statHtml.do?orgId=101&tblId=DT_1DA7012S&conn_path=I3

http://www.index.go.kr/potal/main/EachDtlPageDetail.do?idx_cd=1574

저자약력

문혁준 가톨릭대학교 아동학전공 교수

김진이 백석대학교 사회복지학과 교수

양성은 인하대학교 아동심리학과 교수

이은주 동국대학교 사회복지학과 교수

천희영 고신대학교 아동복지학과 교수

황옥경 서울신학대학교 보육학과 교수

제3판

가족복지

초 판 3쇄 발행 2012년 7월 12일
개 정 1쇄 발행 2014년 2월 28일
제3판 1쇄 발행 2020년 10월 8일

지 은 이 | 문혁준 · 김진이 · 양성은 · 이은주 · 천희영 · 황옥경
펴 낸 이 | 김기섭
편 집 인 | 이초롱
펴 낸 곳 | 창지사 www.changJisa.com
08589 서울시 금천구 가산디지털 1로 83 파트너스타워 1차 9층
전화 (02)719-2211~3
팩스 (02)701-9386
등 록 | 1977년 4월 28일 · 제1-421호

ISBN 978-89-426-1379-3 (93330)

값 20,000원

이 도서의 국립중앙도서관 출판예정도서목록(CIP)은 서지정보유통 지원시스템 홈페이지(http://seoJi.nl.go.kr)와 국가자료공동목록시스템(http://www.nl.go.kr/kolisnet)에서 이용하실 수 있습니다(CIP제어번호: CIP2020041388).